최강 입시 컨설턴트의 수시 · 정시 합격 백서

공부 열심히만 하지 마라

최강 입시 컨설턴트의 수시·정시 합격 백서

공부 열심히만 하지 마라

초판 1쇄 인쇄   2021년 10월 18일
초판 1쇄 발행   2021년 10월 27일

지은이   구도윤 · 박효진
펴낸이   박남균

펴낸곳   북앤미디어 디엔터
등록   2019.7.8. 제2019-000090호
주소   서울시 영등포구 국회대로 675, 9층
전화   02)2038-2447
팩스   070)7500-7927
홈페이지   the-enter.com

책임   박희라
북디자인   디엔터 콘텐츠 랩
편집   박순옥
해외출판   이재덕

ISBN 979-11-967612-5-7 (13370)
정가 16,000원

이 도서의 국립중앙도서관 출판예정도서목록(CIP)은 서지정보유통지원시스템
홈페이지(http://seoji.nl.go.kr)와 국가자료종합목록 구축시스템(http://
kolis-net.nl.go.kr)에서 이용하실 수 있습니다.

최강 입시 컨설턴트의
수시·정시 합격 백서

공부
열심히만
하지 마라

구도윤·박효진 지음

북앤미디어 디|엔터
Book&Media

프롤로그

과정을 바꾸면 결과는 저절로 바뀐다!

인생의 암흑기와도 같던 학창 시절이 있었습니다. '공부가 정말 필요한 것인가'를 미친 듯이 고민한 적도 있었습니다. 그러나 지금은 학습 컨설턴트이자 입시 전문가이며 멘탈 코치로서 활동하고 있습니다. 그동안 많은 상담을 하며 그때의 저희와 비슷한 고민을 하는 학생들을 많이 만났습니다. 학생들이 방법만 알면 충분히 잘할 수 있는데 미리 포기하거나 작은 실수에 쉽게 좌절하는 것을 보면서 안타까웠습니다. 그래서 그들에게 같은 과정을 지나온 선배이자 누구보다 공부 방법에 대해 고민하고 연구한 전문가로서 잘못된 공부법을 고쳐주고 대학 입시라는 큰 산을 조금이라도 더 쉽게 오를 수 있는 비법을 알려 주어야겠다고 생각했습니다.

이 책의 집필 목적은 '더 쉽게 대학 입시에 성공하는 방법을 알려주는 것'입니다. 〈제1부 수시편〉에서는 불리한 내신 성적을 뒤엎고 수시 역전극을 쓸 수 있는 팁을 담았습니다. 〈제2부 정시편〉에서는 효율을 극대화하여 빠르게 성적을 올리는 '가성비 공부법'으로 내신과 수능 두 마리 토끼를 잡는 방법을 실었습니다.

또한, 이 책은 '대학 입시 비법'뿐 아니라 '생각하는 기준'을 제시하고 있습니다. 그 기준에 맞게 생각하면서 기존에 갖고 있던 잘못된 통념과 습관을 바꾸면 성적은 자연히 올라갈 것입니다. 저희는 학생들이 대학 입시 성공은 물론이고 더 나아가 생각할 줄 아는, 절대로 좌절하지 않는 어른이 되게 하는 것이 목표입니다. 그게 저희가 생각하는 지도자의 가장 큰 책임이자 의무이니까요.

논리적으로 생각하는 습관, 자신을 분석하고 오류를 교정하는 습관, 선택과 집중하는 습관, 그리고 하면 된다는 자존감까지 살아가면서 위기를 마주할 때 큰 힘이 되는 습관들을 기르게 되면 원하는 결과는 자연스럽게 따라올 것입니다.

이 책에 서술된 전략은 공부뿐만 아니라 잘 적용하면 모든 분야에서 사용할 수 있는 '생각의 본질'에 가깝습니다. 그 어떤 것이든 본질이 가장 중요하며 본질을 놓치면 과정이 틀어지게 되고 결국에는 원치 않는 결과가 수반될 수밖에 없습니다. 그러니 무엇이 되었든 본질에 관점을 두고 충분히 생각하고 적절히 행동하면 명확한 목적과 방향이 잡힐 것이며, 그 목적에 따라 움직여 나간다면 당연히 목표 또한 하나씩 이루어 나가게 되리라 확신합니다.

기억해 주세요. 과정을 바꾸면 결과는 저절로 바뀌는 법입니다.
그리고 꿈을 그리는 사람은 마침내 그 꿈을 닮아갑니다!

2021년 10월 저자 일동

CONTENTS

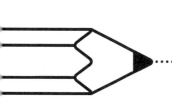

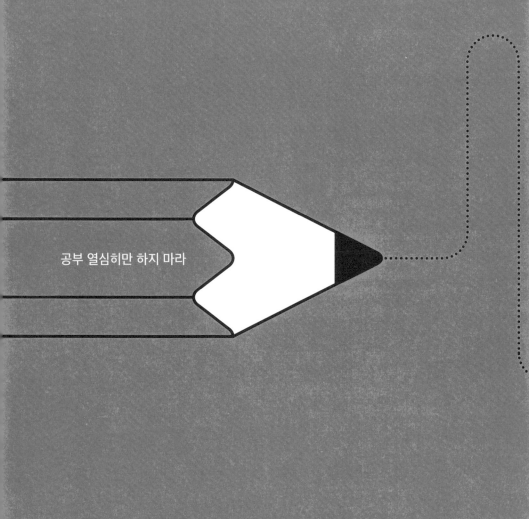

공부 열심히만 하지 마라

제1부
수시편

교과세특으로
수시 잡기

1장

입시는 달콤한
연애와 같다

갈대 같은 입시 제도
알 수 없는 마음 같아

　나는 '대학 입시'를 '연애'에 비유하곤 한다. 한번은 입시 설명회에서 "코치님, 입시는 들어도 배워도 모르겠어요. 알 수 없는 것이 마치 아가씨 때의 짝사랑 기억을 떠올리게 하네요."라고 하신 학부모님의 발언에 장내에 웃음이 터졌던 적이 있었다. 그렇다. 입시는 짝사랑과 같다. 짝사랑이 어려운 이유가 뭘까? 우리는 왜 그 과정이 힘들까? 바로 '명확하지 않기 때문'이다. 그 사람이 내게 마음이 있는지 없는지 알 수 있다면, 내가 어떻게 해야 그가 나를 좋아할지 알 수 있다면 짝사랑의 길은 그리 힘들지 않을 것이다. '실현 가능성'과 '추진 방법'만 분명하면 도전 여부를 판단해서 실행 계획을 세우면 되니 어려울 것이 없다. 하지만 그의 마음은 알 길이 없으며 내 마음은 불안 속에서 표류한다. 차라리 차이고 나면 속이 더 편하다.

입시 제도도 살아 있는 생명체처럼 계속 변한다. 종잡을 수 없기에 어렵다. 내가 이 원고를 쓰기 시작했을 때 정시 모집 확대가 가장 크고 새로운 이슈였다. 그리고 학교생활기록부(이하 학생부) 개편안이 발표되며 학생부의 위상은 크게 떨어진 것처럼 보였다. '교과 학업 성적'이나 '세부능력 및 특기사항'의 준비에 부담을 느꼈던 학생들 여럿은 이에 기대감을 가지고 학생부 관리 포기를 선언하기도 했다.

그러던 중 2020년 말, 서울대는 독자적으로 2023학년도 대학 신입생 입학 전형 예고를 발표하였는데, "2023학년도부터 정시에서 교과 평가를 반영하겠다."라며 이전의 정시 선발 방식에서 큰 변화를 보여 주었다. 교과 평가에서는 학교생활기록부의 교과학습발달상황(교과 이수 현황, 교과 학업 성적, 세부능력 및 특기사항) 기록을 통해 해당 학생이 고교 교육 과정과 학교 생활에 얼마나 충실히 임했는가를 판단하게 된다. 물론, 교과 평가가 도입되더라도 3개(A, B, C) 등급의 절대 평가 방식으로 이루어지고, 실질적인 변별력은 만점 기준 -1~-2점 정도이기 때문에 '그 정도쯤이야'라고 생각할 수도 있다. 하지만 최상위권의 입시는 '그 정도쯤'에 의해 합격과 불합격이 뒤바뀔 정도로 매우 예민하며, 합격선에 걸쳐 있는 학생들에게 그 1~2점의 차이는 하늘과 땅의 차이와도 같은 것이다.

이러한 결정에 대해 일각에서는 서울대가 교육부의 정시 확대 방침을 외형적으로는 따르면서 사실상 학생부종합전형 위주의 입시 운영을 하는 것이 아니냐는 비판을 제기하기도 했지만, 서울대의 예고는 곧 한국대학교육협의회의 심의를 통과하였고, 교육부 역시 "대학이 자율로 하라."라고 답하였다. 이는 비단 최상위권 성적의 아이들만 긴장할 문제는 아니었다. 왜냐하면 서울대학교의 입학 계획안은 다른 대학들이 입장을 정하는 데 신호탄 역할을 하는 경우가 많았기 때문이다. 그러나 약 반년이 지난 2021년 봄, 연세대, 고려대, 서강대, 한양대, 성균관대 등의 대학들은 2023학년도에도 수능 100%로 신입생을 선발할 계획임을 밝히며 서울대와 노선을 달리 하게 되었다.

그럼 학교생활기록부와 내신 성적은 더 이상 중요하지 않을까? 수시를 포기하고 정시에만 몰두하면 과연 원하는 결과를 얻을 수 있을까? 2023학년도 정시 모집 선발 비율은 22.0%로 2022학년도의 24.3%보다 2.3%p 축소된다. 주요 16개 대학이 전체 신입생의 40%를 정시로 선발하게 되었고, 매체에서도 이에만 초점을 맞추다 보니 마치 모든 대학이 정시 위주의 입학 제도를 운영하는 것처럼 느껴졌을 수도 있다. 하지만 전국적으로 보았을 때 신입생 선발 인원에서 가장 큰 비율을 차지하고 있는 것은 여전히 수시 모집이다. 수시 모집에서는 235,854명(수시 정원의 86.6%)을 학생부 위주 전형(학생부교과전형-교과 성적 위주, 학생부종합전형-학교생활기록부를 다각도로 정성 평가)으로 모집하게 된다. 수시 안에서도 교과 전형의 확대 등으로 인해 힘이 빠진 것처럼 보였던 학생부종합전형(이하 학종)의 선발 인원이 2022학년도 대비 소폭 증가하게 될 예정이다.

다음 표에서 볼 수 있듯이 수능 각 과목의 상위 등급에는 졸업생이 많이 분포하고 있다. 물론 학생들마다 학습 경험과 가진 능력이 달라 내신과 수능 중 어느 하나가 유리하다고 보편적으로 말할 수는 없지만, 누적된 수험 시간과 오로지 수능에만 집중할 수 있는 학습 환경을 갖춘 졸업생을 재학생이 뛰어넘기란 분명히 쉽지 않다. 특히 지방 일반계 고등학교 재학 중인 학생들이라면 더더욱 그렇다. 이는 직접 언급하지 않더라도 우리 학생들 스스로가 체감하고 있으리라 생각한다.

2020 대학수학능력시험 재학 · 졸업 여부에 따른 등급 분포

영역	재학 졸업 여부	표준 점수		등급(%)								
		평균	표준 편차	1	2	3	4	5	6	7	8	9
국어	재학	96.5	20.0	3.4	5.5	9.9	15.0	20.1	19.2	14.1	8.4	4.3
	졸업	109.3	17.4	8.7	12.5	18.9	21.0	18.9	11.5	5.3	2.1	1.1
	검정 고시	99.7	19.4	4.6	6.2	11.9	17.0	20.3	19.1	12.5	6.0	2.6
	전체	99.9	20.1	4.8	7.3	12.3	16.6	19.8	17.2	11.8	6.7	3.4
수학 가	재학	96.6	19.8	3.4	4.9	9.4	14.8	21.9	18.7	14.5	8.4	4.0
	졸업	106.5	18.5	9.6	11.0	15.2	18.8	19.9	12.3	7.2	3.9	1.9
	검정 고시	89.8	22.5	3.8	5.5	6.9	10.9	13.5	15.8	16.1	17.7	9.8
	전체	100.0	20.0	5.6	7.1	11.4	16.2	21.0	16.4	11.9	7.0	3.4
수학 나	재학	98.0	19.3	3.5	5.4	10.5	17.3	21.0	18.3	12.8	7.4	3.8
	졸업	107.3	20.8	10.4	10.8	15.9	19.5	16.9	11.7	8.2	4.5	2.2
	검정 고시	96.4	19.8	4.5	5.5	8.9	13.4	18.3	22.3	16.3	7.2	3.6
	전체	100.0	20.0	5.0	6.5	11.6	17.7	20.0	17.0	11.9	6.8	3.4
영어	재학			5.6	13.4	20.5	18.9	13.4	10.6	8.8	6.5	2.4
	졸업			12.5	24.3	25.8	17.1	9.2	5.4	3.3	1.9	0.6
	검정 고시			7.3	13.6	20.8	19.7	14.1	10.0	8.3	4.9	1.4
	전체			7.4	16.2	21.9	18.5	12.3	9.2	7.4	5.2	1.9

[출처: 한국교육 과정평가원]

이 책을 읽는 여러분에게 적용될 각 학교의 입학전형계획안이 나올 때는 어떤 변화가 있을지 정확히 알기는 어렵다. 교육 정책이 바뀔 수도 있고, 대학들의 입장이 변할 수도 있다. 하지만 고교학점제가 본격적으로 시행되기 전까지 이 기조는 한동안 유지될 것으로 보이며, 앞으로는 수시와 정시, 학교생활과 수능 모두를 균형 있게 준비하는 전략을 유지해야 할 것이다.

수시는 재학생들에게 기회로 작용하는 경우가 많다. 고교추천전형과 지역균형선발전형은 내신 성적이 좋은 일반계 고등학교 재학생들이 합격으로 향하는 가장 확실한 길이다. 또한, 내신 성적이 조금 낮더라도 학교생활기록부의 서술형 항목이 잘 관리되어 있는 학생들에게 학생부종합전형은 절대 버릴 수 없는 카드다. 학종은 내신이나 수능 같은 성적 지표 하나로 지원자를 줄 세워 예정된 모집 인원만큼 기계적으로 선발하는 전형이 아니기 때문이다. 학종에서는 학업 역량은 물론, 학생부 기록에서 보이는 전공 적합성, 인성, 발전 가능성을 정성(定性) 검토하여 합격자를 가려낸다. 더 나아가 학업 역량 평가에서 중요한 역할을 하는 내신 역시 등급으로만 따지는 것이 아니다. 원점수, Z점수, 수강생의 수, 성적의 변동 추이, 지적 호기심과 탐구력, 학생의 태도 등을 다면적으로 평가해 등급을 조정 산출한다. 고교추천전형과 정시가 확대되면서 학생부종합전형 선발 인원은 과거보다 줄었지만, 그만큼 노리는 학생의 수도 줄어들어 제대로 준비한 학생들에게는 하나의 좋은 기회가 될 것이다. 그리고 깜깜이 전형이라는 편견과는 달리 다년간 입시를 운영하면서 대학들은 명확한 기준을 수립해 자체 평가 프로그램을 마련한 지 오래다. 학종의 평가 방식을 제대로 알고 올바른 방법으로 준비한다면 내신이 부족한 친구들도 입시 역전극을 쓸 수 있다.

그렇다고 해서 내신과 학생부 기록만 좋으면 수시 모집으로 일찌감치 대학 입시를 끝낼 수 있다고 말하는 것은 아니다. 몇몇 학교를 제외하고는 수시의 최종 관문인 '수능 최저 등급' 기준이 갈수록 중요해지고 있다. 특히 최상위권 학교나 의과 대학 등의 경우에는 그 기준이 높기에 졸업생 강세인 수능 시험에서 환경이 불리한 재학생이 해당 등급을 맞는 것은 쉬운 일이 아니다. 그러나 이 이야기는 수능 최저 등급만 맞춰도 수시 모집에서의 실질 경쟁률을 뚝 떨어뜨릴 수 있다는 말이 되기도 한다. 수능 최저 등급이 존재하는 대학교 지원을 피하면서 나의 선택지를 좁히기보다는 평상시 수능과 모의고사 준비를 철저히 병행하며 가능성의 폭을 넓히길 바란다. 또한, 정시 역시 재학생들에게 쉽지는 않아도 최후의 보루로 선택해볼 수 있지 않은가? 그리고 모의고사 성적이 내신 성적보다 좋다면 정시에서 지원 가능할 것으로 예상되는 대학의 배치표상 합격 커트라인 위에 위치하는 학교 중 무려 여섯 곳에 학생부종합전형으로 원서를 걸어볼 수도 있다.

지금까지 여러분에게 입시의 기조를 설명하며 내신과 학생부, 그리고 수능을 균형 있게 준비할 것을 강조했다. 그러나 쉽지 않다. 수시든 정시든 하나만 준비하기에도 벅찬데 두 가지를 다 하는 것은 너무나도 힘든 일이다. 하지만 연애에서 '썸을 탈 때'도 '썸남(男)'이나 '썸녀(女)'가 한 명일 경우보다 복수일 경우에 교제에 성공하기 더 쉽다고 한다. 마음에 두는 사람이 유일한 한 명이면 그에게 잘 보이기 위해 더욱 필사적으로 노력하게 될 수는 있다. 그러나 그의 의중을 알 수 없는 불명확한 상황 속에서 그 하나만 바라본다면 나의 불안감 역시 더욱 커질 수밖에 없다. 불안감이 커지면 내가 처한 상황을 객관적으로 해석하기 어려우며, 주변에 있는 다른 기회들도 보지 못한다. 조급해지고 서운해지며 자신감을 잃으면서 매력 없는 사람이 되어 버린다.

입시에서도 내가 시도할 수 있는 전형이 많으면 많을수록 마음은 편해진다. 나도 지금은 학생이 수시 전형을 기회로 활용하도록 도와주는 컨설턴트이자 붕괴된 학습 멘탈을 다잡아주는 코치로 활동하고 있지만 고교 시절의 나는 순정 정시파였고 손대면 툭 깨지는 유리 멘탈의 소유자였다. 선생님들의 만류에도 불구하고 일찌감치 수시를 손놓아 버린 나에게 내신 공부는 해당 과목 시험 당일 새벽에 잠깐 하는 것이 전부였다. 다행히 모의고사 성적은 늘 교내 최상위권 수준을 유지했지만, 수능 당일 나의 멘탈은 엄청난 부담감에 장렬히 무너지고야 말았다. 그리고 재수 시 독학 N수생 모임을 만들어 최선을 다해 열심히 논 결과 그해 수능에서도 나의 목표를 이루지 못하였다.

'뿌린 대로 거두는 것'이 인간 만사의 법칙이라지만 대학 입시를 치르는 동안에는 여러 가지 변수도 많이 발생한다. 그렇기에 우리에게 주어진 모든 기회는 전부 소중한 것이다. 또한, 역으로 생각해 보면 변수가 많기에 내가 '안 될 것'이라고 생각했던 그 전형에서 나의 잠재력이 놀랍게 발휘되는 경우들도 발생한다. 하지만 그렇다고 해서 모든 전형에 대해 완벽하게 준비하는 것은 절대 쉽지 않은 일이다. 특히 '놀면서 공부하고 대학에 가겠다.'라는 큰 꿈을 가진 우리라면 더더욱. 하지만 합격으로 향하는 빠르고 바른 길을 찾아낸 자는 놀면서 공부하고 대학에 가는 합당한 특권을 누릴 수 있을 것이다.

이상형과 취향 맞춰 주기

나는 특이한 자격증이 하나 있다. 바로 '연애코칭상담사'인데 절친한 코치님과 함께 국내 1호로 해당 자격증을 취득하였다.

여러분은 가장 쉽게 연애를 시작하는 방법이 무엇인지 알고 있는가? 바로 '그 사람이 좋아하는 것을 알아내서 나도 똑같이 좋아하는 척하는 것'이다. 그의 취향이나 감성 등에 나의 성향을 맞춰 주어 정신적 교감을 통해 동질감을 느끼게 하는 것이다. 단, 여기에도 조건이 있다. '나'라는 사람이 그 사람이 설정한 '최소한의 조건'을 만족할 수 있어야 한다. 사람은 누구나 내가 잘났든 못났든 '나의 연애 상대는 적어도 이 정도의 조건은 갖추어야 한다'라는 기준은 가지고 살기 때문이다. 아무리 나와 취향이 비슷하다고 하더라도 내가 설정한 최소 조건에 부합하지 않는다면 좋은 친구로 남을 뿐 연인 관계로 발전하기는 쉽지 않다.

입시도 마찬가지이다. 모든 대학은 자신이 지원자들에게 바라는 최소한의 기대치가 있다. 연애에 있어 우리가 이성에 대해 기대하는 최소한의 기준은 그간의 우리의 경험, 연애 시장에서의 나의 수준 등을 고려하여 설정될 것이다. 대학도 그간의 신입생 선발 경험과 누적된 입시 결과를 통해 평가되는 자신들의 위치를 종합하여 나름의 기준을 마련한다.

학생부종합전형의 4대 평가 요소(학업 역량, 전공 적합성, 인성, 발전 가능성) 중 하나인 학업 역량을 예로 들어보겠다. 대학에서 요구하는 '최소한의 학업 역량'은 우리 학교 우리 학과에서 진행하는 수업을 제대로 따라가는 데 필요한 '최소한의 지식과 능력'이다. 대학은 자기 학교에 합격했을 때 낙오되지 않고 무리 없이 학업을 수행할 수 있는 인재를 원한다. 그리고 이를 판단하기 위해 지원자의 내신 성적, 세부 특기 능력 사항을 통해 유추 가능한 학습 및 탐구 경험의 수준 등을 살핀다. 여러분은 이성을 선택할 때 어떠한 기준을 가지고 보는가? 나는 어린아이같이 떼를 쓸 때도 많고 살림에도 영 소질이 없기에 '마음 그릇의 크기가 태평양급인 사람, 나에게 도시락을 요구하지 않는 사람'을 만나지 않으면 그 연애는 서로에게 못할 짓이 된다.

다시 입시 이야기로 돌아와 국내 최고의 공과 대학을 떠올려 보자. 여러분은 그 대학교 기계공학과의 신입생이다. 내가 이번 학기에 어떤 과목을 수강하게 될지, 그 수업의 난이도와 내 옆에 앉을 학우들의 수준은 어떨지 상상해 보자. 고교 시절 물리Ⅱ 과목을 완벽하게 학습하지 못했다면 내가 과연 수업을 따라갈 수 있겠는가? 영어 원서의 해독 능력 없이 그 학교에서 사용하는 전공 서적을 소화할 수 있겠는가? 준비되지 않은 학업 역량은 여러분의 대학 생활을 피폐하게 만들 것이다.

다음 중앙대학교 생명과학과의 교과 과정을 보고 고교 시절 중 어떤 기초 학업 역량을 함양해야 할지 생각해 보자.

중앙대학교 생명과학과 교과 과정

전공 기초	일반생물학1	생물학의 기본적인 내용들을 학습하는데 전체 2학기 중 1학기는 생물학 관련 기본 개념, 즉, 세포의 구조 및 다양한 활동, 에너지, 유전 정보 생명공학기법, 진화 등을 공부한다.
전공 기초	일반생물학실험1	일반 생물학 강의와 병행하여 강의 시간에 다루어진 내용을 실험을 통해 확인하여 강의 내용의 이해를 증진시키는 방식으로 진행될 것이다.
전공 기초	일반화학1/ 일반화학2	화학은 자연계에 존재하는 물질의 성질 및 물질 상호 간의 관계를 실험적 사실들을 바탕으로 연구하는 학문이므로 현대 과학의 중요한 기초 학문으로 이해되고 발전되어야 하는 분야이다.
전공 기초	일반화학실험1/ 일반화학실험2	화학은 실험을 바탕으로 그 이론을 확립해 가는 학문으로 실험은 화학을 이해해 가는 데 중요한 한 부분이다. 실험을 통하여 이론의 학습을 이해해 가고 얻어진 결과를 분석함으로써 이후 자신의 연구 분야를 만들어 갈 수 있다.
전공 기초	일반생물학2	생물의 각종 기관계의 구조와 기능 및 행동에 관한 생리학적, 유전학적, 의학적 기전을 이해한다.
전공 기초	일반생물학실험2	일반 생물학 강의 내용과 병행하여 강의 시간에 습득한 지식을 직접 실험을 통해 확인한다.
전공 기초	생물통계학	통계학의 중요한 개념을 이해하고 생물학 실험실에서 생성된 많은 자료들을 통계적으로 어떻게 다뤄야 하는지 이해하고자 한다. 따라서 통계학에서 쓰이는 기본 개념을 익히고, 그 분석법에 대해 학습하고자 한다. 그리고 가설 검정과 복잡한 통계 분석까지 스스로 설계하며 배워보고자 한다.
전공 필수	세포학	형태학적, 생리학적, 분자생물학적 접근 방법을 이용한 세포의 기능과 구조 및 역할의 규명을 목표로 하며, 특히 최신 생명과학 분야의 연구 방법과 방향을 제시함으로써 장래 생명과학 제 분야의 연구를 위한 기초 지식을 함양시킨다.
전공 필수	세포학실험	형태학적, 생리학적, 분자생물학적 접근 방법을 이용한 세포의 기능과 구조 및 역할을 알고 더불어 최신 생명과학 분야의 연구 방법과 방향을 제시한다.
전공 필수	미생물학	미생물들이 가지는 일반적인 특성들과 생물체에 존재하는 공통적인 기초 생명 현상의 이해를 위한 미생물 분자생물학, 생리학 및 유전학에 대한 개요
전공 필수	미생물학실험	일반적으로 미생물을 연구하는 데 사용되는 실험적 방법들을 소개

전공 필수	분자생물학	생명체의 생명 현상을 분자 수준에서 이해하고자 기본이 되는 생체 구성 분자들의 구조 및 기능, 발현 조절 기작을 공부한다.
전공 필수	분자생물학실험	생명체의 생명 현상을 분자 수준에서 이해하고자 기본이 되는 생체 구성 분자들의 구조 및 기능, 발현 조절 기작을 공부한다.

[출처: 중앙대학교 입학처]

다음 한양대학교의 평가 항목 정의와 구성 요소이다. 종합성취도 4대 핵심 역량을 보고 고교 시절에 어떤 경험을 필수로 쌓아야 할지 생각해 보자.

한양대학교 평가 항목 정의와 구성 요소

① 종합성취도

단순하게 교과 성적을 정량적으로 수치화하여 반영하는 개념의 지표가 아니며, 학생부에 드러난 학업 관련 기록을 통하여 종합적인 성취를 판단하는 개념의 지표입니다. 따라서 종합성취도 평가란 학생이 이수한 과목의 성취도(원점수/평균/표준편차), 교내 수상, 창의적 체험 활동, 세부능력 및 특기사항 등 학생부에 기록된 모든 내용을 토대로 학생의 교육 여건과 교육 과정을 고려하여 고등학교 3년 동안의 성취를 정성적으로 평가하는 것을 의미합니다.

② 4대 핵심 역량

역량	정의	구성 요소
비판적 사고 역량	어떠한 현상 혹은 지식에 대하여 의문을 갖고 합리적인 추론을 근거로 질문이나 토론을 통해 반성적으로 숙고 하고 평가하는 역량	비판적 질문 분석적 사고 논리적 전개 타당한 평가
창의적 사고 역량	지적 호기심을 바탕으로 문제에 대해서 상세히 고찰하 고 정보 처리 및 해석 능력을 통해 주어진 관련 정보를 다각로로 분석하여 학문 간 연계 및 지식의 확장, 독창 적 문제 해결로 나아가는 역량	문제 인식 융합적 사고 해결책 제시
자기주도 역량	자발적인 [동기-계획-노력-성취-피드백]의 과정을 통 해 지속적으로 학습하여 능력과 자질을 갖추어 가는 자 기 관리 역량	동기 형성 및 계획 수립 수행 및 성취 목표 확장
소통 · 협업 역량	공동체의 발전을 위해 자발적인 협력 태도를 보이며, 책 임감과 공감 능력을 바탕으로 타인을 배려하고자 노력 하는 역량	경청 및 공감 공동체

[출처: 한양대학교 입학처]

다음 고려대학교 스마트보안학부 사이버국방학과의 전공 안내서를 보고 전공을 잘 수행하기 위해 어떤 분야에 대한 관심이 필요한지 생각해 보자.

고려대학교 스마트보안학부 사이버국방학과 전공 안내서

사이버국방학의 엔진 새로운 것에 도전하는 열정

사이버국방학은 그 역사도 짧고 또 공부해야 할 내용도 많습니다. 하지만 그만큼 새로운 영역으로의 발전 가능성도 무궁무진합니다. 수학과 컴퓨터공학을 기반으로 심리학, 법학, 정책학, 군사학 등 다양한 방면으로 접근할 수 있고, 현실의 삶도도 밀접한 관련이 있으며 중요한 부분이기 때문에 그 발전 가능성은 짐작하기 어려울 정도입니다. 그렇기 때문에 신설 학과라는 점 그리고 생소할 수 있는 방대한 교과목들과 학문 영역을 생각하면 늘 새로운 것에 도전하는 열정과 노력이 반드시 필요합니다.

전공 수업 수학과 컴퓨터공학에서 시작해서 군사학, 법학, 정책학, 심리학을 가미하다

사이버국방학은 쉽지 않은 학문입니다. 아직 사이버 공간에 대한 연구는 초기 단계이며, 수학과 컴퓨터공학, 군사학, 법학, 정책학, 심리학 등 다양한 학문 영역을 포괄하고 있기 때문에 이를 소화하기 위해서는 많은 노력이 필요합니다. 그중에서 큰 뼈대를 이루는 학문은 수학과 컴퓨터공학으로 수학은 정보 보호에 있어서는 필수적인 암호를 형성하는 역할을, 컴퓨터공학은 사이버 세계의 기초를 이루는 컴퓨터와 인터넷을 이해하는 데 필수적인 학문입니다. 거기에 사이버국방학과 학생들은 졸업 후 사이버전(戰) 전문 장교로 국가 안보를 책임지는 사람들이기 때문에 일정 군사학 과목을 이수해야 하며, 또한 사이버 공간을 어떻게 법으로 규정하고 증거 등을 수집하며 범법자를 어떻게 처벌할 것인가를 연구하는 법학, 이를 어떻게 실행할 것인가에 대한 정책학, 또 사이버 공간에서 생활하는 사람들의 심리를 파악하고 적절하게 대응하는 심리학 분야를 더하여 배우는 셈입니다. 이들 과목들은 기초부터 배우는 것이 아니라 필요한 영역만 배우는 것이기 때문에 수학과 컴퓨터공학만큼 세세하게 다루지는 않습니다.

학과목에 대하여

1학년 때는 예비 장교로서의 기초 이론과 기본 소양을 닦습니다. 2학년부터는 소프트웨어 전문가로서 프로그래밍, 운영체계론, 네트워크 등 기술 교육에 집중하게 됩니다. 3학년은 정보 보호 전문가 수준으로 고급 정보 보호 이론과 기술을 습득합니다. 4학년이 되면서 사이버 전쟁 전문가로 실습 위주의 교육으로 실전 능력을 배양하게 됩니다. 사이버국방학과의 교과 과정은 실무적인 부분이 많고 생활에서 실제적인 적용이 쉽고 빠른 편이기 때문에 다른 학문 분야보다 재미있게 공부할 수 있습니다.

[출처: 고려대학교 입학처]

기준을 넘기고 나면 취향에 맞춰야 한다. 이것은 연애보다 입시가 훨씬 쉽다. 왜냐하면 대학들은 여러 창구를 통해 이를 투명하게 알려 주고 있기 때문이다.

내가 가고 싶은 대학이 나의 학교생활기록부에서 보기를 원하는 키워드는 무엇일까? 다음 몇몇 대학의 모집 단위별 인재상을 살펴보자.

서울 시립대학교 모집 단위별 인재상

대학	학과	인재상
정경 대학	행정학과	· 기초 교과의 성취도가 우수한 학생 · 사회 문제와 공동체 가치에 대한 관심이 높고 사회 현상에 대한 분석적 · 비판적 사고력을 바탕으로 자신의 미래를 적극적으로 개발하려는 의지가 강한 학생 · 원활한 의사소통 능력과 갈등에 대한 이해 및 조정 능력을 갖춘 학생
	국제관계학과	· 외국어, 언어 및 사회 교과의 성취도가 우수한 학생 · 국제관계와 세계 지역 및 한반도, 정치 · 외교에 관심이 많고 분석 능력을 갖춘 학생 · 국제적 마인드, 리더십, 봉사 정신, 팀워크, 희생 정신, 소통 능력 및 배려심이 있는 학생
	경제학부	· 다양한 분야의 경제 문제에 관심이 많고 수학적 소양이 우수한 학생 · 정보화 적응력 및 분석적 사고를 바탕으로 혁신과 창의성이 뛰어나며 글로벌 마인드, 적극적인 리더십이 있는 학생 · 공동체 의식을 바탕으로 협동 정신과 봉사 정신이 뛰어나며 높은 윤리 의식을 가진 학생
	사회복지학과	· 기초 교과의 성취도가 우수하고 다양한 분야의 사회 복지 문제에 관심이 많은 학생 · 사회적 이슈를 자신의 관점에서 사회 문제로 연결하고 대안 제시가 가능한 학생 · 다양성을 가진 사회와의 의사소통 능력 및 원활한 대인 관계 형성 및 리더십이 있는 학생
	세무학과	· 기초 및 탐구 영역 교과의 성취도가 우수하고 자기 주도적 학습 능력을 갖춘 학생 · 통합적 사고 능력을 바탕으로 융합 학문에 대한 이해를 통하여 새로운 가치 창출을 추구하는 학생 · 높은 윤리 의식을 바탕으로 지속적인 발전과 혁신을 추구하는 리더십이 있는 학생

(이하 생략)

[출처: 서울시립대학교 입학처]

아주대학교 학과별 인재상

대학	학과	핵심어	인재상
공과대학	기계공학과	창의성, 적극성, 협업	수학과 기초 과학에 대한 학습 능력이 우수하고, 도선석이고 실천적인 자세와 창의적 사고를 바탕으로 문제 해결의 의지가 강한 인재
	산업공학과	호기심, 국제적 감각, 타인 의견 존중, 책임감	일(Work)과 프로세스(Process)를 분석하여 최적 설계 및 혁신할 수 있는 전문 능력, 국제적 감각과 의사소통 능력을 바탕으로 국내외 다양한 사람들과 협동할 수 있는 협업 능력, 공학인으로서 문화적/사회적/윤리적 책임을 이해하고 주도적으로 실천하는 자주 의식을 갖춘 21세기 지식 기반 사회의 기술 혁신을 주도할 창의적인 인재
	화학공학과	문제 해결력, 적극성, 끈기	기초 과학 및 수학에 대해 지식이 풍부하며, 공학적 응용에서 요구되는 창의적이고 분석적인 사고력을 겸비한 인재
	신소재공학과	개방적 사고, 실험 기획력, 성실성, 협업	기초 과학(수학, 화학, 생명과학)을 잘하고 과학적인 지식을 실제 생활에 응용하여 공학적인 결과를 이끌어 내는 것에 흥미를 가지며 논리적인 추론으로 과학적인 문제를 해결하는 것을 즐기는 인재
	응용화학생명공학과	창의성, 논리력, 책임감, 적극성	기초 과학(수학, 화학, 생명과학)에 대한 학업 능력이 우수하고, 공학적 응용에 필요한 창의적인 사고와 전공에 대한 학업적 열의가 뛰어난 인재
	환경안전공학과	창의적 문제 해결, 작문 능력, 배려, 끈기, 적극성	수학, 물리, 화학의 단단한 기초 위에 대기(지구온난화), 수질, 폐기물 관련 환경 문제 및 자원과 에너지의 지속 가능성 문제, 화학 물질 관련 안전 문제들을 해결하려는 열정과 의지를 지니며 효과적인 의사소통 능력과 창의성을 발휘할 수 있는 인성과 도전 정신을 갖춘 인재
	건설시스템공학과	창의성, 문제 해결력, 주도성, 열정	수학과 기초 과학에 대한 지식이 풍부하며 전공 이수에 필요한 학습 능력을 갖추고, 전공에 대한 흥미와 열의가 강하며 합리적이고 창의적인 사고력을 지닌 인재
	교통시스템공학과	수학적, 과학적 분석력, 끈기, 관찰력	기초 교과(수학, 영어, 과학) 성취도가 우수하며 사물과 현상에 대한 수학적·과학적 분석력이 뛰어난 인재

건축학과	공간지각, 종합적 사고, 계획성, 개방성, 문화적 소양	· 건축학: 건축의 사회적, 공공적 기능에 대한 이해를 바탕으로 다양한 전문 분야를 총괄하여 종합적인 건축 사업의 목표를 실현해낼 수 있는 열정과 리더십을 갖춘 인재 · 건축공학: 공학 문제 해결을 위한 창의적 사고와 실행 능력을 갖춘 젊은이로서 솔선수범과 협업의 자세를 갖춘 인재
융합시스템공학과	프로그램 코딩, 체계적 문제 해결, 유연한 사고, 팀워크	비전과 목표를 스스로 설정하며, 이를 달성하는 책임감을 갖춘 인재(주인의식), 기본에 충실하며 미래에 도전하고 끊임없는 변화를 선도하는 인재(도전정신), 확고한 꿈과 열정을 바탕으로 학습 및 자기 계발을 지속적으로 추구하는 전문 능력을 갖춘 인재(전문성)

(이하 생략)

[출처: 아주대학교 입학처]

연세인이 들려주는 전공 이야기(문화인류학과)

문화인류학과에는 어떤 친구들이 오면 좋을까요?

무엇보다 중요한 것은 열린 마음이라고 생각합니다. 문화인류학은 차이와 다양성에 많은 관심을 두는 학문이며, 당연하다고 여겨지는 세상의 관념들에 대해 질문을 던지는 학문입니다. 따라서 문화인류학을 공부하려면 내가 지금까지 당연하게 여겼던 것들을 의심하고, 다른 사람들의 경험과 이야기를 통해 새로운 방식으로 세상을 인식할 준비가 되어 있어야 합니다. 나와는 다른 사람들을 무조건 불편해하고 배척하지 않겠다는 마음가짐, 만약 나와는 다른 것이 나를 불편하게 한다면 왜 내가 그렇게 느끼는지 적극적으로 생각해 보려는 성찰적인 자세를 가졌다면 문화인류학을 공부하기 좋은 조건을 갖추었다고 할 수 있습니다.

또한 문화인류학은 책과 논문뿐만 아니라 현지 조사를 중시합니다. 언제 어디서 어떤 사람들을 만나게 될지 모르지요. 낯선 환경과 낯선 사람을 두려워하지 않는 친구들, 다큐멘터리를 즐겨 보는 친구들, 여행과 새로운 만남을 즐기는 친구들이라면 문화인류학의 세계에서 행복한 가능성을 발견할 거예요.

[출처: 연세대학교 입학처]

이처럼 각 대학의 입학관리처 홈페이지는 자료의 보고이다. 우수한 신입생을 선발하기 위해 대학은 알기 쉽고 보기 쉬운 입시 자료들을 탑재하고 있다. 매년 발표되는 신입생 모집 요강, 자체적으로 만들어 배부하는 가이드북 등 여러분들이 궁금해하는 것들의 대부분은 입학처를 통해 충분히 얻을 수 있을 것이다. 학과 홈페이지의 학과 소개, 학과 인재상, 교육 목표, 교육 과정, 개설 과목 등도 반드시 살펴보도록 하자. 그리고 이렇게 노력했는데도 얻은 정보의 양이 충분치 않다면 입학처와 학과 사무실에 직접 전화해 보는 것도 좋다. 직원들은 여러분의 질문에 대해 자신이 공개할 수 있는 정도까지 충실히 대답해 줄 것이다.

각 대학은 지원자에게 요구하는 최소한의 기준과 상(像)이 있다. 교과 전형은 교과 전형대로, 논술 전형은 논술 전형대로, 정시는 정시대로 학생에게 요구하는 것이 다르다. 고등학교 3학년이 되어서 입시 요강을 보면 늦는다. 고등학교 2학년 4월경 대학 입학처 홈페이지에 올라오는 입학 전형 계획안을 통해 관련 내용을 미리 살펴보도록 하자.

나의 매력 포인트를 어떻게 보여 줄까

다시 연애 이야기를 해보자. 짝사랑 상대에 대한 스캐닝과 판단이 끝났으면 어떻게 해야 하는가? 그 사람에게 '나의 매력'을 보여 줘야 한다. 연애는 모든 면이 완벽한 사람들만 성공하는 것이 아니다. 여러 조건들이 상대방이 원하는 일정 수준의 기준을 넘겼다면 그것으로 되었다. 그다음부터는 남들이 갖지 않은 나만의 매력으로 승부하는 것이다.

입시에서의 '나의 매력'은 어디에서 보일 수 있을까? 정시의 경우 대학별 지정 과목에 응시했다면 그다음 내세울 매력은 '수능 성적'일 것이다. 학생부종합전형 그리고 서류의 정성적 평가나 서류 기반의 면접이 수반되는 모든 전형에서는 '학생부 기록'이 나의 매력이다.

입시에서 학생 고유의 특성을 드러낼 수 있는 자료는 '학교생활기록부'이다. 학생부에는 학생의 인적 사항, 학적 사항, 출결 사항, 수상 경력,

자격증 및 인증 취득 사항, 창의적 체험 활동 상황, 교과 학습 발달 상황, 독서 활동 상황, 행동 특성 등이 담긴다. 여기에서 '창의적 체험 활동'에 해당하는 '자율 활동, 동아리 활동, 진로 활동'과 이수한 각 교과목의 '교과학습발달상황' 란, 그리고 '행동특성 및 종합의견' 란에는 '세부특기사항(이하 세특)'이라고 하는 서술형 항목이 따라붙는다. 이 '세특'은 각 과정에서 학생이 보인 태도와 탐구 과정, 성취도와 학업 의지 등에 대해 교사가 직접 관찰한 내용을 제한된 글자 수 내에서 기술하는 항목이다.

불과 몇 년 전까지만 하더라도 학생부종합전형 첫 상담을 할 때 의례적으로 받는 질문은 "우리 애 학생부가 총 N장이 나오는데, 이 정도면 충분한가요?"라는 것이었다. 학생들은 더욱 풍부하고 읽을거리 많은 학생부를 만들기 위해 군비 경쟁하듯 열을 올렸다. 교과에 충실함은 물론 수많은 교내 대회에 도전하고, 동아리 등의 비교과 영역에서도 희망 전공과 관련하여 수준 있는 활동을 수행하며 해당 내용을 학교생활기록부에 빽빽하게 담아냈다. 최상위권 학생들의 경우 25쪽 이상의 학생부를 마련하는 것은 기본이고, 30쪽이 넘는 학생부를 보유한 학생들도 많았다. 진로와 목표가 뚜렷한 학생들에게는 그러한 과정이 나름의 보람으로 느껴지기도 했지만, 그렇지 못한 학생들에게는 큰 부담이 되었다. 하지만 이제는 과거처럼 방대한 학생부는 나오지 않는다. 교육부에서 이러한 경쟁은 학생부종합전형 본연의 목적과 맞지 않게 지나치게 과열되어 있으며 사교육을 조장하고 교사별 학생부 기재 역량 편차, 셀프 세특(교사가 아닌 학생이 스스로 작성해 올리는 세특) 문제 등이 발생하여 공정하지 못하다고 판단했기 때문이다.

그래서 교육부는 대입 제도의 공정성 강화를 도모하기 위해 학교생활기록부의 기재 요령에 대대적인 칼질을 하였다. 연도별로 달라지는 내용은 다음과 같다.

학교생활기록부에 기록할 수 있는 항목이 줄어들고, 적을 수 있는 글

2021 학교생활기록부 매뉴얼에 따른 학년별 기재 사항

항목			2021 졸업생('21)	2021 고3('22)~고2('23)	2021 고1('24)
1. 인적 사항			기존과 같음	① 인적·학적 사항으로 통합 ② 인적 사항에서 부모 정보란 삭제 ③ 학적 변동 사항만 기재	
2. 학적 사항			기존과 같음		
3. 출결 사항			2019년부터 고1, 2, 3 모두 용어 변경: 무단 → 미인정		
4. 수상 경력			기존과 같음 − 학생부에 있는 수상 경력 그대로 모두 대학에 제공	한 학기에 한 개만 대학에 제공	대입 미반영
5. 자격증 및 인증 취득 상황			기존과 같음	기록은 현행과 같음(대입은 미반영)	
6. 진로 희망 사항			기존과 같음 (진로 희망 사항/ 희망 사유)	항목 삭제 / 학년별 진로 희망 사항은 창체의 진로 활동으로 이동(대입 미반영, 진로 특기사항은 반영)	
7. 창의적 체험 활동 상황	자율	특기 사항	① 소논문 기재 가능 (연구 주제, 참여 인원, 소요 시간) ② 2019년부터 모두 특기사항 글자 수 축소 ㉠ 자율 (1,000자 → 500자) ㉡ 동아리 (500자 → 500자) ㉢ 봉사 (500자 → 500자) ㉣ 진로 (1,000자 → 700자)	① 자율 동아리 학년 당 1개(동아리명+설명 = 30자) ② 봉사 활동 특기사항 삭제 ③ 특기사항 글자 수 축소 ㉠ 자율 (1,000자 → 500자) ㉡ 동아리 (500자 → 500자) ㉢ 봉사 (500자 → 500자) ㉣ 진로 (1,000자 → 700자)	① 자율 동아리 대입 미반영 ② 개인 봉사 활동 실적 대입 미반영 (학교 계획 봉사 활동 실적은 반영) ③ 봉사 활동 특기사항 삭제 ④ 특기사항 글자 수 ㉠ 자율 (1,000자 → 500자) ㉡ 동아리 (500자 → 500자) ㉢ 봉사 (500자 → 500자) ㉣ 진로 (1,000자 → 700자)
	동아리	정규 자율 특기 사항			
	봉사	특기 사항 실적			
	진로	특기 사항			

8. 교과학습 발 달상황	성적	① 기초교과(군), 탐구 교과(군) 과목은 모든 학생에 대해 교과세특 입력 ② 개인세특 입력 사 항 한정	① 진로 선택 과목 부 분 신설 ② 방과후 학교 미기 재 ③ 모든 교과 모든 학 생에 대해 교과세 특 입력	① 영재, 발명 교육 관련 내용 대입 미 반영 ② 방과후 학교 미기 재 ③ 모든 교과 모든 학 생에 대해 교과세 특 입력
	교과 세특			
9. 독서 활동 상황		기존과 같음 (도서의 제목과 저자만 기재)		대입 미반영
10. 행동특성 및 종합 의견		① 2019년부터 고1, 2, 3 모두 글자 수 감소(1,000→500) ② (학교) 봉사 활동 학생의 특기사항 필요시 기재 가능		

※ 미기재: 학생부에서 삭제 / 미반영: 학생부에는 기재하되 대입 자료로 미전송

자 수도 크게 줄어들었다. 2021년에 고2, 고3이 되는 친구들의 자율 동아리를 먼저 살펴보자. 자율 동아리의 경우 학교생활기록부에 동아리명을 포함하여 총 30자 내외밖에 기재할 수 없게 되었다. '(영어토론반: 자율동아리) 사회 이슈를 다자간 토론함.' 이것이 딱 30자 분량이다. 여러분이 입학사정관이라면 이 정도의 내용만 보고 해당 학생이 자율 동아리 활동을 통해 영어 구사력을 얼마나 기를 수 있었는지, 시사 문제에 대한 관심이 얼마나 깊은지, 객관적이고 균형 잡힌 토론 능력을 갖추기 위해 얼마나 노력했는지 평가할 수 있을까? 사회 이슈를 영어로 토론했다는 사실만 알 수 있을 뿐, 활동을 통한 학생의 성장 스토리는 알기 어렵다.

수상 경력도 상급 학교(대학교)에 제공할 수 있는 기록은 학기당 한 개로 제한되었다. 학교생활기록부에는 내가 수상한 대회 내역을 모두 기재할 수 있지만, 실제 대학에 지원할 때는 다음 표와 같이 따로 마련된 양식에 학생이 선택한 수상 내역만 적어 고교에 회신하게 된다. 1학년 1학기부터 3학년 1학기까지 총 5개 학기 각각에서 대표적 수상 경력을 취

사하여 대학에 제공하는 것이다. 이제 대학은 지원자가 얼마나 많은 대회에서 역량을 증명하였는지 알 수 없으며, 대회에서 이루어진 내용은 학생부의 어떠한 서술형 항목에도 기재할 수 없기에 학생의 준비 과정이나 노력 정도를 파악하기도 힘들게 되었다.

수상 경력 기재 양식

학생부에 기재된 수상 경력 중 아래 표에 대학교에 제공되기를 희망하는 수상 실적(수시 5개, 정시 6개)을 기록하여 학교에 회신하여 주시기 바랍니다.

( )학년 ( )반 ( )번

	학년 및 학기	수상 실적		비고
		수시	정시	
1	1학년 1학기			
2	1학년 2학기			
3	2학년 1학기			
4	2학년 2학기			
5	3학년 1학기			
6	3학년 2학기			

학생 ( ) (서명) 학부모 ( ) (서명)

이뿐이 아니다. 연애편지와 같았던 자기소개서(이하 자소서)도 2021년부터 변한다. 자소서는 매우 중요한 서류이다. 학교생활기록부에 미처 다 표현하지 못한 '배우고 느낀 점', '꿈과 이상'을 밝힐 수 있었던 자료가 자기소개서이다. 또한, 자소서는 내 학생부의 지도 역할을 한다. 지원자들의 학교생활기록부를 살펴보면 기재된 입시 자원들이 한곳을 바라보기보다는 중구난방으로 흩어져 있는 경우가 많다. 이럴 때 이를 관통

하는 하나의 맥을 잡아 나의 입시 콘셉트로 삼고, 이를 자소서를 통해 명확하게 표현하면 평가자의 입장에서 학생부를 읽기가 훨씬 수월해진다.

그러나 이 자소서도 아래 표처럼 문항이 변경되고 기재 가능한 최대 글자 수가 대폭 줄어들었다.

2021학년도와 2022학년도 자기소개서 공통 양식 문항 대조표

2021학년도	2022학년도
1. 고등학교 재학 기간 중 학업에 기울인 노력과 학습 경험을 통해 배우고 느낀 점을 중심으로 기술해 주시기 바랍니다. (띄어쓰기 포함 1,000자 이내)	1. 고등학교 재학 기간 중 자신의 진로와 관련해 어떤 노력을 해왔는지 본인에게 의미 있는 학습 경험과 교내 활동을 중심으로 기술해 주시기 바랍니다. (띄어쓰기 포함 1,500자 이내) * 검정고시 출신자는 중학교 졸업 후 고등학교 재학 기간에 준하는 기간의 경험 기술
2. 고등학교 재학 기간 중 본인이 의미를 두고 노력했던 교내 활동(3개 이내)을 통해 배우고 느낀 점을 중심으로 기술해 주시기 바랍니다. 단, 교외 활동 중 학교장의 허락을 받고 참여한 활동은 포함됩니다. (띄어쓰기 포함 1,500자 이내)	
3. 학교생활 중 배려, 나눔, 협력, 갈등 관리 등을 실천한 사례를 들고, 그 과정을 통해 배우고 느낀 점을 기술해 주시기 바랍니다. (띄어쓰기 포함 1,000자 이내)	2. 고등학교 재학 기간 중 타인과 공동체를 위해 노력한 경험과 이를 통해 배운 점을 기술해 주시기 바랍니다. (띄어쓰기 포함 800자 이내) * 검정고시 출신자는 중학교 졸업 후 고등학교 재학 기간에 준하는 기간의 경험 기술
4. 〈자율문항〉 지원 동기 등 학생을 종합적으로 판단하기 위해 필요한 경우 대학별로 1개의 자율 문항을 추가해 활용하시기 바랍니다. (글자 수는 띄어쓰기 포함 1,000자 또는 1,500자 이내로 하고 대학에서 선택)	3. 〈자율문항〉 필요시 대학별로 지원 동기, 진로 계획 등의 자율 문항 1개를 추가해 활용하시기 바랍니다. (띄어쓰기 포함 800자 이내)

[출처: 대입정보포털 '어디가(adiga)']

고교 생활 중의 학업 경험을 서술하던 1번 문항과 교내 활동 경험을 소개하던 2번 문항은 통합되어 1,500자 이내로 써야 하며, 3번 문항과 4번 자율 문항은 각각 800자 이내로 쓰게 되어 글자 수 제한이 변경되었다. 기존 4개 문항 최대 5,000자에서 3개 문항 최대 3,100자로 축소된 것이다. 이마저도 자율 문항이 출제되지 않는 대학의 경우라면 총 2,300자가 쓸 수 있는 전부일 것이다. 5,000자가 어느 만큼의 분량인지, 2,300자가 얼마나 짧은 분량인지 쉽게 감이 오지 않을 것이다. 비교해 보자.

2021학년도 이전 5,000자

5,000자 50
5,000자 5,000자 5,000자 5,000자 5,000자 5,000자 5,000자 5,000자
5,000자 5,000자 5,000자 5,000자 5,000자 5,000자 5,000자 5,000자 5,000자
5,000자 5,000자 5,000자 5,000자 5,000자 5,000자 5,000자 5,000자 5,000자
5,000자 5,000자 5,000자 5,000자 5,000자 5,000자 5,000자

2,300자 2,300자 2,300자 2,300자 2,300자 2,300자 2,300자 2,300자 2,300자 2,300자 2,300자
2,300자 2,300자 2,300자 2,300자 2,300자 2,300자 2,300자 2,300자 2,300자 2,300자 2,300자
2,300자 2,300자 2,300자 2,300자 2,300자 2,300자 2,300자 2,300자 2,300자 2,300자 2,300자
2,300자 2,300자 2,300자 2,300자 2,300자 2,300자 2,300자 2,300자 2,300자 2,300자 2,300자
2,300자 1,000자 2,300자 2,300자 2,300자 2,300자 2,300자 2,300자 2,300자 2,300자 2,300자
2,300자 2,300자 2,300자 2,300자 2,300자 2,300자 2,300자 2,300자 2,300자 2,300자 2,300자
2,300자 2,300자 2,300자 2,300자 2,300자 2,300자 2,300자 2,300자 2,300자 2,300자 2,300자
2,300자 2,300자 2,300자 2,300자 2,300자 2,300자 2,300자 2,300자 2,300자 2,300자 2,300자
2,300자 2,300자 2,300자 2,300자 2,300자 2,300자 2,300자 2,300자 2,300자 2,300자 2,300자
2,300자 2,300자 2,300자 2,300자 2,300자 2,300자 2,300자 2,300자 2,300자 2,300자 2,300자
2,300자 2,300자 2,300자 2,300자 2,300자 2,300자 2,300자 2,300자 2,300자 2,300자 2,300자
2,300자 2,300자 2,300자 2,300자 2,300자 2,300자 2,300자 2,300자 2,300자 2,300자 2,300자
2,300자 2,300자 2,300자 2,300자 2,300자 2,300자 2,300자 2,300자 2,300자 2,300자 2,300자
2,300자 2,300자 2,300자 2,300자 2,300자 2,300자 2,300자 2,300자 2,300자 2,300자 2,300자
2,300자 2,300자 2,300자 2,300자 2,300자 2,300자 2,300자 2,300자 2,300자 2,300자 2,300자
2,300자 2,300자 2,300자 2,300자 2,300자 2,300자 2,300자 2,300자 2,300자 2,300자 2,300자
2,300자 2,300자 2,300자 2,300자 2,300자 2,300자 2,300자 2,300자 2,300자 2,300자 2,300자
2,300자 2,300자 2,300자 2,300자 2,300자 2,300자 2,300자 2,300자 2,300자 2,300자 2,300자
2,300자 2,300자 2,300자 2,300자 2,300자 2,300자 2,300자 2,300자 2,300자 2,300자 2,300자
2,300자 2,300자 2,300자 2,300자 2,300자 2,300자 2,300자 2,300자 2,300자 2,300자 2,300자
2,300자 2,300자 2,300자 2,300자 2,300자 2,300자 2,300자 2,300자 2,300자 2,300자 2,300자
2,300자 2,300자 2,300자 2,300자 2,300자 2,300자 2,300자 2,300자 2,300자 2,300자 2,300자
2,300자 2,300자 2,300자 2,300자 2,300자 2,300자 2,300자 2,300자 2,300자 2,300자 2,300자
2,300자 2,300자 2,300자 2,300자 2,300자 2,300자 2,300자 2,300자 2,300자 2,300자 2,300자
2,300자 2,300자 2,300자 2,300자 2,300자 2,300자 2,300자 2,300자 2,300자 2,300자 2,300자
2,300자 2,300자 2,300자 2,300자 2,300자 2,300자 2,300자 2,300자 2,300자 2,300자 2,300자
2,300자 2,300자 2,300자 2,300자 2,300자 2,300자 2,300자 2,300자 2,300자 23

무려 반 토막이다. 기본 폭 10.0포인트 기준으로 A4 용지 한 장 분량도 되지 않는다. 학교생활기록부에서 미처 다 표현하지 못한 나의 경험을 자기소개서를 통해 보완하기엔 우리에게 주어진 글자 수가 부족하다. 고교 생활 중의 성장 스토리를 제대로 보여주기에도 빠듯한 분량일 수 있다.

학교생활기록부에 기재 가능한 항목과 글자 수가 줄었다. 전공 적합성을 보이는 데 중요한 역할을 했던 '자율 동아리' 항목도 이제는 연간 한 개씩, 그마저도 30자밖에 기재할 수 없다. 수상 경력도 대학에 제공되는 내역은 단 다섯 개. 봉사 활동 역시 단순 실적만 올라갈 뿐, 세특을

통한 추가 진술이 되지 않는다. 자기소개서 문항도 통합되고, 입력 가능한 글자 수도 대폭 줄었다. 그러면 앞으로 우리의 매력은 어디에서 보여야 할 것인가?

학생부 기재 요령 개편에서 살아남은 것은 '교과 세부능력 및 특기사항(이하 교과세특)'이다. 교과세특은 수업 중 발생한 일들 중 수치로 표현할 수 없는 내용을 언어로 기록하는 항목이다. 담당 교사는 이 항목에 학생이 해당 수업을 통해 무엇을 배우고 느꼈는지, 어떻게 성장하고 얼마나 발전했는지를 객관적으로 관찰한 내용을 띄어쓰기 포함 최대 500자의 글로 서술하게 된다. 학생의 학습 태도와 노력 정도, 과제의 수행 방법과 그 내용, 수업을 통해 학생에게 생긴 변화 등이 관찰의 대상이 되며, 입학사정을 진행하는 대학이 가장 신뢰하는 평가 자료가 되기도 한다.

서울대 합격생의 교과 세부능력 및 특기사항 예시

사회학적 기본 개념을 학습하고 거기에서 멈추는 것이 아니라 자신의 관심 분야에 따라 조사 및 독서 활동을 통해 사고를 확장시키는 능력이 뛰어난 학생임. 주제 발표 시간에 사회적 불평등 단원에서 '남아공의 사례를 통한 빈곤의 해결에 대한 고찰'을 주제로 발표함. 남아공의 빈부격차 및 빈곤이 경제적 결핍에서 시작되어 정서적, 문화적, 교육적 차원에 영향력을 행사하는 과정을 설명하고, 빈곤을 해결하기 위한 대책으로 교육을 통한 사회화의 중요성에 대해 강조함. 특히 학교 교육이 대부분의 나라에서는 2차적 사회화 기관으로서의 기능을 담당하지만 남아공에서는 가정에서 실시하는 기초적인 사회화가 잘 되어 있지 않기 때문에 학교 교육이 1차적 사회화의 기능도 담당해야 한다는 내용이 참신함.

[출처: 서울대학교 아로리]

분량을 보자. 한 학년 동안 아홉 과목을 듣는다고 하면 이 '교과 세부능력 및 특기사항'은 자기소개서 분량의 2배에 가까운 4,500자의 대기록이 된다. 서울대학교에서 공개한 합격자 교과세특에서 보이듯 이 항목을 통해 우리는 지식을 해석하고 의미를 발견해낸 중요한 경험을 충분히 소개할 수 있다. 그리고 이러한 학습 경험으로 학업 역량을 증명하고, 평가자로 하여금 나의 발전 가능성을 유추하게 한다. 또한, 수업 중 생긴 의문점, 학생들에게 주어지는 과제 등을 잘 활용한다면 교과세특을 통해서도 전공 적합성과 인성까지 보일 수 있다. 학교생활기록부에서 '교과 세부 능력 및 특기사항'의 위상은 실로 대단하다.

여전히 500자, 위대한 교과세특

자소서 2,300자	교과세특 과목별 500자
2,300자 23	500자 500자 500자 500자 500자 500자 500자 500자 500자 500자 500자 500자 500자 500자 500자 500자 500자 500자 500자 500자 500자 500자 500자 500자 500자 500자 500자 500자 500자 500자 500자 500자 500자 500자 500자 500자 500자 500자 500자 500자 500자 500자 500자 500자 500자 500자 500자 500자 500자 500자 500자 500자 500자 500자 500자 500자 500자 500자 500자 500자 500자 500자 500자 500자 500자 500자 500자 500자 500자 500자 500자 500자 500자 500자 500자 500자 500자 500자 500자 500자 500자 500자 500자

2장

나의 매력 포인트로
'교과 세부능력 및 특기사항'을
잘 잡아라

교과 세부능력 및
특기사항의 핵은 무엇인가?

학생부종합전형 4대 평가 요소 '학업 역량'의 세부 평가 항목 예시

세부 평가 항목 예시

1) 학기 · 학년별 성적은 상승/하락했는가?
2) 유난히 소홀함을 보인 과목은 없는가?
3) 희망 전공 관련 도전적 과제 내지 과목을 이수하기 위해 노력했는가?
4) 교과 활동을 통해 지식의 폭을 확장하고 새로운 것을 창출하기 위해 노력했는가?
5) 각종 교과 탐구 활동 등을 통해 창의적 결과물을 도출했는가?

화학2: 화학생명공학에 관심이 있는 학생으로, 수업 시간마다 자신이 이해한 내용을 실생활에 연관 지어 새로운 문제 상황을 만들고 이에 대해 고민하고 질문하며 친구들과의 토론을 유도함. 토론과 질문을 통해 문제에 대한 자신만의 논리를 만들고, 단계적으로 추론하는 사고방식을 가지고 있음. 화학 제품 부작용에 대한 수행 평가 주제로 탈리도마이드를 선정하고 이에 대해 탐구하는 과정에서, 광학 이성질에 관한 이론적 내용을 알아보는 데 그친 것이 아니라, 당시 동물 실험 결과와 실제 인체에서의 효과가 달라질 수밖에 없었던 이유에 대해 친구들과 고민하는 모습을 보임. 그뿐만 아니라 본인이 제기한 가설의 타당성에 대해 교사에게 물어보면서 자신의 사고 과정을 검증하려는 태도도 보여줌.

[출처: 한양대학교 학생부종합전형 가이드북]

학생부종합전형에서는 학업 역량을 내신 성적 지표 단 하나로 판단하지 않는다. 앞 페이지의 '세부 평가 항목 예시'에서 처럼, 학업과 관련된 학생의 여러 활동과 상황들을 정성적으로 평가한다. 예시의 4)번처럼 교과 활동을 통해 지식의 폭을 확장하고 새로운 것을 창출하기 위한 노력을 어떤 사례를 통해 보일 수 있을까? 그리고 5)번처럼 교과 탐구 활동을 통해 창의적 결과물을 도출한 사례는 어떤 활동을 통해 주로 만들어지는가?

교과를 통해 습득한 지식을 응용해 창의적인 결과를 도출해내는 대표적인 활동은 바로 '수행 평가'이다. 이 '수행 평가 산출물'은 학교생활기록부의 '교과 세부능력 및 특기사항'을 작성하는 데 매우 중요하게 고려되는 자료가 된다. 수업 중 이루어진 토론이나 질문 등을 통해서도 교과 세특에 기재 가능한 학생의 성장 정도를 확인할 수 있지만, 평가 기준이 명확하여 가장 객관적인 관찰이 가능한 것은 '수행 평가'이기 때문이다. 그리고 '한양대학교 학생부종합전형 가이드북'에 실린 '화학2' 교과세특 사례처럼, 수행 평가는 내가 수업 시간에 배운 개념을 확장 탐구하여 이룬 발전, 지적 호기심을 해결하기 위한 노력 과정을 통해 성장한 정도를 증명할 수 있는 도구가 된다. 학업과 관련한 모든 활동들을 정성적으로 검토하여 지원자의 학업 역량을 판단하는 학생부종합전형의 특성상 이렇게 수행 평가를 통해 보인 우수함은 성에 차지 않는 내신 성적도 상쇄할 수 있는 강력한 무기로도 활용이 된다.

수행 평가는 양질의 교과세특 기록을 마련하기 위해서뿐 아니라 상위권의 내신 성적을 확보하기 위해서도 매우 중요하다. 중간고사와 기말고사, 수행 평가 점수의 합산으로 결정되는 전체 시험 성적에서 수행 평가가 차지하는 비중은 20~40%에 이른다. 그렇기 때문에 수행 평가를 제대로 해결하지 못하면 지필 고사에서 만점을 받는다고 하여도 1~2등급(교내 상위 11%까지)의 교과 등급을 받기가 어려울 수밖에 없다. 그러나 뒤집어서 생각하여 20~40%의 성적을 안정적으로 확보한다면 그만큼 지필 고사의 부담을 덜 수 있다는 말이 되기도 한다. 그리고 요령만 정확하게 알고 있다면 지필 고사보다 대비하기 쉽다는 장점도 있다.

수행 평가는 학기 초에 학업성적관리위원회에서 심의한 평가 계획에 따라 진행하게 된다. 교사는 수행 평가를 위해 교과 단원별 성취 기준, 평가 요소, 평가 방법을 분석해 학기 단위의 평가 계획을 마련한다. 이 평가 계획은 각 학교의 홈페이지나 '학교 알리미' 사이트에 공개되며, 매 수행 평가 시작 전 학생들에게 일일이 교부된다. 그리고 평가 계획에 따라 수행 평가 점수가 산출되고, 학기 말에 평가 업무 담당 부서에서 평가 계획과 입력 점수의 일치 여부를 점검한다. 어떻게 하면 좋은 점수를 받을 수 있는지 정보가 충분하게 공개되어 있고, 엄격한 절차에 의해 공정하게 진행되는 만큼 적절한 노력만 한다면 누구나 충분히 높은 점수를 받을 수 있는 영역이다.

그럼에도 불구하고 수행 평가를 하는 과정은 결코 쉽게 느껴지지 않는 듯하다. 특히, 2020년부터 과제형 수행 평가가 폐지되고 수업 시간에 이루어진 발표, 토론, 프로젝트 활동만 평가 대상으로 삼을 수 있게 되면서 학생들은 더 큰 적극성과 주도성을 요하게 되었다. 수업 시간에 충실한 것은 물론, 교과서만으로는 미처 충족되지 않는 지적 호기심을 스스로 탐구하는 의지를 보여야 하며, 이를 효율적으로 표현하고 전달할 수 있는 글쓰기 능력 및 발표 능력까지 겸비해야 하니 수행 평가가 지필 고사 준비에 차질을 줄만큼 부담으로 다가오는 현실이 충분히 이해될 만하다.

이를 극복하기 위해 수행 평가의 주제를 찾는 방법, 내가 필요한 자료를 찾는 방법, 구한 자료를 창의적으로 해석하는 방법, 말과 글을 통해 효율적으로 전달하는 방법을 선배들의 예시를 검토하며 함께 알아보고자 한다. 물론, 그들이 수행 평가를 진행했던 때와 지금의 현실이 다르고 학교마다 형편도 다를 수 있다. 하지만 교과 수업 중 이루어지는 탐구 활동으로서의 맥은 달라지지 않았다. 충분히 익히시기를 바란다. 골칫거리였던 수행 평가가 효자 노릇을 하면 교과 내신 등급과 학생부의 '교과 세부능력 및 특기사항' 모두를 원만하게 잡을 수 있다.

국어 교과 수행 평가, 〈자유 주제 에세이 쓰기〉의 예시

성취 기준	12문학01-01 12문학02-01~12문학02-06 12문학04-01 12문학04-02		
성취 수준	상	적절한 삶의 장면이나 사례를 선정하여 설득력 있는 주제 및 작성 동기를 설정하였으며, 자신의 경험·생각을 바탕으로 삶을 깊이 있게 성찰하고 개성 있는 문체를 구사하였고, 성찰한 내용을 바탕으로 공동체에 기여할 수 있는 현실감 있고 구체적인 방법까지 제시하는 에세이를 작성하였다.	
	중	삶의 장면이나 사례를 선정하여 주제 및 작성 동기를 설정하였으며, 자신의 경험·생각을 바탕으로 삶을 성찰하였고, 성찰한 내용을 바탕으로 공동체에 기여할 수 있는 방법을 제시하는 에세이를 작성하였다.	
	하	주제 및 작성 동기를 설정하여 삶을 성찰하였고, 공동체에 기여할 수 있는 방법을 제시하는 에세이를 작성하였다.	

영역 (만점)	평가 요소	세부 내용		
		상(3)	중(2)	하(1)
자유 주제 에세이 쓰기 (100)	주제 및 동기 설정	적절한 삶의 장면, 사례 등을 선정하여 설득력 있는 주제와 에세이 작성 동기를 설정하였다.	삶의 장면, 사례 등을 선정하여 주제와 에세이 작성 동기를 설정하였다.	주제와 에세이 작성 동기를 설정하였다.
	자아 성찰	자신의 경험·생각을 바탕으로 설정 주제에 대해 깊이 있게 성찰하고 개성 있는 문체로 표현하였다.	자신의 경험·생각을 바탕으로 설정 주제에 대해 성찰하고 표현하였다.	경험·생각을 바탕으로 설정 주제에 대해 표현하였다.
	공동체 정신	설정 주제에 대해 성찰한 내용을 바탕으로 공동체에 기여할 수 있는 현실감 있고 구체적인 방법을 제시하였다.	설정 주제에 대해 성찰한 내용을 바탕으로 공동체에 기여할 수 있는 방법을 제시하였다.	공동체에 기여할 수 있는 방법을 제시하였다.
	구성력	글의 완결성, 통일성, 일관성을 유지하여 글을 썼다.	—	글의 완결성, 통일성, 일관성을 유지하지 못하였다.

등급	채점 기준	배점
A	위의 종합 점수가 12점일 경우	100
B	위의 종합 점수가 10~11점일 경우	90
	위의 종합 점수가 9점일 경우	80
C	위의 종합 점수가 8점일 경우	70
	위의 종합 점수가 7점일 경우	60
D	위의 종합 점수가 5~6점일 경우	50
E	위의 종합 점수가 4점일 경우	40
F	미응시 및 미제출	20

2장 나의 매력 포인트로 '교과 세부능력 및 특기사항'을 잘 잡아라

02

선배들의 사례를 통해 보는
매력적인 수행 평가

<table>
<tr><td>사례 01</td><td colspan="3">수학 주제 탐구 보고서 '직선을 곡선으로, 스트링 아트'</td></tr>
</table>

서울대학교 자유전공학부 20학번 오○○

<table>
<tr><td colspan="4">주제 탐구 계획서 및 보고서</td></tr>
<tr><td>학번</td><td>2학년 ○반 ○○번</td><td>이름</td><td>오○○</td></tr>
<tr><td>주제</td><td colspan="3">직선을 곡선으로, 스트링 아트</td></tr>
<tr><td>탐구
목적</td><td colspan="3">• 수학을 이용한 예술 중 하나인 스트링 아트에 대하여 탐구한다.
• 스트링 아트를 함수와 연관 지어 탐구해 본다.
• 스트링 아트 작품을 직접 그려 본다.</td></tr>
<tr><td>탐구
방법</td><td colspan="3">• 스트링 아트에 관하여 조사하고 이를 수학과 관련해 생각해 본다.
• 함수의 그래프와 그 함수의 접선을 그려 본다.
• 스트링 아트 작품을 그림판으로 직접 그려 본다.</td></tr>
</table>

1. 스트링 아트란

스트링 아트란 많은 직선을 규칙에 따라 그려 보면 그 직선들이 모여 곡선처럼 보이게 되는 일종의 예술 작품이다.

그리는 방법은 간단하다. 다음과 같이 점들을 표시하고 그 점들을 이으면 된다. 이때 가장 위의 점은 가장 왼쪽, 가장 아래의 점은 가장 오른쪽 점에 잇는다. 그러면 직선들이 이어져 곡선처럼 보이게 된다.

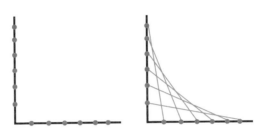

이를 활용하여 다양한 작품들을 만들어 낼 수 있다. 인천의 송도 1교와 이스라엘의 예루살렘 코드 브릿지(The Chord Bridge)는, 스트링 아트를 활용한 대표적인 건축물이다.

2. 스트링 아트와 함수

앞의 그림도 함수와 연관 지어 생각할 수 있다. 점 두 개 사이의 거리를 1이라고 하면 각각의 점은 (0,1), (0,2), (0,3), (0,4), (0,6), (1,0), (2,0), (3,0), (4,0), (5,0), (6,0)이고 직선들은 x절편과 y절편의 합이 7인 직선들이 된다. 이것을 일반화하여 위와 옆으로 k개의 점을 찍고 스트링 아트를 그리게 된다면 스트링 아트를 이루는 각각의 직선은 x절편과 y절편의 합이 k+1인 직선들이 된다. 그 직선들의 일반항은 다음과 같다.

$$\frac{x}{n} + \frac{y}{k-n+1} = 1 \, (n=1,2,3 \cdots k)$$

2장 나의 매력 포인트로 '교과 세부능력 및 특기사항'을 잘 잡아라

3. 스트링 아트와 접선

스트링 아트를 다른 방향으로도 생각할 수 있다. 바로 접선이다. 스트링 아트를 이루는 직선들은 스트링 아트 속에서 나타나는 곡선의 다양한 접선들이다. 따라서 그리는 직선의 개수가 많을수록 곡선의 모양이 더 뚜렷하게 나타나게 된다. 스트링 아트를 통해 나타난 곡선이 원이면 직선들은 원의 접선이 되고 포물선이라면 포물선의 접선이 된다. 이를 반대로 생각하여 먼저 곡선을 그려 놓고 그 접선들을 그려 보면 스트링 아트의 역과정을 그릴 수도 있다.

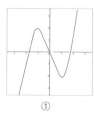 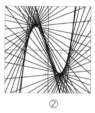 

① ② ③

① 그래프는 지오지브라(Geogebra) 프로그램으로 그린 $y = x^3 - 3x$의 그래프이다. 이 그래프 위에 여러 접선들을 그려 보면 ② 그림과 같이 된다. 여기에서 그래프를 제거하면 직선들에 의해 ③ 그림과 같이 원래의 곡선 형태가 나타나게 된다. 따라서 스트링 아트의 직선들은 나타나는 곡선의 다양한 접선들임을 알 수 있다.

4. 나만의 스트링 아트 그려 보기

그림판 프로그램을 활용하여 직접 스트링 아트 작품을 만들어 보았다.

사람의 눈을 형상화한 스트링 아트 작품을 직접 그림판 프로그램을 사용하여 그려 보았다.

알게 된 점 및 의문점

스트링 아트라는 것이 수학을 이용한 예술 작품이라는 것은 알고 있었지만 깊게 생각해 보지는 않았다. 하지만 이번 탐구를 통해 스트링 아트가 함수, 특히 곡선의 접선과 관련되어 있다는 것을 알았다.

스트링 아트 작품을 직접 그려볼 때 격자를 사용하여 간격을 일정하게 하였으면 더욱 깔끔한 작품이 나왔을 텐데 눈대중으로 그리다 보니 조금 삐뚤어진 것 같아 아쉬웠다.

탐구 내용

박코치

많은 학생이 수행 평가가 가장 까다로운 과목으로 '수학'을 꼽습니다. '교과에서 학습한 개념을 실생활에 적용해 에세이 쓰기', '수학을 소재로 한 책을 읽고 새롭게 알게 된 점을 또 다른 현상에 적용해 보기'와 같은 미션들은 분명 쉬운 것은 아니죠. 학교에서 배운 개념만 가지고는 깊이 있는 분석이 불가능하거나 적용할 만한 사례 자체가 생각나지 않을 때도 많습니다. 오○○는 수학을 응용한 예술인 '스트링 아트'를 '함수', '접선' 개념과 연관해 탐구하고, 그림판 프로그램을 이용해 직접 스트링 아트 작품을 그려 보았습니다. 어렵지는 않았는지, '스트링 아트'라는 탐구 소재는 어떻게 찾을 수 있었는지 궁금하네요.

오○○

교과서에 '스트링 아트'에 대해 잠깐 언급된 부분이 있었습니다. 교과서에 실린 것이기 때문에 고등학교 2학년생의 수준에서도 충분히 탐구 가능할 것이라고 생각했습니다. 그래서 이 원리를 알아보고, 저만의 작품을 그려 보며 배운 내용을 직접 적용해 보고자 하였습니다. 스트링 아트는 초등학교에서도 가볍게 그려 보는 경우가 있을 정도로 어려운 내용이 아닙니다. 함수를 일반화한 식을 구할 때는 수열의 개념을 활용하였고, 스트링 아트로 만들어진 곡선이 접선들로 구성되었다는 이야기를 할 때는 접선의 개념을 활용하였는데, 이 두 가지 모두 수학 수업 시간에 배울 수 있는 내용이었습니다. 저는 수행 평가 시 굳이 거창하고 복잡한 주제를 잡지 않아도 된다고 생각합니다. 그리고 주제로 삼기에 '별것 아닌 것'도 없다고 생각합니다. 나의 수준을 기준으로 탐구하기에 너무 무리가 되는 주제를 선택하면 그 결론까지 도달하기 어렵습니다. 내가 노력하면 충분히 해결할 수 있고 나의 탐구 의지도 불러일으키는 주제를 선택해야 아이디어도 잘 떠오르고 생각을 발전시키기 쉽습니다.

박코치

그렇죠. 주제로 삼기에 별것 아닌 것은 없습니다. 자신의 수준을 고려해 현실적인 탐구 주제를 선정해야 한다는 생각에도 동의합니다. '쉽다', '어렵다'의 기준은 상대적인 것이에요. 해당 과목에 대한 나의 학업 역량으로써는 이해하기 힘들었던 내용을 진취적인 자세와 창의적인 방법으로 깨우쳐본 '성장 경험' 자체가 '나의 스펙'이 됩니다. '누가 봐도 복잡해 보이는 것을 천재적으로 해결한 경험 사례'를 만드는 데 집착할 필요는 없어요. 새로운 지식을 습득하여 앎의 범위를 확장하고 이를 여러 방식으로 활용해 보면서 '나'라는 사람이 이전보다 발전하게 되었음을 보여줄 수 있으면 그 수행 평가는 잘한 수행 평가예요. 후배들에게 또 어떤 팁을 알려주고 싶은가요?

오○○

뻔한 것처럼 들릴 수도 있지만 '교과서를 가까이 하라'는 말씀을 꼭 드리고 싶습니다. 교과서를 잘 보면 탐구 주제의 아이디어를 많이 발견할 수 있습니다. '스트링 아트의 원리는 왜 함께 수록이 되어 있지 않지?', '내가 이걸 직접 그려 보려면 어떻게 해야 하지?' 하는 것처럼 교과서에서는 가르쳐 주지 않는 '빈

틈'을 찾아내는 것이 양질의 탐구 활동을 계획하는 첫걸음이라
고 생각합니다. 희망 전공과 관련하여 의문을 가져볼 수 있으
면 더욱 좋겠지요.

박코치

이어서 한 마디 더! 내가 지원하고자 하는 전공에서 수학이 왜
쓰이는지를 먼저 생각해 봅시다. 예를 들어, 경제학과 지원자
에게 '수학'은 왜 필요할까? 경제학이 수학에서 출발한 학문도
아니고 물리학처럼 수학이 언어가 되는 학문도 아닌데 말이죠.
'경제학'은 '선택과 효율에 관한 학문'이라고 합니다. 그리고
경제는 과학적 진리가 아니라 불확실한 사회 현상이죠. 불확실
함 속에서 효율적으로 선택하려면 규칙성을 발견해 미래를 어
느 정도 예측할 수 있어야 합니다. 그 예측을 도와주는 도구가
바로 수학입니다. 통계 산출 과정이 수학과 밀접한 연관이 있
음은 말할 것도 없지요. 나의 희망 전공에서 수학이 왜 필요한
지, 어떤 경우에 활용되는지를 먼저 생각해 보면 탐구 주제의
방향을 잡는 것이 훨씬 수월해질 거예요.

연세대학교 정치외교학과 20학번 이○○

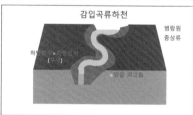

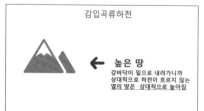

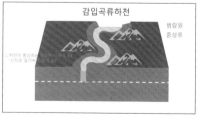

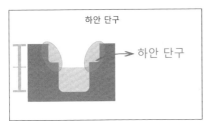

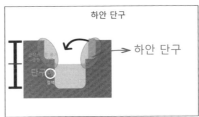

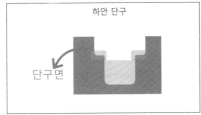

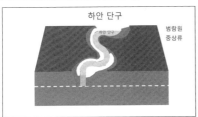

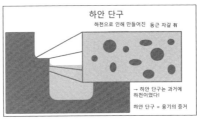

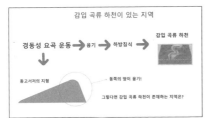

박코치

우리 이○○는 고교 1학년 학생이었을 때부터 정치외교학과로의 진로 의지가 매우 뚜렷했던 학생입니다. '한국지리' 수업에서 배운 '감입 곡류 하천과 하안 단구'의 개념을 정리해 설명하는 수행 평가였던 것 같은데. 희망 전공에 대한 관심이나 통찰력을 가미하기 어려운 내용이라 아쉬웠을 것 같습니다.

이○○

그렇습니다. 수행 평가는 교과세특 기록을 수준 높게 만들 수 있는 기회이기 때문에 시험 하나하나가 다 중요합니다. 학업 역량뿐 아니라 전공 적합성까지 다양하게 보여주고 싶었는데, 교과 내용을 친구들에게 효율적으로 전달하는 데에만 만족해야 했던 수행 평가라 아쉽기는 하였습니다.

박코치

그래도 최선을 다해 전략적으로 활용했을 것 같은데…….

이○○

네. 이처럼 사고의 확장이 어려운 주제를 접했을 경우에는 평가 계획서상의 성취 기준과 평가 요소에 충실하고 할 수 있는 한도 내에서 최대한 질 좋은 내용을 많이 담아내는 것이 최선이라고 생각합니다. 해당 교과 과목에서 강조하고자 하는 부분을 포인트로 잡고 과제를 수행하는 것도 좋습니다. 한국지리에서는 지형 형성 과정을 이해하고, 그 결과가 인간 생활에 미친 영향을 파악하는 것이 중요하기 때문에 PPT로 관련 내용을 가장 효과적으로 전달하는 방법을 고민했습니다. 그리고 교과서 내용을 단순 전달하는 것은 제 발표를 듣는 학우들에게 유익함이 없을 것 같아서 '친구들이 감입 곡류 하천과 하안 단구 공부를 몇 분 만에 다 할 수 있게 도와주는 PPT를 만들겠다.'라는 생각으로 준비했습니다.

풍부한 내용을 전달하는 양질의 발표 자료를 만들기 위해 어떤 노력을 하였나요?

박코치

우선 교과서 내용을 정확하게 이해하려 노력했습니다. 담당 선생님께 질문하면서 혼란스러운 개념을 바로잡고, 두 가지 지형이 형성되기 이전의 지형이나 지질 상태에 따라 지형 형성 과정과 결과가 달라질 수 있음을 이해할 수 있었습니다. 그리고 온라인 강의나 인터넷 자료를 찾아보며 감입 곡류 하천이 있는 지역과 감입 곡류 하천이 그 지역에 있는 이유, 감입 곡류 하천이 사람들의 생활에 끼친 영향들을 발표에 넣을 수 있었습니다.

이○○

이처럼 나의 희망 전공으로의 생각 확장이 어려운 수행 평가가 주어졌을 때는 교과의 내용에 집중하여 과목에 대한 정확한 이해력을 보이는 것이 좋습니다. 서로 교점을 찾기도 어려운데 전공 적합성을 보이기 위해 무리하여 연결하면 오히려 전공에 대한 이해도도 과목에 대한 이해도도 떨어져 보입니다. 교과 과정에서 배운 지식을 자신의 것으로 충분히 소화하고 있으며,

박코치

자발적인 추가 학습을 통해 확장해낸 앎을 학우들과 공유하였다는 내용으로 나의 학업 역량을 멋지게 보여주면 됩니다. 또, 대학에 입학하고 나면 '발표'는 일상이 되지요. 대하에서 밀수로 거쳐야 하는 학업 과정의 일부이기 때문에 고교 시절 관련 역량을 기르기 위해 노력했다는 점을 함께 나타내면 더욱 좋아요. 효과적으로 발표하기 위해 어떤 방식으로 준비했나요?

이○○

두 지형의 형성 과정과 연관성을 설명하는 것이 중요했기 때문에 애니메이션을 활용한 스토리 전달에 집중하여 PPT를 제작했습니다. 하지만 애니메이션의 과도한 사용은 전달을 방해할 수 있어서 적절한 선에서 활용하였습니다.

박코치

아는 만큼 말할 수 있어요. 발표를 잘하기 위해서는 우선 내용을 '제대로' 알아야 하고 듣는 사람을 고려하여 콘텐츠를 적절히 구성해야 합니다. 말솜씨와 긴장을 조절할 수 있는 멘탈을 겸비해야 함은 물론이죠. 그래서 많은 학생들이 '발표'라고 하면 겁부터 먹는 것 같습니다. 하지만 교과 수업 시간에서뿐 아니라 동아리 활동, 자율 활동 시간에도 발표는 피할 수 없는 것이기 때문에 부담을 극복해야 해요. 이○○가 후배들에게 보여주고 싶은 다른 사례를 하나 더 꺼내 볼까요?

연세대학교 정치외교학과 20학번 이○○

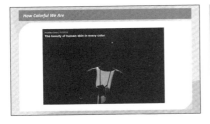

Colors of The Wind

For whether we are white or copper-skinned

That's not important at all

An eye that can see the colors of the wind

That's the one we need

THANK YOU

발표 대본

Hello, everyone.

Today, I'm gonna make a presentation about 'How colorful we are.'

Do you know the mobile application named 'Style Share'?

One day, I bought this mask pack from the store in it. It was famous among the 'Style Share' users because of it's effect of making skin brighter. I applied it on my face looking forward to seeing my whiter face. But, I couldn't find any difference with my before skin. I was depressed because I considered my dark skin as shameful thing and I was trying hard to get brighter skin.

제1부 수시편 / 교과세특으로 수시 잡기

Most of the people in Korea want and admire white skin. We regard white skin more beautiful than darker one. Many people say this is because a concept of beauty is related to 'wealth'. People who could not afford basic needs had to work hard and stay outside longer. It made their skin get tanned. However, the rich were able to stay inside and prevent their skin from being tanned. Dislike of dark skin has long history in other countries, too. Though it reduced a lot, still there is invisible discrimination with skin colors.

My sense of inferiority of my dark skin was getting worse before I watch this woman's story. One day when I was searching on TED website, I found the speech of Angelica Dass, Brazilian photographer. Her speech starts with interesting description of the skin color of her family members. She depicts their skins as dark chocolate, the middle of strawberry and vanilla yogurt, honey, milk coffee and so on. As she was grown in very colorful family, from when she was a young girl, she couldn't understand why the world divides people's skin color only into four. Also, it was hard for her to accept why people with darker skin have to be ignored and discriminated.

That's why she started the project called 'HUMANAE'. 'It's a game to question our codes. It's a work in progress from a personal story to a global history.' This is how she explained the HUMANAE. To make HUMANAE, take a picture of a person's face, paint the background with 'Pantone' color of his or her skin and label the color numbers under the picture. People of all around the world took part in this project, and no one had exactly same skin color. As it become an issue and displayed in public places, it made an big impact to the world. She created a huge movement that everyone has their own beautiful colors and we have to embrace all the colors.

After watching this, I don't want to be shameful about my skin. Now, I'm trying to love myself as I was born. I want to finish this presentation with my favorite ost. It is the part of lyrics in the ost, 'Colors of the Wind' of Pocahontas. It means our eyes should be able to see colors of the wind rather than the colors of the skin. I hope you can get those eyes. Thank you.

이○○

'교과 연계 자유 주제 발표' 영어 수행 평가에서 진행한 내용입니다. 인권과 차별을 다뤘던 교과서 4과의 영어 지문에서 예전에 TED 강연에서 보았던 '피부색으로 인한 차별을 예술로 승화시킨 작품'이 떠올라 만든 발표 자료입니다. 처음에는 피부가 하얘지려고 노력했던 자전적 이야기를 담았고, 이후 미의 기준이 변화하게 된 내용을 표현했습니다. 그리고 당시 화제가 되었던 디즈니 애니메이션 '포카혼타스'의 주제곡 가사를 넣어 발표 내용을 함축적으로 정리했습니다.

박코치

PPT가 간결하네요. 보면서 말할 수 있는 텍스트가 적어서 발표자는 더 많은 준비를 해야겠지만, 발표를 듣는 사람들의 입장에서는 시각적으로 훨씬 편했을 것 같아요.

이○○

네. 청중의 호응을 얻으려면 재미있고 몰입도 높은 발표 자료를 만들어야 합니다. 그래서 또래 친구들의 특성을 고려해 영상과 이미지를 다양하게 활용해 지루하지 않은 발표를 하려고 노력했고, PPT 슬라이드 페이지 수, 들어가는 텍스트도 최대한 간결하게 구성하였습니다.

박코치

PPT 제작에 쓰인 이미지나 아이콘 등은 출처가 어떻게 되나요?

이○○

제가 사용한 자료 중, 사람의 얼굴들은 휴대폰 어플리케이션을 통해서 직접 만들어 사용했습니다. 최대한 다양한 외모들을 넣고 싶었으나 인터넷으로 찾기에는 한계가 있었습니다. 발표 전달을 위해 수고롭더라도 직접 자료를 만드는 것 또한 귀중한 경험이 될 것입니다. 자료에 쓰인 사진과 아이콘들은 모두 구글링을 통해 따왔으며, 아이콘은 플랫아이콘(Flaticon) 등 무료 다운로드 사이트가 많으니 참고하시면 좋을 것 같습니다.

박코치

영어 수행 평가에서 '적절한 어휘 사용과 정확한 문법 구사'는 필수입니다. 준비하면서 이런 것들이 제대로 이루어졌는지 어떻게 검토하는 편이었나요?

이○○

저는 선생님께 적극적으로 질문하는 것이 중요하다고 생각합니다. 헷갈리는 부분이 있다면 대충 넘기지 말고, 선생님께 꼭 자문을 구해야 합니다. 그러면 오류도 잡아낼 수 있지만, 선생님과의 대화를 통해 선생님께서 원하시는 방향을 유추할 수 있어서 수행 평가를 더욱 유리하게 진행할 수 있습니다.

박코치

자유 주제 발표, 자유 주제 글쓰기 등을 수행하려면 머릿속에 글감이 많아야 하지요. 글감을 모으기 위한 방법으로 독서, 기사 읽기 외에 또 무엇이 있을까요?

이〇〇

TED를 권합니다. 저는 평소에 심심할 때도 TED 강연을 자주 시청하던 편이었는데 이 영어 발표에서뿐만 아니라 다른 수행 평가에서도 희망 진로 분야와 관련된 명사들이 전문적인 지식을 많이 활용할 수 있었습니다. 어학 실력이 자동으로 좋아지는 것은 덤입니다.

박코치

선배의 인터뷰를 다시 한 번 살펴보며 나만의 발표 전략을 짜보았으면 합니다. 다시 강조하지만 아는 만큼 말할 수 있습니다. 그리고 '긴장의 높고 낮음'은 나의 '준비도'와 반비례하지요. 발표에 긴장도가 높은 학생이라면 대본을 꼼꼼하게 외우고 모의 발표를 수차례 해보면서 상황에 익숙해지도록 합시다.

또한 긴장이 높은 학생들에게는 청중의 집중과 호응 정도가 발표 자신감에 많은 영향을 줍니다. 몰입을 유도하기 위해 발음과 발성에 신경 써서 연습하시길 당부합니다. 발음이 자주 꼬이는 단어가 있다면 그 단어의 모음만 따서 큰 소리로 여러 번 읽어보면 도움이 됩니다. 발음할 때 입술의 모양을 결정하는 것은 '모음'이기 때문입니다. 예를 들어, '연평균 강수량'이라는 어절에서 자꾸 발음이 뭉개진다면 'ㅕ,ㅕ,ㅠ,ㅏ,ㅜ,ㅑ' 이렇게 모음만 골라 입술을 크게 움직이면서 발음 연습을 해봅시다. 입술이 원활하게 움직이면 발음은 잡힙니다. 그리고 내가 느끼는 것보다 청중은 멀리 있어요. 교실 끝에 앉은 친구 A에게도 발표 내용을 뚜렷하게 들려주려면 A 뒤에 B라는 친구 하나가 더 앉아 있고, 나는 B에게 목소리를 전달한다고 가정하여 성량을 내야 합니다. 참고하여 연습해 보아요.

경희대학교 의예과 21학번 양○○

실험 제목

Realtime quantitative PCR을 이용한 넙치 여윈증의 원인체 Enteromyxum leei와 Parvicapsula anisocaudata 진단 방법

실험 배경

양식 넙치에 심각한 폐사를 일으키는 여윈 증상의 원인인 점액포자충류(Enteromyxum leei, Parvicapsula anisocaudata)를 Realtime quantitative PCR법을 이용하여 조기에 정량적으로 진단하는 방법 개발에 관한 것이다.

• 여윈증이란?

여윈증은 1990년 일본의 자주복 양식장에서 처음 발견되었으나, 최근 해산 양식 어류인 참돔, 돌돔, 넙치에서도 여윈 증상을 보이는 질병이 확인되었다.

이 질병에 감염된 어류는 안구 함몰, 두부 돌출 및 어체중 감소 등의 증상을 나타내다가 폐사에 이르게 된다고 보고된다. 이러한 여윈 증상을 나타내는 어류는 장에서 Enteromyxum fugu, 및 Leptotheca fugu 3종의 점액포자충이 발견되었으며, 여윈 질병의 원인은 명확하게 밝혀지지 않았지만 앞서 동정된 점액포자충 한 종 또는 두 종 이상에 감염되었을 때 동일한 증상이 나타나는 것으로 확인된다.

• 여윈증의 산업적 피해

최근 넙치에서 여윈증의 원인으로 점액포자충류인 Parvicapsula anisocaudata과 Enteromyxum leei가 지목되었다. 국내의 여윈증은 2007년부터 제주도 넙치 양식장에서 약 20cm급 크기 전후에서 발생하고 있으며, 1~3주 동안 발병하여 폐사를 야기하고 있다.

넙치(Olive flounder, Paralichthys olivaceus)는 한국의 주요 양식 어종으로, 2016년 양식 어류 생산량의 52%를 차지하고(41,636톤), 생산 금액은 534,359(백만 원) (2016 통계청)으로 전체 59%를 차지한다. 하지만, 넙치 양식은 육상 수조식 양식 방법에 의한 밀식 등으로 병원체에 의한 감염성 질병이 발생하여 피해를 많이 입고 있다.

따라서 양식어가에 발병 시 큰 피해를 줄 수 있는 여윈증의 원인균으로 지목되고 있는 점액포자충류인 Enteromyxum leei와 Parvicapsula anisocaudata를 Realtime quantitative PCR을 이용하여 보다 민감하고 정확하게 검출할 수 있는 방법이 필요하다.

실험 목적

여윔증의 원인체로 의심되는 Enteromyxum leei와 Parvicapsula anisocaudata를 민감도가 높고 정량 분석이 가능한 Realtime quantitative PCR을 이용해 신속하게 분자생물학적으로 진단하고 감염 정도를 확인하고자 한다.

Realtime quantitative PCR은 Conventional PCR보다 민감도가 높고 검량선을 이용하여 측정하고자 하는 검체에 감염되어 있는 병원체의 양을 측정할 수 있는 정량적 PCR 방법이다.

실험 방법

이전 넙치 2미로부터 주요 감염 부위인 체신(신장)과 장에서 total RNA를 준비하고, 여윔증의 원인체인 Enteromyxum leei와 Parvicapsula anisocaudata를 각각 측정하였다.

가. Enteromyxum leei 검출 조건

① RNA 농도를 1ul당 20ng으로 희석하여 분석

② qPCR 조건

Step	Temp.($^\circ$C)	Time(sec)	Read data	Cycle
Hold	50	30min		1
Hold	95	10min		
	95	5		
3 step PCR	60	12		50
	72	20	●	
	95	15		
Dissociation	60	30		1
	95	15	●	
Hold	25	3min		1

③ 반응 시약 제조

Content	1T당 사용량
Enzyme Mix	1
2XTO Reaction Mix	10
Primer set	2(1씩)
Template	1(20ng)
Final	14

④ Enteromyxum leei의 Real-time qPCR용 primer

	Primer Name	Sequence (5'-3')	Len.	농도 (umol)
1	EL qPCR F	CTATTGGAGGGCAAGTCTGG	20	0.02
2	EL qPCR R	GCACACTCCGCAAGTCACTA	20	0.02

나. **Parvicapsula anisocaudata** 검출 조건

① RNA 농도를 1ul당 20ng으로 희석하여 분석

② qPCR 조건

Step	Temp.(℃)	Time(sec)	Read data	Cycle
Hold	50	30min		1
Hold	95	10min		
3 step PCR	95	5		
	55	12		50
	72	20	●	
Dissociation	95	15		
	60	30		1
	95	15	●	
Hold	25	3min		1

③ 반응 시약 제조

Content	1T당 사용량
Enzyme Mix	1
2XTO Reaction Mix	10
Primer set	2(1씩)
Template	1(20ng)
Final	14

④ Enteromyxum leei의 Real-time qPCR용 primer

	Primer Name	Sequence (5'-3')	Len.	농도 (umol)
1	PA 18S F	TTAGATGTGCTGCGATCAGG	20	0.02
2	PA 18S R	AAAGCTCAATCCCAATCACG	20	0.02

실험 결과

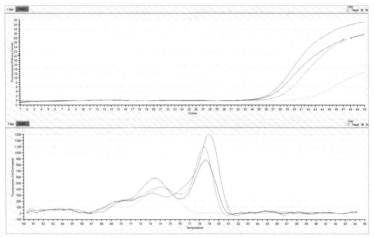

그림 1. Enteromyxum leei 반응 결과

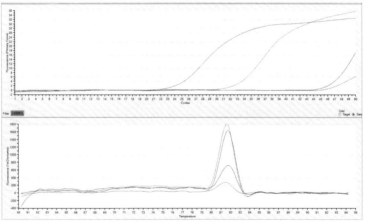

그림 2. Parvicapsula anisocaudata 반응 결과

실험 분석

유전자 발현의 정도를 4등분으로 나누어서 감염 정도를 정량으로 분석하였다.

	Enteromyxum leei								Parvicapsula anisocaudata							
	신장				장				신장				장			
미수	−	+	++	+++	−	+	++	+++	−	+	++	+++	−	+	++	+++
2	1	0	1	0	1	0	1	0	1	1	0	0	1	0	1	0

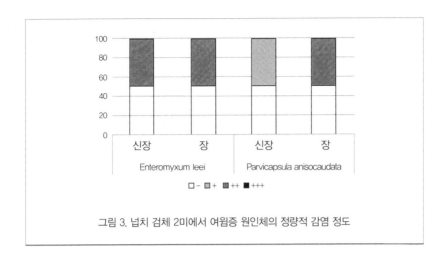

그림 3. 넙치 검체 2미에서 여윔증 원인체의 정량적 감염 정도

경희대학교 양○○ 선배의 꿀팁

박코치

PCR 실험, 세포학, 생화학 등에서 유전적 과정을 살펴보려면 필수로 이해해야 하는 과정입니다. 그래서 관련 학과에서 기초 강의로 '일반생물학' 과목을 배울 때 대부분 접해 보는 실험이기도 합니다. 고등학교에서 공부하는 동안 이 실험을 계획하게 된 교과 내 동기가 있었나요?

양○○

생명과학Ⅱ 수업 시간에 유전자 증폭 원리와 중합 효소 연쇄 반응의 개념을 배웠습니다. 이를 응용한 PCR 기술에 대해 호기심이 생겨 원리 중심으로 보고서를 작성하다가 직접 실험을 통해 그 메커니즘을 이해하고 싶은 욕구가 생겨 수행 평가의 후속 활동으로 진행하게 되었습니다.

박코치

지원하고자 했던 전공(의예과)과는 어떠한 상관성이 있는 주제였나요?

양〇〇

생물학은 의학을 공부하는 데 있어 기초 소양이 되는 학문입니다. 따라서 생명과학 수업 시간에 배운 모든 주제들은 의예과를 지망하는 학생이 심화 탐구할 가치가 있다고 생각합니다. 또한 PCR 기술은 이 실험처럼 물고기나 동물뿐만 아니라 사람의 질병도 진단할 수 있어 코로나 검사 키트로 널리 활용되고 있습니다. 당시 시국의 사회적 문제, 생명공학 기술의 응용이 잘 결합된 활동이라는 평가를 받았습니다.

박코치

실험의 목적은 무엇이었나요?

양〇〇

저는 이 활동을 하면서 실험의 원리를 이해하는 데 중점을 두었습니다. 특히 중합 효소 연쇄 반응의 과정을 가장 중요하게 여기며 학습하였습니다. 중합 효소 연쇄 반응의 순서는 3단계로 이루어지는데 열을 이용하여 두 가닥의 DNA를 분리하는 열변성 과정을 거친 후, 온도를 낮추어 프라이머가 증폭을 원하는 서열 말단에 결합하게 하고, 다시 열을 약간 올려서 중합 반응을 일으킵니다. 중합 반응은 프라이머가 붙은 후 중합 효소를 이용하여 상보적인 염기를 합성하여 연장시키는 원리인데 이를 계속해서 거치면 단시간의 많은 양의 유전자를 증폭시킬 수 있습니다.

박코치

주제가 주제이니만큼 교실 안에서 혼자 수행하기에는 어려움이 있었을 것 같은데…….

양○○

그렇습니다. 본 실험은 넙치의 신장과 장에서 RNA를 추출하고 여윔증의 원인체인 Enteromyxum leei와 Parvicapsula anisocaudata가 있는지 확인하기 위한 실험으로, 프라이머가 들어간 반응 시약을 제조하고 사이클을 돌려서 그래프에서 급격하게 증폭하는 형광 물질이 있는지 관찰하는 실험이었습니다. 제가 실험에서 쓴 PCR 기계는 real-time PCR로 형광 물질을 이용하여 PCR 사이클마다 증폭 정도를 확인할 수 있어 정량 검사로 많이 사용됩니다. 별도의 전기영동 과정이 필요 없고, 검사 과정의 자동화를 통해 빠른 시간 안에 결과 보고가 가능하다는 장점이 있습니다. 하지만 일반 고등학교에서는 이용하기가 어려운 기계입니다.

박코치

그래서 어떻게 해결했나요?

양○○

꼭 해보고 싶은 실험이었기 때문에 스스로 구하면 길은 반드시 나올 것이라고 생각하고 선생님과 주변에 도움을 적극 요청했습니다. 다행히 제주대학교 교수님께서 응해주신 덕분에 교수님의 연구실에서 필요 장비를 활용해 실험을 진행할 수 있었습니다. 또한, RNA를 희석하고 프라이머가 들어간 시약을 제조할 때도 교수님의 가르침을 받아 정확하게 처리할 수 있었습니다. 만약 PCR 실험을 하고 싶은데 real-time PCR 기계를 접하기 어려운 상황이라면, 다른 PCR 기계를 이용하고, 전기영동 과정을 통해 눈으로 변화를 관찰하는 방법도 권해 봅니다.

박코치

자기주도성이 뛰어난 학생입니다. 학생들은 누구나 교육 여건이 다르죠. 이로 인한 실질적인 차별이 존재한다면 공정한 입시라고 말할 수 없을 것입니다. '스스로 처한 환경을 극복하기 위해 노력한 경험', '그럼에도 불구하고 창의적으로 문제를 해결해낸 경험'은 정성 평가에서 나의 발전 가능성을 입증할 수 있는 소중한 포인트가 됩니다. 양OO 선배의 경우처럼 학교에서 실험이 여의치 않은 경우 담당 선생님께 도움을 요청하도록 합시다. 연계 가능한 실험실을 소개받을 수도 있고, 대체 가능한 실험 방법을 선생님과 함께 모색해볼 수도 있을 것입니다. 그러나 '아무나 할 수 없는 어려운 활동을 해야 좋은 세특을 남길 수 있다'는 편견은 갖지 않길 바랍니다. 특히 실험은 고등학생의 수준과 일반 고교의 환경에서 할 수 있는 것의 범위가 넓지 않습니다. 실험의 난이도보다는 교과에서 출발한 호기심을 해결하기 위한 실험 설계 능력과 문제 해결 능력을 제대로 보이는 데 집중하기를 권합니다. 탐구 가치가 있는 주제 찾기, 가설 세우기, 선행 연구 찾기, 어려움이나 오류 해결법의 다각도 모색, 통계 처리, 보고서 작성 등 실험의 과정 자체에서 탐구 역량을 보일 수 있어야 합니다.

한양대학교 영어영문학과 21학번 김OO

올바른 방향을 두려워하지 마

『별이 빛나는 건 흔들리기 때문이야』, 김제동 외 45인, ㈜샘터사

글을 시작하며

미래를 위한 발디딤을 하기 위해서는 어른이 되어야 하고, 어른이 되기 위해서는 10대라는 과정을 거쳐야 한다. 10대란 어떤 뜻을 의미하는 것일까? 단순히 어른이 되기 위해서 공부를 열심히 하고 대학교에 들어가서 전공 수업을 열심히 들은 후 졸업을 해서 원하는 직업을 가져야만 하는 사람을 10대라고 해야 할까? 어른들에게서 들은 말 중에서 가장 많이 들었던 말 중 하나가 '10대 때가 가장 좋은 거야.' 이다. 어른이 되면 지금은 겪지 않아도 되는 수많은 상황이 닥치기 때문에 아무 걱정 없이 살고 공부만 하면 되는 10대 시절이 하나뿐인 인생에서 가장 소중하고 재미있는 시기라고들 한다. 10대는 공부만 하면 된다. 그 공부가 점점 하나뿐인 10대 시절을 더 고통스럽게 만들어가고 있다. 앞길을 예측할 수 있는 인간이라면 10대 시절에 고민 따위는 하지 않을 것이다. 그렇지만 우리는 초능력을 가지고 있지 않다. 그러므로 우리의 미래를 보장할 수도 없다. 어떻게 보면 인생에서 가장 힘든 시기를 보내는 때가 10대라고 주장해도 과언이 아니라고 생각한다. 서로를 경쟁자라고 생각하게 되고 수도 없이 경쟁하면서 결국에는 더 좋은 대학교에 들어간 사람만이 진정한 성공자이다. 이 개념을 10대 학생들은 어렸을 때부터 계속 머릿속에 되새기고 있다. 같은 10대 시절을 보내고 있는 나도 마찬가지이다. 대한민국에서 알아주는 대학교를 졸업한 아빠와 학구열에 욕심이 높은 엄마, 그리고 좋은 대학과 직업을 가지게 된 사촌 언니들과 사촌 오빠들. 이 환경에서 가족들은 내가 분명히 좋은 대학에 갈 거라고 장담을 하고 계신다. 내가 좋은 대학을 안 가고 싶다고 하면 거짓말이다. 그렇지만 아무도 나의 미래를 모르는 상황에서 나의 미래를 강요하며 설계하는 이러한 행동들이 엄청난 스트레스를 준다. 한 명이라도 말없이 등을 토닥여주고 위로와 격려를 주기를 바라면서 생활하는 나를 포함한 모든 10대에게 우리의 인생 선배들이 자신들의 평범하지만 특별한 도전과 인생 이야기를 해주면서 10대들에게 조그마한 쪽지를 보내주고 있다.

방황, 10대들의 자연적인 증상

인생을 살아가는 데 있어서 가장 방황을 많이 하는 시기를 고르라고 한다면 10대를 많이 뽑을 것이다. 대학교를 비롯하여 앞으로의 미래 인생을 어떻게 살아가고 또 어떻게 노력할 것인

지에 대해서 깊게 고민하고 생각할 시기인 만큼 많은 학생들이 방황의 시기를 겪으며 힘들게 지내고 있다. 부모님들은 자식들이 조금이라도 더 좋은 대학에 들어가서 좋은 직장을 가지고 멋지고 폼나는 인생을 살기를 바라시고 학생들은 자신과 가족의 충족을 이루기 위해서 밤낮없이 꾸준히 공부하고 노력한다. 하지만 이러한 사람들 중 행복한 인생을 살고 있는 것 같지가 않다고 생각하는 사람도 많이 있다. 불확실한 미래를 어떻게 준비할 것인지, 어떤 일을 하면서 살아갈 것인지에 대해서 끝도 없이 고민하는 10대들을 위해서 인생 선배인 어른들이 직접 자신들의 이야기를 하면서 조금이나마 힘이 되고 위로가 되는 말들을 해주며 그들에게 용기를 주는 이 책은 누구나 한번쯤은 겪는 10대들의 방황을 자연스러운 현상으로 보고 그것을 어떻게 이겨내고 극복할 것인가에 대한 해결책과 조언을 말해주고 있다. 조언을 해주는 이 사람들도 역시 10대 시절을 겪어 보았다. 그들도 똑같이 힘든 과정을 거쳤고 자기 자신에 대해서 많이 혼란스럽고 두려웠을 것이다. 일상에서 흔히 볼 수 있는 사람들이 자신만의 인생을 만들어가는 이야기를 하면서 10대들에게 위대한 사람이 되는 것보다 자기의 인생을 즐길 줄 아는 사람이 되라는 진심 어린 조언을 하니 더 친숙한 느낌이 들고 나도 이런 평범하면서 멋진 인생을 살 수 있을 거라는 희망과 기대감을 심어 준다.

평범한 인생, 평범할 인생

　우리는 텔레비전이나 인터넷에서 유명 연예인들이나 전문가를 많이 본다. 그리고 자주 하는 말이 있다. '저 사람들은 그만큼 재주가 있으니깐 저렇게 성공할 수 있는 거지'라고. 그러나 우리가 매체를 통해서 보는 사람들만이 진정으로 성공한 사람들이라고 판단할 수는 없다. 세상에는 다양한 삶을 살아가고 있는 많은 사람들이 있다. 그중에는 물론 이름만 대면 누구든지 다 알고 있는 유명인들도 포함되고 길거리를 지나가면서 한번쯤 볼 수 있는 정말 평범한 일반인들도 있다. 그렇지만 이 사람들을 다른 부류로 나누는 행위는 올바르지 못한 행동이라고 생각한다. 물론 평범한 사람이었다가 한순간의 선택으로 전혀 다른 삶을 살게 된 사람들도 있다. 대한민국 국민이라면 누구나 한 번씩은 먹어봤을 전 국민의 토스트인 '호봉토스트' 사장이신 이호봉 씨도 결코 어렸을 때부터 이 사업을 꿈꿔왔던 것이 아니었다. 그는 10대 시절에 남들보다 공부를 더 열심히 하지 않았고 오히려 친구들과 어울려 지내는 것을 좋아해서 공부하고는 거리가 멀었다. 이호봉 씨의 부모님께서는 보다 못해 그를 외사촌 형님의 제과점에 취직시켰다. 제과 기술을 배워서 곧 기술자가 되었고, 제과장으로 승진하면서 나름대로 돈도 벌고 사회적으로 안정을 찾아가는 것 같았지만 곧 사기를 당해 망할 위기에 처하기도 했었다. 그는 어떻게든 돈을 벌려고 고민한 결과 자신이 유일하게 가지고 있었던 능력인 제과 기술을 이용해 토스트를 만들어서 팔아 보기로 결심을 하게 되었다. 처음에는 사람들이 다른 토스트와 별반 다를 게 없어 보여 흥미를 느끼지 않았다고 한다. 그러나 그는 그 당시 한참 유행하는 문구를 사용해서 청소년들의 관심을 끌기 위해 노력하였고 결국 시장 옆 조그마한 포장마차로부터 지금의 기업 대표 자리까지 올라오게 되었다. 그는 성공하기 전 10년간 자신에게 스스로 꾸중

하고 조언하며 그를 단련시켜 왔다. 꾸준한 노력 끝에 결국은 모두에게 인정받는 이 사람은 결코 선천적으로 타고난 재능을 가지고 있어서 성공한 것이 아니다. 나 자신을 인정할 수 있을 때까지 노력하여 그 보상을 얻은 것이라고 볼 수 있다.

'십대 시절엔 눈앞의 것만 보기 쉽고, 지금 즐거운 일만 찾기 쉽습니다. 구름 속에 가려진 태양은 생각하지 않고 구름 밑의 비를 맞으며 불평하기 쉬운 때이지요. 그러나 한 번만 더 생각해 보면 구름 위에는 태양이 여전히 빛나고 있으며, 그치지 않고 계속되는 비는 없습니다.'
 - 「별이 빛나는 건 흔들리기 때문이야」 이호봉의 '구름 위의 태양을 보는 훈련' 중에서

사람들은 또 생각한다. '한 번의 선택을 현명하게 했으니깐 그런 거지. 다른 도전을 선택했으면 망했을 수도 있어'. 영화 '말아톤'을 본 사람들도 많이 있을 것이다. 말아톤의 실제 주인공 어머니이신 '박미경' 씨는 말아톤 실제 주인공인 '배형진' 씨와 그 누구보다 힘든 삶을 살아야 했을 것이다. 이 책에서는 박미경 씨의 이야기를 중점으로 두고 있는데 한 번 배형진 씨의 입장으로 생각해 보자. 과연 우리는 이 아픔을 딛고 일어서서 누구보다 소중한 다리를 가질 용기를 가지고 있는가. 그는 공부는커녕 일상생활도 불가능한 상황에 놓여 있었다. 하지만 그럴 때마다 그의 장점인 끈기와 노력을 가지고 멋진 인생을 살기 위해 첫걸음을 내디딘 것이다.

"형진이 다리는?" / "백만 불짜리 다리!"
"몸매는?" / "끝내줘요!"
 - 영화 '말아톤' 대사 중에서

이들도 도전이라는 것을 한다. 도전은 결코 쉬운 일이 아니라는 것을 알고 있다. 그런데 도전조차 하지 않고 무턱대고 포기를 하는 것은 앞으로의 인생을 결코 쉽게 만들지 않을 것이다. 내 인생은 다른 누구도 아닌 순전히 나에게 달려 있다. 내가 어떻게 행동하느냐에 따라 평범한 인생을 살 것인지, 아니면 평범할 인생을 살 것인지에 대한 결과가 다르게 나타날 것이다.

하고 싶은 일 vs 해야 하는 일
지금은 종영된 프로그램인 '동상이몽, 괜찮아 괜찮아' 라는 프로그램은 갈등을 겪고 있는 가족이나 친구들이 출연하여 함께 고민을 해결해 나가는 프로그램이었다. 이들 중 대다수가 부모님과 자식들로 출연을 했는데 평소 이 프로그램을 즐겨 보던 나는 문득 이들의 공통점을 발견하게 되었다. 자식의 장래 희망과 부모님의 장래 희망 사이의 갈등이다. 이 중 가장 기억에 남는 부분이 있었다. 여고생이 나와서 고민을 털어놓고 있는데 이 학생은 예전부터 랩을 좋아하고 꾸준히 계속해 오고 있었다. 그녀는 자신이 좋아하는 일을 하고 싶었고 원룸에서 생활하는 가난한 집안 사정을 위해서라도 돈을 아껴야겠다고 생각하여 학교를 자퇴하게 되었지만 부

모님의 생각은 정반대였다. 그거 해서 뭐 해 먹고살 수 있냐고 심한 꾸지람을 하는 장면이 기억이 난다. 그런데 이러한 상황이 꼭 그 가족에서만 일어나는 일이 아니라는 점에서 더 안타까움을 느낀다. 언젠가 몇 번 이런 소리를 들어본 적이 있다. 하고 싶은 일을 하는 것과 해야 하는 일을 하는 것 중 어느 것을 선택해야 더 행복해질지 묻는 소리나. 이 질문을 몇 번이고 받아봤지만 제대로 된 대답을 한 번도 해본 적이 없다. 10대들은 어떨까? 같은 10대인 내가 생각하기에 그들은 자신들이 진정으로 원하는 일을 하고 싶고 더 공부하면서 자신을 성장시키고 싶지만 현실이라는 벽에 부딪쳐 그 꿈을 뒷전으로 미뤄야만 하는 상황에 놓인 것 같다. 방송 프로그램에서는 유명 래퍼가 자신이 직접 랩을 가르쳐 주겠다며 부모님께 자식이 꿈을 포기하도록 만들지 말아 달라고 말했다. 부모님의 입장 또한 이해가 가지 않는 것은 아니다. 이들도 자기 자식들이 미래에 조금이라도 더 잘 살아가며 행복해지라고 도움을 주시려고 하는 것이다. 그렇지만 그 행동이 10대들에게 행복을 줄 수 있을 거라는 것은 장담할 수 없다. 아무것도 모르면서 괜히 주책 떤다고 생각할 수도 있지만 지금 내가 느끼고 있는 심정이 다른 10대들과 별반 다르지 않을 거라고 생각한다. 성공한 사람들의 빛나는 성공기가 아닌 때로 실패하고 넘어지고 아팠지만 자신의 꿈을 끝까지 놓지 않았던 어른들의 이야기를 읽으면서 돈과 부에 얽매 이지 않고 오로지 순수하게 자기의 마음을 이끄는 활동과 일을 해나가면서 진정으로 행복한 삶을 살아가도록 인생을 설계하는 10대들이 많아졌으면 좋겠다. 이 일은 말처럼 쉬운 일이 절대 아니라는 것을 안다. 하지만 한 번뿐인 나만의 소중한 인생을 내 자신을 사랑하고 나의 삶을 사랑하면서 의미 있는 인생을 살아가는 단계를 진입하는 것만으로도 의미 있는 일이라고 여겨진다. 어느 하나라도 정답이라고 확정 지을 수 없는 질문에 10대들이 자신의 마음이 이끄는 대로 올바른 결정을 해나가기를 바라는 마음이다.

불광불급(不狂不及)-미치지 않으면 다다르지 못한다

10대들에게 힘을 주는 말들은 그저 그들이 하고 싶은 대로 생활하라는 말뿐만이 아니다. 때로는 그들이 올바른 방황과 고민을 할 수 있도록 도와줘야 한다. KBS 아나운서 생활을 하고 있는 아나운서 '유애리' 씨는 다른 아나운서에 비해서 좋은 대학교를 나와서 쉽게 인생을 성공한 사람이 아니다. 그녀는 10대 시절에 공부를 썩 잘하는 편도 아니었고 그렇다고 공부에 흥미를 느끼는 학생도 아니었다. 당연히 공부를 해야겠다고 다짐했을 당시에는 너무 늦은 시기여서 지원한 대학교에 떨어지는 등 많은 실패를 겪었었다. 그렇지만 그녀는 포기하지 않고 공부에 전념해 다른 대학교에 들어갈 수 있게 되었다. 유애리 씨는 대학교에 들어가서 자신의 꿈을 찾게 되었다. 하지만 그녀 앞에는 또 다른 고난과 시련이 있었다. 동아방송을 지원하여 6차에 걸친 시험 관문을 잘 통과해 합격했으나 언론 통폐합으로 임용 취소 통고를 받은 것이다. 이런 힘든 시련들을 겪었어도 그녀는 끝까지 굴하지 않고 다음 아나운서 준비를 하다가 지금의 KBS 방송국에 취직하게 되어 현재까지 부드럽고 차분한 진행으로 뉴스를 진행해 주시고 있다. 유애리 씨의 가장 큰 특징은 자신의 꿈을 다른 주변 사람들에게 계속 말하고 다니고 일부러 사람들의 머릿속에 인식되도록 행동했다. 그렇게 하면 주변 사람들에게 증명해 보이기 위해서라도 그 꿈을 이루도록 최선을 다할 것이기 때문이다. 10대는 대부분 그렇다. 항상 내일은 더 열심히 해야지, 더 노력해야지 다짐하면서도 그것을 실천으로 옮기는 일은 드물다. 내 경험을 예로 들자면 나는 초등학교 5학년 때부터 아나운서라는 꿈을 키우고 있다. 내 장래 희망이 아나운서인 탓에 유애리 씨의 사연을 얘기하는 것도 있지만 유애리 아나운서가 다른 아나운서와는 다른 길을 걸어 왔다는 것에 더 마음이 갔었던 것 같다. 사실 초등학교, 중학교를 다닐 때 계속 방송반에 들어서 아나운서에 마냥 소질이 있다고만 생각해 왔었다. 하지만 고등학교에 들어와서 방송반에 떨어진 후 내 안에 있었던 자신감은 뚝 떨어졌다. 학교 면접에서도 떨어지는 나 자신에게 너무 화가 났고 아나운서의 꿈을 계속 키워 나가야 할지 의문이 들었다. 하지만 돌이켜 생각해보니 방송반 말고도 내가 직접 나서서 방송에 대해 공부를 해보거나 다른 아나운서분들을 인터뷰하는 등 다양한 방식으로 배워나갈 수 있는 상황에서 너무 방송반에만 집착을 했다는 생각이 들었다. 그래서 마음을 바꾸고 아나운서가 되기 위한 기초적인 태도와 실력을 기르기로 다짐하게 되었다. 지금은 영어 뮤지컬 동아리에 들어서 아나운서에 있어서 가장 중요한 요소 중 하나인 발음 연습을 해보고 나아가 대중들 앞에서 명확한 소식을 알릴 수 있는 자신감을 많이 기르고 있는 중이다. 내가 진정으로 하고 싶은 일이라면 그 일에 대한 열정과 자부심을 가지고 있어야 한다. 세상에는 많은 사람들이 있다. 그 중 나와 같은 꿈을 가지고 있는 사람들 또한 많이 있을 것이다. 내 꿈을 실현으로 만들고 내 것으로 만들어 내려면 그 꿈과 조금이라도 가깝게 지내도록 노력해야 한다. 꿈이 있다면, 그 꿈을 이루고 싶다면 그 꿈을 잡아야 한다.

아직 꿈이 없다면, 자신이 진짜로 원하는 일이 무엇인지 모르는 상황이라면 오늘부터라도 관심 가는 것이 무엇인지 알아보자는 마음으로 사물을 관찰하는 습관을 길러야 한다. 10대들이 10대 인생에서 가장 두려워하는 것이 바로 '꿈' 이다. 꿈이란 단어는 우리에게 너무나도 익숙하면서 쉽게 와닿지 않는 단어라고 생각한다. 어렸을 때부터, 아니 어쩌면 태어났을 그 당시부터 어른들의 기대와 그들의 원하는 장래 희망에 자연스럽게 익숙해져 나만의 장래 희망을 쉽게 찾지 못하는 경우가 많다. 남들이 보기에 멋져 보이는 장래 희망보다 내가 진심으로 원하고 한 몸 바쳐 열심히 해낼 자신이 있는 장래 희망을 찾는 것이 좋다. 그게 진짜 나의 멋진 인생 창조의 첫걸음이라고 생각한다. 미래에 대해서 무작정 두려워하지 말고 그 미래를 휘황찬란하게 만들지는 않더라도 적어도 내가 인생에서 진심으로 마음을 다잡고 해보고 싶은 일들을 고민해 보고 선택하여 조금 더 의미 있는 인생을 만들어가는 것이 10대들을 위한, 그리고 10대에게 필요한 삶의 방향이다.

젊어서 고생은 사서도 한다, 꿈은 꾸지 말고 잉태하라, 미쳐 봐야 목표에 다다를 수 있다는 말. 이 세 가지 말은 지금까지 내 인생에서 한 번도 틀렸던 적이 없습니다. 지금 고민하고 방황하는 친구들이 있다면, 이 말들을 지나치지 않았으면 합니다.
　－「별이 빛나는 건 흔들리기 때문이야」 유애리의 '꿈은 꾸는 것이 아니라 잉태하는 것' 중에서

끝맺으며

10대, 늘 친구들과 뭉쳐 있지만 혼자인 것 같은 기분을 느끼는, 끊임없이 말하고 있지만 하고 싶은 말이 아직도 가슴 가득 남아 있는, 웃고 있지만 쉽게 눈물을 흘리는, 쉬고 있지만 조금만 쉬라는 엄마의 말을 가장 듣고 싶은 나이인 10대. 오늘은 무엇이든 다 할 수 있을 것 같다는 자신감이 있더라도 당장 내일이 되면 불안함에 휩싸여 한숨을 내쉬는 10대. 10대란 모든 방면에서 안정적이지 못한 성장 과정이다. 현세대의 10대는 얼마나 더 힘든 시간을 보낼까. 친구라고 해도 한순간에 경쟁자가 되어 있고, 각종 질병을 얻고 있는 청소년들은 그 무엇보다 '미래'에 대한 불안함을 많이 가지고 있다. 아직은 어른이 되지 않았기에 사회에 나가면 어떤 일이 일어날지, 무엇을 해야 할지 아무것도 모르는 나이이기에 더 힘든 시기를 보내고 있는 10대들이 누가 봐도 훌륭한 인생을 사는 것보다는 각자의 마음속에 담아둔 진심을 밖으로 꺼내는 도전을 하는 것이 나만의 멋진 인생을 만드는 방법이 될 것이다. 어른들은 주로 말한다. 지금 마음을 다잡지 못한 상태에서 어른이 되면 어떻게 생활할 거냐고 10대들을 압박한다. 하지만 10대가 가져야 하는 태도는 정반대이다. 마음껏 고민하고 방황해야 한다. 무엇이 적성에 맞는지 내 마음을 움직이는 일이 무엇인지 마음껏 경험하고 고뇌해야 한다. 실패할 것 같다고 두려워하거나 하지 못할 거라는 자존감 낮은 태도를 가지는 것은 바람직하지 않다. 올바른 방황을 무서워하여 피하지만 않았으면 좋겠다. 그 누구도 내가 어떤 사람이 될 것인지 미리 알지 못하기 때문에 내 인생은 내가 스스로 창조해 나가야 한다. 별이 빛나는 이유는 그 별이 흔들리기 때문이다. 앞으로의 인생에 자신이 없다고 무작정 피해 가고 하면 절대 빛날 기회를 잡지 못할 것이다. '천재는 노력한 사람을 이길 수 없다'라는 말이 있다. 천부적인 재능을 가지고 있지 않아서 성공하거나 목표를 달성하지 못할 거라는 생각을 하는 대신 열심히 노력해서 나 자신을 가치 있는 사람으로 여길 수 있는 10대가 많으면 좋겠다. 심리적, 정신적으로 가장 혼동하고 힘든 시기를 겪고 있는 시기이다. 그렇지만 돈 잘 버는 어른이 된다는 꿈을 가지는 것보다 내 인생을 하나뿐인 소중하고 재미있는 인생을 살 수 있는 어른이 되어 보다 한층 더 성장하는 미래 인재가 되어 평범하지만 특별한 나의 이야기를 만들어가는 10대 시절을 보냈으면 하는 바람이다.

박코치

'서평 쓰기'는 전 학년의 대표적 수행 평가 중 하나입니다. 어느 과목의 수행 평가였고, 책의 선정 기준은 무엇이었나요?

김○○

국어 과목의 수행 평가였습니다. 자신의 생각을 대변할 수 있는 작품을 교과서 내외에서 자유롭게 선정해 수업 시간에 읽은 후 서평으로 표현하는 시험이었습니다. 국어와 관련된 과목에서는 지정된 작품을 감상하고 그에 대한 의견을 쓰는 시험이 많았습니다. 이 수행 평가에서는 작품을 선정하는 주체가 학생 본인이었기 때문에 제가 가지고 있는 생각 및 가치관, 진로 목표를 책과 글을 통해 뚜렷하게 보여줄 수 있는 기회라고 생각했습니다.

박코치

그렇죠. 수행 평가로든 학급별 자율 활동으로든 자유 주제로 나의 생각을 말할 수 있는 활동이 있다면 하나하나 정성껏 준비해야 합니다. 주제 선정부터 결과물 산출까지 혼자 기획하는 과정이 쉽지는 않겠지만, 이는 나의 형편에 맞게 활용하면서 대입에 유리한 학생부를 만들 수 있는 좋은 기회가 됩니다. 김○○는 이 서평 쓰기 활동을 통해 어떤 메시지를 남기고 싶었나요?

김○○

저의 장래 희망은 사람들에게 희망을 전하는 아나운서가 되는 것입니다. 어려서부터 꿈이 비교적 명확했다고 생각했는데, 저에게도 진로에 대해 심각하게 고민할 시기가 찾아왔습니다. 이 때 제가 방향성을 찾아가는 데 가장 많은 도움을 주었던 것은 '책'이었습니다. 그 중에서도 46명의 인생 선배들이 산 경험을 통해 '우리가 현재 맞닥뜨린 혼란이나 고민이 이상한 것이 아니며 거쳐 나가는 당연한 과정'이라는 메시지를 얻을 수 있었던 책 『별이 빛나는 건 흔들리기 때문이야』가 가장 기억에 남았습니다. 그래서 청소년 독자들에게 '10대에 느낄 수 있는 많은 감정들을 두려워하지 말고 함께 고민하며 성장해 나가자'는 바람을 나타내고, 제가 깨달은 바를 공유하고자 이 책을 선정해 서평을 작성하게 되었습니다.

박코치

교과서에 실린 작품을 선정했으면 학교에서 배운 배경지식으로 글을 더 쉽게 쓸 수 있었을 텐데, 그럼에도 불구하고 새로운 책을 고르게 된 이유는 무엇인가요?

김○○

수업 중 접했던 작품을 놓고 서평을 작성하는 친구들도 많았습니다. 하지만 교과서에 수록된 작품에 대해서는 학생이 글쓴이가 어떤 의도로 글을 작성했는지, 해당 글을 읽은 독자가 어떤 효용을 얻을 수 있는지 수업을 통해 자세히 학습하게 됩니다. 저는 그런 배경지식이 나만의 생각을 순수하게 표현하는 데 장애가 될 수 있다고 판단했습니다. 또한 평가계획서에도 학생의 고유한 생각을 다양하게 담으라는 선생님의 요구 사항이 있었기 때문에 이 점에 더욱 주의하려 노력했습니다. 마감 시간이 너무 임박한 것이 아니라면 스스로 다루고 싶은 주제를 먼저 고민해 보고, 그 주제에 맞는 책을 선정하는 것이 세특 관리 차원에서도 좋을 것 같습니다.

박코치

이렇게 노력한 만큼 거두는 법입니다. 그런데 가끔 학생들을 보면 '어려운 책을 골라야 학생부에 좋은 기록이 남는다.'라는 신념을 가지고 있는 친구들도 많은 것 같아요. 김OO가 선정한 책은 높은 수준의 문해력을 요하는 책은 아니었던 것 같은데…….

김OO

네, 그렇습니다. 이 서평을 쓰기 위해 읽었던 책은 일반적인 10대 독자를 대상으로 집필된 청소년 에세이이기 때문에 쉽게 읽어나갈 수 있었습니다. 그러나 저는 자신이 이해하기에 벅차고 힘든 책을 굳이 선정해서 힘들게 수행을 할 필요는 없다고 생각합니다. 제 경우에도 책의 난이도보다는 그때 당시의 제가 나아가고 싶은 방향과 앞으로의 진로 계획을 가장 잘 표현해낼 수 있는 책으로 골라서 솔직하고 진솔하게 평가에 임하고자 하였습니다. 그 덕분에 평가 점수도 만점을 받고, 면접 때 이와 관련해 나온 질문에 대해서도 조리 있게 답변드릴 수 있었던 것 같습니다.

박코치

동의합니다. 물론 고차원적인 독해력과 사고력을 필요로 하는 책을 읽어내고, 해당 책에서 얻은 통찰력을 진로 관련 다른 지식이나 교과의 내용, 사회 현상 등에 적절히 연계하여 서술할 수 있다면 더할 나위 없이 좋습니다. 하지만 그것이 쉬운가요? 다년간 숙달된 학생이 아니고서야 누구나 쉽게 할 수 있는 일은 아니죠. 두 가지를 기억합시다. 첫째, 평가 기준에 맞게 수행하면 점수는 잘 나옵니다. 둘째, 책을 통해 깨달은 의의와 가치만 명확하게 표현해도 괜찮은 세특이 나옵니다. 그렇기 때문에 무조건 어려운 책을 고르기보다는 내가 평가 기준에 맞게 내용을 서술할 수 있는 책, 주제와 내용이 나의 진로나 가치관과 연관이 높은 책을 선정하는 편이 더 낫습니다.

또한, 서평(書評)은 '책을 비평하는 글'이죠. 나의 감정만 나열해서는 올바른 비평이 되지 않습니다. 나를 잘 알지도 못하는 사람이 '나'에 대해 함부로 재단한 것을 나에 대한 정확한 평가로 인정할 수 없는 것과 같아요. 서평을 쓸 때는 나의 감상은 물론, 해당 책에 대한 객관적인 가치 평가가 수반되어야 하죠. 그리고 객관적 가치 평가가 이루어지려면 책의 주제와 내용에 대한 명확한 파악이 선행되어야 합니다. 따라서 내가 소화하기에 너무 어려운 것을 선택하면 오히려 작품에 대한 이해도가 떨어져서 좋은 글을 쓰기 어렵습니다.

만약 필요에 의해서나 선생님의 지시로 인하여 고난이도의 책을 읽어야 한다면 배경지식을 먼저 쌓고 읽어나가길 권해요. 구글에서 '내가 읽은 책 제목 + 서평'이라고 검색하면 유능한 독서 블로거들이 전문적으로 작성한 서평이 다수 검색되죠. 서평에는 책의 줄거리, 이 책이 우리에게 주는 효용이 구체적으로 정리되어 있기 때문에 잘된 서평 한 편을 읽는 것은 그 책의 지도를 얻는 것과 같습니다. 유튜브 등의 플랫폼에서 해당 책의 해설 강의나 리뷰를 찾아보는 것도 한 방법이 될 수 있어요.

그 다음으로, 읽을 책을 찾는 요령 몇 가지를 소개할게요.

첫 번째, 내가 밀고 나갈 논지부터 명확히 합니다. 예를 들어, 여러분이 요즘 연예인의 사생활에 지나치게 관여하는 팬덤 문화에 문제의식을 느꼈고, 관련 내용을 서술하기 위한 자료로써의 책을 검색한다고 가정해 보아요. 검색 엔진에 어떤 키워드를 입력할까요? 보통의 학생들은 다음과 같이 검색하지요.

'연예인 사생'

그러나 어떤가요? 여러분의 문제의식에 대한 탐구를 도와주는 자료들보다는 사생팬으로서의 삶이 어떠한가에 대한 정보가 더 많이 검색되지요. 넘치고 넘치는 자료 속에서 내가 원하는 정보만 알차게 검색하기 위해서는 검색 키워드를 구체적으로 설정해야 합니다.

일단 내가 표현하고 싶은 주제가 무엇인지를 한 문장으로 써 보아요. '연예인 사생 팬덤은 일종의 문화인가, 병리 현상인가.' 그리고 이 문장에서 핵심 키워드 몇 개를 골라 봅시다.

'연예인 / 사생 / 문화'

만약 검색되는 내용이 불충분하다면 검색어의 범위를 조금 더 넓혀 봅니다.

'팬덤 / 문화'

이렇게 키워드로 찾으면 불필요한 정보들이 한 차례 걸러져

2장 나의 매력 포인트로 '교과 세부능력 및 특기사항'을 잘 잡아라

서 여러분이 궁금한 내용을 담고 있는 자료를 수월하게 얻을 수 있어요. 또한, 내가 고민하고 선택적으로 받아들이는 정보이기 때문에 해당 책에 대한 독서 집중력 역시 극대화됩니다.

　두 번째, 각 신문사 사이트의 도서 관련 세션을 참고합니다. 신문사들은 아래와 같이 요즘과 같은 시류에 우리에게 큰 의미를 남겨 주는 책이나 깊은 사색이 가능한 책을 기자의 높은 안목으로 소개하는 코너를 마련해 두고 있죠. 기사를 읽어 보면서 그 책을 통해 내가 얻을 수 있는 정보가 무엇인지 먼저 파악해 보도록 합시다. 마지막으로 책을 읽어나가는 과정에서의 팁을 한 가지 더 준다면 무엇일까요?

김○○

서평 작성 시 활용하기 좋을 문장에 밑줄을 그어 가며 책을 읽었던 것이 많은 도움이 되었습니다. 그리고 해당 문장을 읽었던 순간 왜 인상 깊게 느껴졌는지 그 이유를 밑에 함께 필기해 두었습니다. 책을 다 읽고 나면 이전 내용이 생각나지 않거나 처음 그 문장을 접했을 때 느꼈던 감정이 기억나지 않는 경우가 많은데, 미리 표시하고 필기해 두면 재차 곱씹어 보는 수고를 덜어낼 수 있습니다.

지금까지 몇몇 선배들로부터 수행 평가를 잘하기 위한 꿀팁을 들어 보았다. 참고할 만한 또 다른 사례를 보자. 자타공인 '실험 왕' A. 교과 내신 성적은 불리했지만 전공에 대한 뚜렷한 의지와 우수한 탐구 능력으로 학종 역전극을 써 중앙대학교 생명과학과에 입학했다. A는 자신이 이러한 역량을 갖추게 된 비결로 '사소한 것에 대한 관심'을 꼽았다. 그는 실제로 고교 시절 추진했던 대표적인 실험 중 하나의 아이디어를 자신이 설거지를 하다가 발견했다고 한다. 흔히 학교생활 중 과제가 주어졌을 때 좋은 탐구 소재를 마련하기 위해 주변 것들에 억지로 의미 부여를 하는 경우가 많다. 하지만 A는 일상의 찰나의 순간이라도 '왜?'라는 의문을 가지며 고민해 보고 자료를 충분히 수집해 두었다가 적시에 활용하기를 권한다. 현장에서 즉시 수행해야 하는 과제들에 유연하게 대처하기 위해서는 사전에 준비된 아이디어와 지식이 많아야 한다. 좋은 생각이 떠올랐다면 그냥 흘려보내지 말고 필히 기록해 보관해 두도록 하자.

또한 A는 토론에도 적극적으로 임했다고 한다. 실제로 A가 대학 입학 지원 시 제출했던 자기소개서에도 자신의 학교생활에서 가장 유의미했던 활동으로 '토론'을 꼽아 기술하였다. 토론은 상호 의견 교류를 통해 사고를 확장하고 더 나은 방안을 다함께 찾아가는 활동이다. 토론을 통해 해당 분야에 대한 지식을 확장해 나가는 과정, 반성할 줄 아는 자세, 수용적이고 유연한 나의 태도 모두를 증명할 수 있기 때문에 '토론'은 상위권 학생들의 학교생활기록부에서 공통적으로 자주 보이는 항목이기도 하다. A는 특히 설득력을 갖추고 토론의 방향을 일관되게 이끌어 나가기 위한 방법으로 논하고자 하는 주제와 용어에 대해 명확하게 이해하는 시간을 충분히 갖기를 권한다. 예를 들어, '반증 가능하다.'라고 주장하려면 '반증'이란 무엇인지, 어떤 조건들이 충족되었을 때 '반증 가능함'이라고 말할 수 있는지에 대해 먼저 구체적으로 알아보았다고 한다.

그리고 연세대학교 정치외교학과아 고려대학교 정지외교학과에 모두 합격한 B는 '활동의 연결고리 만들기'를 중요하게 강조하고 있다. 그는 2학년 때 모의 UN에서 배우고 느낀 바를 국제 정치 수업에서 배운 개념과 연결해 수행 평가를 하였고, 1학년 동아리에서 한 활동의 지식적 배경을 3학년 때 추가 탐구하였다고 한다. 서류의 정성 평가에서는 내가 학업적으로든 인성적으로든 '발전한 스토리'가 중요하다. 스토리가 되려면 단편적인 활동으로 끝나서는 안 된다. 기존에 했던 활동을 반성하여 부족한 부분을 보충하거나 예전에 한 활동을 다른 각도로 살펴보며 더 나은 결과로 재창조할 수 있도록 노력해 '나'라는 사람이 성장하고 있음을 보여주자.

마지막으로 서울대학교 자유전공학부에 입학한 C는 후배들에게 가장 기본이지만 자주 간과하는 것을 꼭 유념하라는 말을 해주고 싶다고 한다. 바로 '활동의 목적'을 잊지 않는 것이다. 아이디어 뱅크 같았던 그도 교내 창의력 발표 대회에 참가했을 때 주제를 잡지 못해 마음고생을 한 적이 있었다. 그때 '창의력'이라는 단어가 눈에 들어왔고, 그 단어가 어떤 의미를 가지고 있는지, 이 대회가 열리는 목적이 무엇인지 고민해 본 것이 문제 해결의 첫 걸음이었다고 한다. '창의력'은 '기존에 가지고 있던 지식을 활용하여 문제를 해결하는 능력'이라고 정의를 내린 그는 평상시 관심이 많았던 '우주 항공' 분야의 지식과 과학 수업 시간에 '우주 쓰레기'에 대해 알게 된 지식을 결합해 우주 쓰레기 문제를 해결하는 방법을 모색하였고, 그 결과 최우수상을 수상하게 되었다. 이렇게 대회나 수행 평가를 진행하기 전에 그 명칭이나 존재 목적에 대해 고민해보면 활동의 방향을 정하는 데 큰 도움이 된다.

글감부터 제대로 모아라

좋은 아이디어가 떠올랐다면 이를 구체화할 수 있는 지식이 채워져야 한다. 지식 자료를 찾는 것을 어려워하는 학생들이 많은데, 자료를 검색하는 곳과 입력하는 키워드만 정확해도 웬만한 것들은 다 수집할 수 있다.

우선, 논문을 검색할 수 있는 학술 데이터베이스 사이트를 적극 활용하길 권한다. 물론 이제는 '논문'이라는 표현을 학교생활기록부에 기재할 수는 없다. 하지만 보고서나 발표문을 작성하는 과정에서 내가 구현할 주제와 비슷한 주제를 다룬 다른 사람들의 선행 연구를 탐색해 보면 나는 어떤 자료를 찾아야 하고 어떻게 활용해야 하는지를 쉽게 알 수 있다.

고려대학교 독어독문학과 한OO 선배는 '구글 학술 검색', 'DBpia', 'RISS', '국립중앙도서관' 사이트의 활용을 권장한다고 한다. 한OO 선배가 각 사이트에 대해 간단히 정리한 내용을 함께 읽어 보자.

학술 데이터베이스 사이트에 대한 간단 소개

1. 구글 학술 검색

먼저 구글 학술 검색 사이트(scholar.google.co.kr)입니다. 구글 학술 검색 사이트의 가장 큰 장점은 무료로 논문을 볼 수 있다는 점입니다. 많은 학술 데이터베이스 사이트들이 회원 가입과 구독을 요구하는 반면, 구글 학술 검색 사이트는 무료로 논문을 볼 수 있습니다. 다만, 무료로 제공하는 사이트의 특성상 볼 수 있는 논문이 한정적입니다. 하지만 구글의 데이터베이스를 이용하기 때문에 다양한 나라의 논문 역시 검색할 수 있습니다. 특정 언어에 자신이 있다면 한번 이용해 보는 걸 추천합니다.

2. DBpia, Riss(한국교육학술정보원)

DBpia(www.dbpia.co.kr)와 Riss(www.riss.kr)도 다양한 논문을 검색할 수 있는 사이트입니다. 유료로 제공되기 때문에 접근하기 어렵지만, 요즘 많은 고등학교에서 학생들을 위해 다양한 논문 사이트의 공용 아이디를 준비한 경우가 많으니 학교 선생님께 꼭 문의해 보기를 바랍니다. 유료 사이트인 만큼 다양하고 활용도 높은 논문들이 많습니다.

3. 국립중앙도서관

위의 사이트를 통해 대부분의 논문을 찾을 수 있지만, 그럼에도 원하는 논문을 찾지 못한 경우에는 국립중앙도서관(www.nl.go.kr)을 이용해야 합니다. 국립중앙도서관은 국가 차원에서 운영하기 때문에 논문이 매우 방대합니다. 많은 자료 속에서 자신이 원하는 자료만을 찾을 수 있는 능력이 있다면 국립중앙도서관을 이용하는 것을 추천합니다.

그럼 내가 필요한 논문은 어떻게 찾을 수 있을까? 첫째, 검색어의 범위는 유동적으로 설정하도록 하자. 검색어를 구체적으로 설정할수록 활용도가 높은 논문을 찾을 확률이 높지만 그만큼 노출되는 논문의 개수는 적을 것이다. 반대로 검색어를 추상적으로 설정하면 노출되는 논문의 개수는 많지만 그만큼 활용도는 낮은 논문이 검색될 확률이 높다. 따라서 우리는 주제에 따라 입력하는 검색어의 범위를 유연하게 정할 필요가 있다.

둘째, 인용 횟수가 많은 논문에 주목하도록 하자. 논문은 서로 인용되고 인용하는 관계이다. '인용되었다'는 것은 다른 연구자들이 자신의 논문을 쓸 때 해당 논문을 참고하였다는 것이므로 논문의 신빙성이 있고, 활용도가 높은 자료일 가능성이 높음을 뜻한다.

셋째, 제목보다는 초록을 참고하자. '초록'은 해당 논문을 작성하게 된 이유, 해당 논문의 시사점 등을 간략하게 보여주는 '소설의 줄거리'와 같은 역할을 한다. 많은 논문을 자세히 읽고 인용 여부를 결정할 여유가 있으면 물론 좋겠지만, 우리가 사용할 수 있는 시간은 물리적으로 제한되어 있다. 따라서 초록을 통해 해당 논문의 전체적인 흐름을 파악하며 내가 읽을 논문들을 한 차례 솎아내면 훨씬 효율적으로 준비할 수 있다.

글감에서 나만의 의미를 찾아라

　대입을 위한 면접 자리를 상상해 보자. 이곳은 면접장, 여러분은 입학
사정관이다. 면접을 보러 들어온 학생 A의 학교생활기록부를 보니 1학
년 때 이순신 장군의 『난중일기』에 대한 서평을 작성했다는 기록이 있
다. 그래서 A에게 이 책을 읽고 무엇을 생각하게 되었는지 물었고, 이에
A는 "저는 난중일기를 읽고 이순신 장군의 깊은 애민 정신에 감동하였
습니다."라고 답하였다. 여러분은 이 지원자에게 몇 점을 줄 것인가?

　여러 입시 설명회에서 똑같은 질문을 하면 대부분의 학생들은 "10점
이요!", 후하게는 "50점이요!" 하고 대답한다. 왜 그렇게 생각하는지를
물으면 "흔해요!"라고 답한다. 그러나 '그대'라면 어떻게 답변할 것인
지 되물으면 장내는 다시 조용해진다.

　내가 만약 사회학과의 지원자라면 최근 몇 년 동안 '리더의 갑질'을

고발하는 수많은 내부 목소리에 국민들이 함께 분개했던 시사 이슈를 소개하며 이순신 장군이 보인 '섬김의 리더십'이 우리 사회에 주는 의의를 이야기해볼 수 있을 것이다. 기계공학과의 지원자라면 군대와 민간이 합작하여 거북선과 같은 역사상 유례없는 위대한 업적을 창조해낸 데 깔린 비전이 무엇이었는지 살펴보며 미래 공학자로서의 나의 비전을 어필해볼 수도 있겠다.

수행 평가나 탐구 활동 글쓰기에서도 다른 친구들보다 좋은 평가를 받으려면 내가 쓴 글에 그럴 만한 '가치'가 존재해야 한다. 누구나 다 아는 지식, 누구나 보편적으로 느끼는 감정을 단순 전달하는 것으로는 '가치 있는 글'이라는 평가를 받기 어렵다. 가치 있는 글은 읽는 사람이 효용을 느낄 수 있는 글이다. 새로운 정보를 얻을 수 있거나 글쓴이의 생각을 통해 읽는 사람도 느껴지는 바가 있어야 한다.

내가 지망하는 전공 분야의 관점에서 이것을 어떻게 해석해볼 수 있을까? 이것이 우리 사회에 던지는 메시지는 무엇일까? 이런 결론의 도출 과정에 오류는 없었을까? 오류가 있었다면 어떻게 보완해볼 수 있을까? 이런 결론이 최선이었을까? 어떤 부분을 바꾸면 더 나은 결론을 낼 수 있을까? 글감을 놓고 계속 질문을 던져 보자. 스스로 질문하고 대답하는 과정에서 '나만의 생각', '나만의 의미'를 발견할 수 있을 것이다.

다음에 소개하는 '생각 만들기 훈련법'은 대입 시험으로부터 아직 시간적 여유가 있는 중학교 3학년에서 고등학교 1학년 학생들에게 특별히 권한다.

2장 나의 매력 포인트로 '교과 세부능력 및 특기사항'을 잘 잡아라

중3 ~ 고1 학생들에게 권하는 '생각 만들기 훈련법'

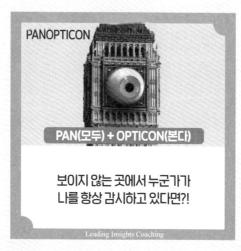

논술이나 구술에 자주 출제되는 개념어들 중 다루고 싶은 한 가지를 선택해 주세요. 개념어들이 사전식으로 정리되어 출판된 책들도 많고, 각 대학교 입학처 홈페이지에서 다운받을 수 있는 '선행학습영향평가보고서'를 통해 기출된 지문을 확인하실 수도 있습니다.

파놉티콘을 구상한 <제러미 벤담>

'공리주의'를 유행시킨 사상가 '제러미 벤담.' 그가 매우 하고 싶었지만 끝내 할 수 없었던 것이 있는데 바로 감시 교도소 '파놉티콘'을 운영하는 것! '파놉티콘'은 벤담이 구상한 원형 교도소야. 이 교도소의 외곽에는 죄수들이 살고, 그 한가운데에서 감시자들이 지켜보고 있어. 감시자는 죄수들의 일거수 일투족을 모두 감시해. 하지만 감시자가 있는 곳은 아주 어둡게 되어 있어서 죄수들은 나를 감시하는 자가 누군지 볼 수가 없어. 심지어 감시자가 존재하는지조차 알 수가 없지.

파놉티콘에 철학적 의미를 부여한 <미셀 푸코>

벤담이 이야기했던 '파놉티콘' 감옥의 '건축 양식'이었어. 파놉티콘을 철학적 의미로 사용하게 된 것은 벤담보다 180년 늦게 태어난 프랑스 철학자 미셀 푸코가 《감시와 처벌》이라는 책을 쓰고 나서야. 원형 감옥 속에서 누가 나를 지켜본다는 느낌이 들면, 나를 감시하는 사람이 누군지, 그가 실제 존재하는지는 알 수 없어도 우리는 행동을 조심하게 될 거야. 말도 함부로 못하고, 감히 악을 쓸 수도 없겠지. 푸코는 이렇게 사회는 '원형 감옥 속에서 감시당하는 것 같은 효과'를 개인의 내면에 심음으로써 우리의 자유를 통제하고 있다고 보았어.

해당 개념어의 정의를 명확히 하고, 관련된 역사적 배경까지 폭넓게 탐구해 봅시다.

정보 파놉티콘

요즘 우리 시대는 어떠니? IT 기술 혁명으로 다수를 감시하고 통제할 수 있는 방법이 나날이 진화해. 너희가 어디에 다녀왔는지, 무엇을 구매했는지, 어떤 유튜브 동영상을 봤는지, 무엇에 관심이 많은지까지 모두 데이터로 남아.

Leading Insights Coaching

대표적 인터넷 파놉티콘 사례 '카니보어'

카니보어(Carnivore)는 미국 연방수사국(FBI)의 사이버 감시 시스템이야. 1999년에 사이버 범죄를 예방하기 위해 개발되었는데, 이 시스템으로 정부가 인터넷 공급 네트워크에 접속해서 개인의 이메일을 감시할 수 있어. 카니보어 덕분에 마약 해킹, 그리고 여러 강력 범죄를 해결했다고 해. 하지만 정부가 개인의 사이버 정보를 감시하고 열람하는 것이 타당한지에 대해 우려하는 목소리도 높은 편.

Leading Insights Coaching

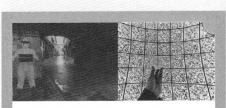

코로나19 펜데믹과 우리의 사생활

이태원 클럽에서 퍼진 코로나 확산 방지를 위해 정부는 2020년 5월 12일, 국내 이동통신 3사로부터 이태원 주변 기지국 접속 정보를 모두 제공받았어. 그래서 정부는 클럽 방문자는 물론 주변에 있던 사람들의 통신기록까지 총 1만 905개의 정보를 확보했고, 이를 통해 숨은 접촉자를 찾아낼 수 있었지. 통신 정보뿐 아니라 정부는 위치 카드 결제 공부도 수집하여 방역에 활용하였어. 우리나라만 아니라 영국, 독일, 이탈리아도 실시간 스마트폰 데이터 수집에 나섰고, 확진자가 나왔을 때 이 덕분에 더욱 빠르게 대응할 수 있었어. 하지만 개인의 동의 없이 정부가 정보를 열람하는 것이 정당한가에 대한 불편한 논란은 계속 이어지고 있어.

Leading Insights Coaching

이것이 현대 우리 사회에 어떻게 적용되고 있는지, 어떤 의미를 주는지, 이로 인해 어떠한 발전을 이루어 왔는지, 혹은 어떤 문제를 야기하고 있는지 알아봅시다.

'시놉티콘'이 대안이 될 수 있을까?

한편, 노르웨이의 범죄학자 '토마스 매티슨'은 이제는 소수가 다수를 감시할 뿐 아니라 대중도 소수 권력자를 감시할 수 있는 사회가 도래했다고 말해. 그리고 이런 힘을 시놉티콘(Synopticon)이라고 불렀어. '시놉티콘'은 '함께'라는 뜻을 가진 'Syn'과 '보다'라는 뜻의 'Opticon'의 합성어. 권력자와 대중이 서로를 지켜보는, 즉 '쌍방향 감시'의 시대가 왔다는 거지. 인터넷이 발전하고 대중이 참여할 수 있는 채널이 많아지면서 대중도 '감시할 수 있는 권력'이 생겼어. 만약 시위하는 노동자들에 대해 경찰이 폭력적 진압을 했다면 어떨까? 어떤 시민 누군가는 이를 촬영해 인터넷에 올리지 않을까?

Leading Insights Coaching

'타인의 시선'이라는 파놉티콘

'내가 공부해야 하는 이유는 무엇일까?' '진지하게 고민해본 적 있니?' 만일 공부의 목적이 '남들에게 무시 받기 싫어서' 혹은 '다른 사람들에게 성적을 자랑하고 싶어서'라면 우리는 '타인의 시선'이라는 파놉티콘에 갇힌 것일지도 몰라. 남들에게 보여주기 위해 살고, 타인의 시선을 의식하고 두려워하기보다는 나의 내면의 소리에 집중하고 나를 위해 살아보자. 시선의 감옥에서 벗어나 자유롭게 날 수 있길 기대해!

Leading Insights Coaching

만약 문제가 있다면 이는 어떻게 극복할 수 있을까요? 더 나은 대안이 있다면 무엇일까요?

선생님이 되어보자!

오늘의 컨텐츠에 빨간색으로 표시한 핵심 개념들을 한 곳에 모았다.
이름 보고 본문 내용을 떠올리며 '파놉티콘'에 대해 설명해 보자.

공리주의 / 제러미 벤담 / 감시 교도소 '파놉티콘' / 원형 교도소 / 감시자는 죄수들의 일거수일투족을 모두 감시 / 죄수들은 나를 감시하는 자가 누군지 볼 수가 없어 / 감시자가 존재하는지조차 알 수가 없지 / 철학적 의미 / 미셸 푸코 / 감시와 처벌 / 파놉티콘이 우리 사회와 비슷 / 누가 나를 지켜본다는 느낌 / 행동을 조심 / 원형 감옥 속에서 감시당하는 것 같은 효과 / 우리의 자유를 통제 / iT 기술 혁명 / 감시하고 통제할 수 있는 방법이 나날이 진화 / 모두 데이터로 남아 / 카니보어 / 사이버 감시 시스템 / 정부 / 개인의 이메일을 감시 / 범죄를 해결 / 개인의 사이버 정보를 감시하고 열람하는 것이 타당한지 / 이태원 클럽에서 퍼진 코로나 19 확산 방지 / 이태원 주변 기지국 접속 정보 / 숨은 접촉자 / 위치 및 카드 결제 정보도 수집 / 방역에 활용 / 실시간 스마트폰 데이터 수집 / 개인의 동의 없이 정부가 정보를 열람하는 것이 정당한가 / 토마스 매티슨 / 대중도 소수 권력자를 감시할 수 있는 사회가 도래 / 시놉티콘(Synopticon) / 쌍방향 감시 / 인터넷이 발전하고 대중이 참여할 수 있는 채널이 많아지면서 / 우리는 '타인의 시선'이라는 파놉티콘에 갇힌 것일지도 / 내면의 소리에 집중 / 나를 위해 / 시선의 감옥에서 벗어나 자유롭게 날 수 있길 기대해!

Leading Insights Coaching

새롭게 배운 개념을 다시 한 번 정리해 봅시다. 각 페이지의 핵심 개념어들을 한데 모아 적힌 단어들만 보고 전체 내용을 떠올려 봅시다. 친구나 부모님 앞에서 말로 소리 내어 표현할 수 있으면 더욱 좋아요.

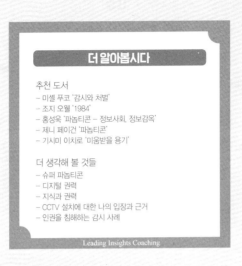

이번에 알게 된 지식을 확장하기 위해 어떤 후속 독서가 이뤄지면 좋을까요? 더 생각해 볼 관련 개념어나 이슈들엔 무엇이 있을까요?

논술이나 구술에 출제되는 개념어들은 교과에 기반하고 있습니다. 중학교 때부터 논술과 구술 빈출 개념어에 대한 내용 정리, 독서와 시사 탐구를 통한 지식 확장을 꾸준히 반복하면 고교 생활 중 진행하는 수행 평가와 각종 탐구 활동에 유용하게 활용 가능한 배경지식 사전을 마련할 수 있습니다. 또한, 카드 뉴스에 담을 핵심 내용을 간추리고, 설명을 도울 수 있는 적절한 이미지를 찾아 PPT로 표현해 보며 발표 자료를 제작하는 연습도 겸할 수 있답니다.

05

좋은 수행 평가를 하려면
최소한의 글쓰기 능력은 필요하다

수행 평가를 잘하려면 최소한의 글쓰기 능력은 필요하다. 제아무리 좋은 생각을 가지고 있어도 이를 받아들이는 평가자가 이해할 수 없다면 표현하지 못한 것과 같을 테니 말이다. 그렇다고 해서 화려한 글 솜씨를 요하는 것은 아니다. 우리가 수행 평가에서 글을 쓰는 이유는 평가자에게 나의 생각을 전달하기 위해서이다. 머릿속에 가지고 있는 생각을 정확하게 표현할 수 있는, 딱 그 정도의 기술이면 족하다. 그리고 겁먹지 말자. 이는 몇 가지 규칙에 대한 반복 훈련으로 단기간에 습득할 수 있는 능력이니 말이다.

연세대학교 경영학과 20학번 조OO 선배는 이를 위하여 '초고-퇴고-마무리'의 단계적 글쓰기를 추천한다고 한다. 각 단계별로 우리가 해야 할 것들은 무엇인지 배워 보자.

1. 초고 작성 단계

① 무작정 초고를 바로 쓰기보다는 미리 글의 구성을 계획해 봅시다. 나의 주장이 명료한지, 주장에 대한 근거가 설득력 있는지 검토해 보고, 단락을 어떤 식으로 나눌지 생각해 보도록 합시다.

② 초고 작성 시 배경지식이 부족한 독자의 입장을 고려하여 충분한 근거를 제시합시다. 자신은 해당 주제에 대한 충분한 자료 조사를 거친 뒤 글을 쓰게 되므로 독자들은 상대적으로 배경지식이 부족할 수 있습니다. 그러므로 모든 독자가 자신과 해당 주제에 대한 지식수준이 비슷하다고 가정하고 글을 쓸 경우, 독자들은 해당 글에 논리적 비약이 많다고 느낄 수 있습니다. 그러므로 항상 주장 뒤에는 모든 독자가 납득할 수 있을 정도의 충분한 근거를 제시해 주어야 합니다.

③ 예상되는 반론을 충분히 고려하여 주장을 전개해 주세요. 나의 주장을 명확히 제시하고 이를 뒷받침하는 근거를 충분히 제시하더라도 반박의 여지는 생각보다 많습니다. 그러므로 자신의 주장과 근거의 허점을 인지하고 자료 조사를 한 뒤 반론의 반론을 함께 제시한다면 글의 설득력이 높아질 뿐만 아니라 주제를 다양한 관점으로 바라보는 능력도 기를 수 있을 것입니다.

④ 해당 주제를 다루는 이유에 대해 도입부에서 충분히 언급해 주어 읽을 가치를 높이십시오. 독자들은 글쓴이가 다루는 주제의 중요성이나 사회적 의미를 알지 못하는 경우가 많습니다. 그러므로 해당 주제가 우리의 삶과 어떠한 관련이 있는지, 사회적으로 얼마나 중요한 주제인지 충분히 설명해 주지 않는다면 독자들은 흥미를 느끼지 못하므로 그 글을 읽어야 할 이유를 찾기 어렵습니다. 따라서 해당 주제를 다루는 이유를 도입부에서 언급하여 독자들에게 읽어야 할 이유를 제공해 주시길 권합니다.

2. 퇴고 단계

① 주어와 술어가 제대로 호응하고 있는지 확인해 보세요. 글을 쓰다 보면 문장이 길어져 처음 제시한 주어가 마지막에 제시한 술어와 제대로 호응하지 않는 경우가 많습니다. 이러한 문장은 전체 글의 흐름을 끊기게 만듭니다. 그러므로 퇴고 시에는 각 문장의 주술 호응 관계를 확인하고 부자연스러운 부분을 수정해야 합니다.

② 단락과 단락 간의 연결이 자연스러운지 확인해 보세요. 단락과 단락 간의 연관성이 드러나지 않는다면 독자들은 다음 단락이 전체 글에서 어떠한 의미를 갖는지 쉽게 파악하기 어렵습니다. 따라서 각 단락의 마지막 문장은 다음 단락의 첫 문장과 의미상의 연결 고리가 드러나도록 비약이라고 느껴질 수 있는 부분을 보충 설명해 주어야 합니다.

③ 어휘 선택에 어색한 점은 없는지 확인해 보세요. 초고를 작성할 때 떠오르는 단어들을 바로 사용하는 경우가 많은데 그 단어는 적합한 어휘가 아닐 수도 있습니다. 따라서 독자 입장에서 글을 읽으며 부자연스럽다고 느껴지는 어휘를 수정해 주어야 합니다.

④ 반복되는 어휘나 표현이 있는지 확인해 보세요. 반복되는 어휘나 표현은 중요성을 강조하는 역할을 할 수도 있지만, 글을 지루하게 만들 가능성이 큽니다. 따라서 글을 다시 읽어 본 뒤 반복되는 어휘나 표현이 꼭 필요한 경우가 아니라면 비슷한 뜻을 가진 다른 표현들로 대체하여 글이 지루하게 읽히지 않도록 해야 합니다.

3. 마무리 단계

수정을 거친 글을 다시 한 번 읽어 본 뒤 이상이 없으면 맞춤법과 띄어쓰기를 검사하고 마무리합니다.

평가자가 누구인지 고려하자

교과 세부능력 및 특기사항은 누가 작성하는가? 바로 여러분을 지켜보신 교과목 선생님이다. 수업 중 보인 의지, 태도, 발전 정도, 이 모든 것들에 대한 객관적인 관찰 결과가 여러분들의 교과 세특 기록으로 남는다.

우리는 선생님들께서 모든 학생의 활동을 주의 깊게 살펴 기록의 근거를 마련해 주시길 원한다. 하지만 해당 과목을 수강한 전체 학생에 대한 교과 세특 입력은 선생님들께도 상당한 부담이 된다. 물리적으로 제한된 가용 시간 내에서 우리가 바라는 이상적인 장면이 실현되는 것은 현실적으로 매우 어려운 일이다.

우수한 교과 세특을 받기 위해서는 우리 스스로가 선생님의 눈에 띄기 위한 노력을 할 필요가 있다. 구차하다는 생각을 하는 학생도 있을 줄 안다. 하지만 이 역시도 나의 목표를 달성하기 위한 자기 주도적 노력의

한 방편이라고 인식을 달리 해보면 좋겠다.

　선생님들의 눈에 띌 수 있는 가장 쉬운 방법은 바로 '질문 드리는 것'이다. 다소 극단적으로 표현하자면 '질문을 잘한 과목의 교과 세특이 망하는 법은 없다.'라고까지 말할 수 있다. 질문은 그 과목에 대한 열의와 애정을 측정할 수 있는 하나의 척도가 된다. 그런데 중요한 것은 이 질문에도 '잘한 질문'과 '안 하느니만 못한 질문'으로 나뉜다.

　'좋은 질문'이 되려면 질문하는 내용에 깊이가 있어야 하고, 질문하는 사람의 태도에 문제가 없어야 한다. 교과서에 다 나와 있는 것을 그대로 다시 묻거나 간단한 검색만으로도 충분히 스스로 해결 가능한 질문은 진실한 호기심으로부터 출발한 물음이라고 볼 수 없다. 또한, "옆 반 선생님은 그거 아니랬는데요?", "학원 쌤은 그렇게 말씀 안 하시던데요?" 라며 비교하고 따지듯 묻고 싶은 마음이 들거든 그냥 말을 참는 편이 낫다.

　교과서나 수업 내용만으로는 지적 갈증이 미처 해소되지 않는다면, 내가 추진하고자 하는 탐구 활동이 뜻대로 진행되지 않는다면 선생님을 찾아가 정중히 질문 드리자. 밤늦은 시간에 대뜸 문자 메시지를 보내 질문하거나 업무 중이신 선생님께 질문 목록을 불쑥 내미는 것은 신사답지 못한 행동이다. 선생님께서 질문을 받으실 수 있는 여유가 되는지를 먼저 여쭙자. 그리고 내가 어디까지 이해했는지, 어떤 부분에서 어려움이 있는지 질문의 범위를 명확히 하여 말씀드리자. '질문을 매너 있게 잘하는 것' 역시 학업에 임하는 사람이 견지해야 할 중요한 태도 중 하나이며, 여러분들의 인성 평가에도 긍정적인 역할을 하는 포인트임을 잊지 말길 바란다.

학생

어떤 학생이 좋은 세특을 받는지 궁금해요.

박 코치

질문하는 아이들은 세특을 잘 받지 않을 수 없어. 근데 질문이라는 게 스스로 공부하고 생각을 해보고 난 뒤 궁금한 걸 물어야지 무턱대고 하나부터 열까지 다 묻는 건 좋지 않아. 영어 과목을 예로 들면 단어 뜻 물어보는 아이들이 있잖아. 스마트폰 꺼내서 손가락만 움직이면 찾아볼 수 있는 데도 묻는 것은 질문이 아니라 귀찮음이지. 그건 공부할 자세가 되지 않은 거야.

질문을 하려면 내가 먼저 공부를 해야 질문거리가 생겨. 너무 뻔한 이야기 같지만, 수업 내용을 복습하고 그래도 이해가 안되는 부분을 질문해 봐. 쌤들은 '이 녀석 수업도 잘 듣고 복습도 열심히 하는구나!' 하고 반가워할 테니까. 쌤이 한 말인데 다시 물어본다고 혼나지 않을까 걱정하지 말고, 모르는 건 다시 여쭤 봐. 그게 수업 잘 듣고 있다는 증거니까.

쌤들 눈에 잘 띄고 예쁨받는 애들은 성실한 아이들이야. 성실한지 아닌지 알 수 있는 지표가 바로 질문의 수준. 질문을 잘하는 것은 아주 중요해. 단, 수업 시간에 흐름을 깨는, 주목받기 위한 질문은 금물.

그리고 수업 중 활동엔 적극적으로 참여하기. 잘하고 못하고보다 적극적인지 소극적인지가 더 눈에 들어와 쌤들한테는.

뭐, 이 정도만 해도 쌤들 눈엔 예쁜 학생이지.

3장

목표를 설정하자

1학년 때부터
진로가 일관된 것이 가능할까

컨설팅 시 많이 받는 질문들 중 이런 것이 있다.

학생 A: 진로가 정해져 있지 않은데 학생부종합전형으로 가능할까요?
학생 B: 진로가 중간에 바뀌었는데 마이너스가 있나요?

물론 진로가 명확히 정해져 있다면 저학년 때부터 한 가지 목표만 바라보고 집중 공략하는 것이 가능하니 더욱 수월하긴 하다. 그만큼 학교생활기록부에서 전공 적합성이 잘 보일 가능성도 높다.

하지만 진로 목표가 뚜렷하지 않다고 해서 무조건 불리한 것은 아니다. 학종은 전공 적합성보다 계열 적합성을 중시하는 추세로 변화하고 있다. 프랑스어를 한 번도 배워 보지 않은 일반고 학생이 서울대학교 불어교육과의 수시 일반 전형에 합격하고, 로봇 공학에 깊은 관심을 보여온 학생이 치의예과에 합격하는 사례도 있다. 프랑스어를 배워 보지는 않았지만 언어 습득 측면에서의 발전 가능성, 문화에 대한 상대적 이해력, 교육에 대한 비전과 열의가 대학이 판단하기에 만족스러운 수준이라면 불어교육과에 지원해도 괜찮다. 치의학과 관련된 직접적인 활동은 없지만 그간 쌓아온 과학 탐구 역량, 로봇을 제작하는 과정에서 얻게 된 기계 활용 능력과 손재주, 인체에 대한 지식 등은 치의학과에 진학하여 학업을 수행할 수 있는 능력의 증거가 되기도 한다. 고교 생활 중 지원 전공과 관련된 직접적인 활동을 많이 하지 않았더라도 해당 학과에 입학했을 때 수업을 무리 없이 따라갈 수 있는 역량을 증명할 수 있으면 되는 것이다.

　진로와 커리어에 대한 고민은 나이가 들어서도 계속된다. 어렸을 적 세웠던 진로 목표를 만족스러운 수준으로 달성한 사람, 커리어의 방향성에 고민이 없는 사람은 많지 않다. 하물며 어른들도 그러할진데, 고등학생들은 오죽하겠는가? 고3은 특정 전공에 대한 나의 적합성을 판단하기엔 누적된 경험이 부족하다. 대학에서도 이 점을 충분히 인지하고 있기 때문에 지원자들에게 '뚜렷한 진로 목표'까지는 요구하지 않는다.

　'학생부종합전형'은 자신이 가고자 하는 방향을 어려서부터 미리 탐색해보고 관련 전공 공부를 버틸 수 있는 최소한의 근력이 있는지를 확인하는 데 그 가치가 있다. 진로가 늦게 정해져도 괜찮고, 명확하지 않아도 괜찮다. 다만, 나의 적성을 찾기 위해 다양한 시도를 해보고 꿈과 목표를 가지려 노력한 흔적은 필요하다. '우리 학과에 지원한 동기가 무엇인지', '지원자가 우리 학과에 적합하다고 생각하는 이유가 무엇인지'에 대한 물음에 답변으로 내놓을 수 있는 사례는 반드시 마련되어야 한다.

이를 위해 무엇보다도 자기 성찰 글쓰기를 생활화하길 권한다. '프로티언 커리어(protean career)'라는 말을 들어본 적이 있는가? '프로티언 커리어'는 변신의 귀재였던 그리스 신(神) '프로테우스(Proteus)'에 은유적으로 빗댄 새로운 커리어 패러다임으로, 말 그대로 '변화무쌍하고 자유로운 경력'을 뜻한다. 과학 기술이 발달하고 산업 환경이 바뀌면서 21세기의 일자리와 조직의 형태가 급변하였다. 불확실하고 불안정한 경제 환경 속에서 기업은 정규직 및 한 가지의 사업 영역을 고집하기보다는 유동적인 고용 관계와 유연한 조직 구조를 선호하게 되었다. 이러한 변화는 사람들이 자신의 커리어를 바라보는 관점에도 영향을 미쳤다. 앞으로는 '프로티언 커리어의 시대'이다. 변동성이 증가하는 시대에 대응하기 위해 우리는 자신의 직업 정체성을 경계 없이 변화시키고, 전 생애에 걸친 학습으로 지속적인 역량 계발을 이루어냄으로써 자신의 가치를 높여야 한다.

'셀프 질문'은 나의 정체성을 발견하는 데 참 유용한 도구이다. 나는 나의 강점과 약점을 알고 있는가? 약점이 있다면 그를 보완하기 위해 어떤 노력을 해볼 수 있는가? 내 인생 최고의 가치는 무엇인가? 나는 무엇을 할 때 가장 행복한가? 무엇을 하는 상상을 하면 없던 힘도 생겨나는가? 나의 롤모델은 누구이고, 그 이유는 무엇인가? 스스로에게 '나'를 발견할 수 있는 질문을 던져 보고, 그에 대한 내면의 답변을 글로 표현해 보도록 하자.

강점을 기반으로 나의 진로를 찾자

긍정 심리학자들은 사람은 자신이 잘하는 것을 찾았을 때 그 일에 애착을 가지고 오래 집중할 수 있다고 말한다. 그래서 필자의 대표적인 성향과 강점에 기반을 둔 진로와 커리어 정체성 탐색 방법에 관한 몇 가지를 소개하고자 한다. 자신의 사고, 감정과 행동의 패턴, 다른 사람보다 학습 속도가 빠른 분야, 노력을 덜 해도 수월하게 일처리 가능한 분야, 수행했을 때 즐거운 감정이 드는 일, 끝마치고 났을 때 만족감이 큰 일, 다른 사람보다 잘한다고 확신할 수 있는 일, 다음에 또 기회가 생기길 간절히 원하는 일. 이것들이 무엇인지 알아보는 것이 여러분이 '오래 할 수 있는 일'을 찾아내는 첫걸음이 된다.

다음은 강점에 기반하여 진로 적성을 찾아내는 방법이다.

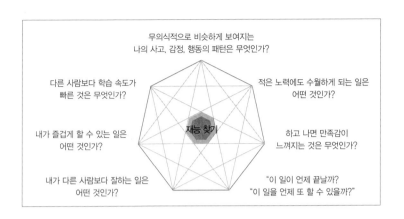

무의식적으로 비슷하게 보여지는
나의 사고, 감정, 행동의 패턴은 무엇인가?

다른 사람보다 학습 속도가
빠른 것은 무엇인가?

적은 노력에도 수월하게 되는 일은
어떤 것인가?

내가 즐겁게 할 수 있는 일은
어떤 것인가?

재능 찾기

하고 나면 만족감이
느껴지는 것은 무엇인가?

내가 다른 사람보다 잘하는 일은
어떤 것인가?

"이 일이 언제 끝날까?"
"이 일을 언제 또 할 수 있을까?"

1. 비아 캐릭터(VIA Character)

viacharacter.org에서 자신의 강점을 알아볼 수 있는 무료 테스트를 실행할 수 있다. 처음 접속 시 영문 페이지가 뜨지만 걱정하지 말자. 가입 시 국적을 입력하면 그 이후 페이지부터는 해당 국가 언어로 이용할 수 있다. 문항은 총 120가지이며, 20~30분의 검사 시간이 소요된다.

테스트를 마치면 '창의성, 호기심, 개방성, 학구열, 통찰력, 용감, 끈기, 진실성, 활력, 사랑, 친절, 사회성, 시민 의식, 공정성, 리더십, 용서, 겸손, 신중성, 자기 조절, 심미안, 감사, 희망, 유머, 영성'의 24가지 강점 키워드를 가장 영향력이 큰 순서대로 1위부터 24위까지 확인할 수 있다. 또한 각 강점 유형에 대한 친절한 설명이 담긴 보고서도 함께 제공해 준다. 이 검사를 통해서 자신이 어떤 환경에 놓였을 때 고유의 강점이 가장 극대화하여 발현될 수 있는지를 알아볼 수 있다.

예를 들어, '사회성'이 모든 강점 중 가장 높은 순위를 차지하는 경우에는 혼자 조용한 곳에서 일할 때보다는 '다른 사람들과 함께 일하는 환경'에 있을 때 자신의 역량을 충분히 보이기 유리하고, 더 즐겁게 일할 수 있는 유형이라고 해석할 수 있다.

2. 갤럽 스트렝스 파인더(Gallup Strengths Finder)

위에 설명한 비아 캐릭터가 '나의 강점이 가장 잘 발현될 수 있는 환경 조건'을 알려 준다면 갤럽 스트렝스 파인더(Gallup Strengths Finder, gallupstrengthscenter.com)는 '내가 업무 시 가장 잘 사용할 수 있는 강점이 무엇인가'를 보여주는 도구가 된다.

이 사이트 역시 비아 캐릭터와 마찬가지로 영어로 가입해야 하지만 테스트는 회원 가입 시 입력한 국적 언어로 진행할 수 있다. 사이트 내에서 'TOP 5 CliftonStrengths' 기본형 평가 프로그램을 구매해 이용하면 된다. 그리고 책 『위대한 나의 발견 강점 혁명』을 구매하면 갤럽 스트렝스 파인더 테스트를 무료로 해볼 수 있는 쿠폰이 동봉되어 있으며, 더욱 자세한 해설을 확인할 수 있다.

테스트를 완료하면 총 34가지 강점(개발, 개별화, 공감, 공정성, 긍정, 미래지향, 발상, 배움, 복구, 분석, 사교성, 성취, 수집, 승부, 신념, 심사숙고, 연결성, 자기 확신, 적응, 전략, 절친, 정리, 존재감, 주도력, 지적사고, 집중, 책임, 체계, 최상화, 커뮤니케이션, 포용, 행동, 화합, 회고) 중 상위 강점 다섯 가지가 출력된다. 예를 들어, '최상화' 테마가 상위 강점으로 나온다면 자신은 '기존에 있는 좋은 것을 더 좋은 상태로 발전시키는 역량'이 우수한 사람이라고 해석할 수 있다. 최상화 테마 소유자들은 특정한 것을 못하는 사람들이 그것을 어느 정도 해내게끔 도와주는 일보다는 그것을 어느 정도 잘하고 있는 사람들 내지는 잘하고 싶은 의지가 충만한 사람들로부터 최상의 결과를 이끌어 내는 일에 능하며, 그런 역량을 발휘할 수 있는 업무를 맡았을 때 더 큰 만족감을 느낀다. 각 강점 테마별로 자세한 설명이 담긴 리포트가 함께 제공되니 설명을 꼼꼼히 읽어 보면서 가장 와 닿는 문구에 체크해 보자. 그리고 각 문구에 해당하는 내용을 실현해 봤던 경험을 되짚어 보며 스스로를 성찰하자.

갤럽 스트렝스 파인더 결과의 예

효진 박
설문 조사 완료일: 08-09-2020

테마 순서와 평가에 응답한 내용에 따라 일부 테마의 심층 이해 문구가 동일할 수 있습니다. 이 경우 리포트에서 중복을 피하기 위해 낮은 순위의 테마에는 심층 이해 문구가 표시되지 않습니다.

당신의 상위 5개 테마
1. 최상화(Maximizer) 테마
2. 발상(Ideation) 테마
3. 심사숙고(Deliberative) 테마
4. 집중(Focus) 테마
5. 미래지향(Futuristic) 테마

이 두 가지 의사 도구를 활용하면 내가 업무 시 잘 사용할 수 있는 강점과 나의 역량을 극대화하여 발현시킬 수 있는 환경 조건이 무엇인지를 대략적으로 알아볼 수 있다. 단, 이런 자기 평가형 검사를 실행할 때는 물음에 솔직하게 응답하는 것이 중요함을 잊지 말아야 한다. '내가 되고 싶은 나'의 모습이 아닌 '현재 있는 그대로의 나'에 해당하는 항목을 선택하도록 의식적으로 노력하길 바란다.

비아 캐릭터	갤럽 스트렝스 파인더
1. 사회성(정서 지능)	1. 최상화
2. 창의성(독창성)	2. 발상
3. 통찰(지혜)	3. 심사숙고
4. 판단력(비판적 사고)	4. 존재감
5. 호기심(흥미, 모험)	5. 미래지향
:	
22. 겸손과 겸양	
23. 충성심	
24. 용서와 자비	

직무와 직업을 설정하자

　　이렇게 강점들을 파악했다면 나의 강점에 맞는 '직무'를 살펴보자. 'NCS 국가직무능력표준' 사이트(ncs.go.kr)에 접속하면 직무별로 필요한 역량을 국가가 표준화한 기준을 살펴볼 수 있다. 'NCS 및 학습모듈검색' 탭에서 직업 세분류를 선택하여 각 직업별 '직무기술서'를 확인하면 된다. 예를 들어, NCS 국가직무능력표준 '건축 설계 기획' 직무기술서는 다음과 같다.

　　□ 직무 기본 정보

직무	건축 설계	능력 단위 분류 번호	1403010103_16v3
		능력 단위	건축 설계 기획
직무 목적	건축 설계 기획이란 건축주 요구 사항 조사, 설계 목표 및 계획 원칙 수립, 설계 개념 작성, 스페이스 프로그래밍, 사업성 검토 등에 관하여 조사, 수립, 작성, 검토하기 위함.		
개발 날짜 (개선 날짜)	2016. 06. 30.	개발 기관 (개선기관)	한국산업인력공단

태도	• 객관적으로 사업성을 분석하려는 의지
	• 건축주의 경제적 여건에 적합한 경제적 목표를 설정하려는 태도
	• 건축주의 요구 사항이 여건과 상이할 때 건축주를 이해시키고 설득하려는 태도
	• 관습이나 타성에 빠지지 않으려 하는 태도
	• 도덕적, 법적 테두리 내에서 건축주가 원하는 건축물을 만들려는 태도
	• 비전문가인 건축주의 입장을 이해하고 건축주 의견을 존중하는 태도
	• 사례 자료를 참고함에 있어 적합성을 검증하려는 태도
	• 아이디어를 적극적으로 표현하려는 태도
	• 업무 전반에 걸쳐 보안을 준수
	• 예산 범위 안에서 디자인 목표를 설정하려는 태도
	• 위험 요소들을 찾기 위해 주의 깊은 관찰과 분석을 하려하는 태도
	• 자기비판으로 객관성을 지키려 하는 태도
	• 증축이나 확장 등 장기적 관점을 고려하려는 태도
	• 창의력을 발휘하려 하는 의지
	• 추상적인 건축주의 요구 사항을 구체적이고 현실적으로 조정하며 설득하려는 태도
	• 타인의 의견을 받아들이려는 열린 태도

위와 같이 건축 설계 기획 업무를 수행하고 싶은 경우라면 비아 캐릭터의 '창의성', '신중성', '사회성', 갤럽 스트렝스 파인더의 '발상', '분석', '심사숙고', '책임', '커뮤니케이션' 등의 강점 키워드를 소유하고 있으면 적응에 유리할 가능성이 높다.

현직자에게 직접 물어보자

한 단계 더 나아가 관련 업계에 종사 중인 현직자를 찾아 인터뷰를 해보면 해당 직업과 직무에 대한 궁금증을 더욱 말끔히 해결할 수 있다. 내가 막연히 동경하고 있는 직업의 세계와 현실의 직업 세계는 다른 경우가 많다. 막상 업계에 진출해 보니 내가 기대했던 것과 아주 달라 실망할 수도 있고, 중간에 포기하고 싶을 만큼 힘든 상황들이 종종 생길 수도 있다. 하지만 이에 대한 객관적인 정보는 온라인 공간만 활용해서는 미리 알기 쉽지 않다.

현직자와의 질의응답을 통해 얻은 '실전 정보'를 바탕으로 내가 그 일을 견딜 수 있는 근력이 있는 사람인지 성찰해 보자. 가족, 친구, 선배 등 그 분과의 다리를 놓아줄 수 있는 인맥들을 활용하자. 만약 그것이 여의치 않은 상황이라면 SNS를 통해 인터뷰를 부탁드려 볼 수도 있고, 직접 관련 회사에 전화하여 담당자와의 대화를 요청해 볼 수도 있다. 단, 서로의 시간을 배려하여 질문 목록은 인터뷰 전 미리 작성하도록 하자. 해당 업무를 수행하는 데 필요한 역량과 기술은 무엇인지, 그것들이 왜 필요한지, 실제 어떻게 사용되는지, 어떤 학문을 전공하면 좋은지, 일하는 데 어려움은 무엇인지, 학벌이 중요한지, 분야에 대해 더 자세히 이해할 수 있는 고등학생 수준의 교육이나 책을 추천해 줄 수 있는지 등을 구체적으로 여쭈면 된다.

합격의 기쁨을 상상하자

지금까지 앞으로 입시 제도가 흘러갈 방향과 그 흐름 속에서 '뒤집기 카드'로 작용할 '학생부종합전형'의 효율적인 대비 방법을 함께 이야기했다.

학생부종합전형에서는 학업 역량 단 한 가지의 지표로만 지원자를 평가하지 않고, 학업 역량을 판단하는 기준도 '내신 성적' 한 가지로 일원화되어 있지 않기 때문에 학종이 교과 성적의 불리함을 극복하고 역전극을 쓸 수 있는 중요한 기회인 것은 물론 맞다. 하지만 교과 성적은 학생부 평가에서 가장 객관적인 지표가 되며 성적이 예상 지원자들 대비 한참 부족한 수준이라면 우수한 세부 특기 능력 사항을 보유하고 있더라도 실제 지원하는 데 망설임이 생길 수밖에 없기 때문에 충분한 관리가 필요하다.

성적은 내신 평가에서만 중요한 것이 아니다. 학생부교과전형의 확대로 인해 수능 최저 등급의 충족 여부가 더욱 중요해지고 있으며, '정시'라는 최저 방어선을 확보한 학생의 수시 지원 전략 선택 범위와 그렇지 못한 학생의 선택 범위는 확연히 차이가 난다. 그렇기 때문에 내신과 수능, 수시와 정시의 균형 있는 준비가 필요한 것이다.

이후로는 우리가 '내신 성적'과 '수능 성적'을 노력 대비 최고 효율로 받기 위해 어떻게 해야 하는지 공부법에 관한 탐구를 시작해 보자. 꿈을 그리는 자는 마침내 그 꿈을 닮아간다. 합격의 그날을 상상하며!

특별 부록 1

선배가 후배에게

글쓰기를 계획할 때 고려해야 할 것들

연세대학교 경영학과 20학번 조ㅇㅇ

1. 지정 주제가 있을 때

교내 글쓰기 활동에서는 보통 '다문화', '환경' 등 굉장히 보편적이고 익숙한 소재들을 제시합니다. 그렇기에 학생들은 충분한 자료 조사 없이 뻔한 주장과 근거로 글을 작성하는 경우가 많습니다. 뻔한 글은 논리적 비약이 많을 뿐만 아니라 독자들에게 아무런 인상을 주지 못하기 때문에 좋은 평가를 받기 어렵습니다. 따라서 해당 주제와 관련 있는 여러 자료를 찾아본 뒤 새로운 관점을 제시하거나 자신의 주장 중 논리적 비약이 있는 부분에 살을 붙일 필요가 있습니다. 이렇게 한다면 더욱 흥미로우면서도 구성적으로 탄탄한 글을 쓸 수 있을 것입니다.

예를 들어, '한국의 다문화 사회'를 주제로 글을 쓸 때, 대부분의 학생들은 '한국 사회에는 아직 다문화 인식이 부족하며, 다른 문화에 대한 존중이 필요하다'라는 논지를 중심으로 글을 전개할 것입니다. 그러나 이러한 전개는 누구나 쉽게 생각해 낼 수 있는 뻔한 주장입니다. 따라서 관련 자료들을 찾아보며 해당 논지에 살을 붙여야 합니다. 예시로, 한국의 다문화 정책과 다문화 사회가 오래전부터 자리 잡은 프랑스, 캐나다 등의 정책을 조사한 뒤 정책들의 차이점을 바탕으로 다문화 인식 부재의 원인을 찾을 수 있습니다. 이러한 방식으로 글을 작성할 경우 다문화 인식 부재의 원인을 정책적 측면에서 바라보았으므로 조금 더 특색 있는 주장을 제시할 수 있습니다. 더불어 이에 대한 근거를 다문화 사회가 자리 잡은 국가들의 정책에 바탕을 두었으므로 논리적 비약을 피할 수 있습니다.

정리하자면 다음과 같습니다.
① 기존에 자신이 갖고 있던 생각을 바탕으로 독자들을 설득시킬 수 있을지 생각해 보라.
② 왜 설득할 수 없는지(주장 중 어떠한 부분에 논리적 비약이 있는지) 생각해 보라.
③ 독자 설득에 필요한 관련 자료를 수집한 뒤 구체적인 글의 주제를 재구성하라.

④ 관련 자료를 수집할 때는 나의 주장이 틀릴 수 있다고 생각하고, 다양한 관점에서 주제를 바라보려 노력하라.

2. 자율 주제일 때

　자율 주제로 글을 쓸 경우, 자신의 진로와 관련된 소재를 활용하여 주제를 구체화하는 것이 좋습니다. 진로와 관련된 소재로 글을 쓰는 것은 해당 분야에 대한 지식을 새로 습득하는 과정이 될 뿐만 아니라, 추후 진로 관련 탐구 활동을 진행할 때 영감을 줄 수 있는 소스로 활용될 수도 있기 때문입니다.

　특히 진로 관련 소재를 찾을 때는 자신이 지망하는 대학/학과의 교수님들의 '연구 관심 분야'를 살펴보거나 '연구 논문'을 참고하는 방식을 추천합니다. 예를 들어, 마케팅에 관심이 많아 경영학과를 희망하는 학생이라면, 모 대학의 경영학과 홈페이지에서 교수진 목록을 확인한 뒤, 마케팅이 연구 관심 분야인 교수님의 주요 논문들을 살펴볼 수 있습니다. 그리고 이러한 논문들을 훑어보는 과정에서 '하이테크 마케팅', '계량 마케팅' 등 마케팅과 관련된 새로운 분야를 접할 수 있을 것입니다.

　이는 다른 학과를 지망하는 학생들도 마찬가지로, 관련 논문을 훑어보는 과정에서 해당 분야와 관련된 새로운 지식을 얻을 수 있고, 흥미로운 소재를 발견했다면 관련된 자료들을 조사하여 글의 구성을 계획해 보아도 좋습니다. 부수적으로 자신이 했던 진로 관련 활동과 연결 고리를 만들 수 있는 소재를 바탕으로 글을 쓴다면 글의 자료 구성이 더욱 탄탄해질 뿐만 아니라 활동 간 연계성을 드러낼 수도 있다는 이점이 있습니다.

　정리하자면 다음과 같습니다.
① 웬만하면 진로 관련 소재를 활용하자.
② 진로 관련 소재를 활용할 때는 관심 분야가 비슷한 교수님의 논문을 참고하자.
③ 논문을 훑어보며 흥미로운 소재를 가져오고 관련 자료를 조사해 살을 붙여라.
④ 진로 관련 소재로 글을 쓸 때는 자신이 했던 활동과 연계성이 드러나면 더욱 좋다.

진로와 연계한 교과세특 만들기

경희대학교 의예과 21학번 양○○

우수한 교과세특을 만들기 위한 전 단계에 걸쳐 가장 중요한 것은 '교과 내용에 대한 완벽한 이해'가 선행되는 것이라고 말씀드리고 싶습니다. 그리고 교과서 내용을 소화하는 데 그치지 않고 관련 내용을 인터넷에서 검색을 해보거나 독서를 하면서 다른 사람들은 해당 지식을 어떻게 확장하는지 알아본다면 여러분이 학교에서 배운 지식을 응용할 수 있는 방법이 떠오르실 것입니다.

교과와 연계하여 수행 평가를 하는 방법을 과목별로 나누어 소개하고자 합니다.

의학이나 이공 계열로의 진학을 희망하는 학생들이 진로와 교과 내용을 연계하기에 가장 어려운 과목은 '국어'일 것이라고 생각합니다. 저는 두 가지의 해결책을 말씀드리고 싶습니다.

첫 번째, '독서'를 적극적으로 활용해 보세요. 본인의 진로에 어울리는 책을 읽고 국어 시간에 배운 개념을 활용하여 감상문을 적거나 책 홍보지, 포스터 등을 만들어 제출하면 학생부에 기록할 좋은 소재를 마련할 수 있습니다.

두 번째는 교과서 내에서 찾을 수 있는 소재를 활용한 글쓰기 활동을 적극적으로 해보는 것입니다. 제 경우에는 농약 중독 관련 소설을 '농약 화학적 성분의 위험성', '생명 윤리'와 관련한 글을 작성해 본 적이 있습니다. 희망 전공에 대한 학술적인 면과 엮을 수 있다면 더욱 좋겠지만, 그럴 수 없는 경우라면 교과에 대한 충실성, 국어 시간에 배운 글을 통해 확립된 가치관이나 인성 등을 어필하는 것으로도 충분하다고 생각합니다.

수학이나 과학은 이공 계열 진학을 희망하는 학생들의 학생부에서 가장 중요한 역할을 담당하는 과목입니다. 수행 평가를 포함한 모든 활동에 열과 성을 다하시길 바랍니다. 제 주관적인 의견이지만, 대학에서는 요즘 코딩을 필수 교양으로 가르치는 만큼 4차 산업혁명 시대에 맞는 인재라는 점을 각 교과 과목을 통해 보여주는 것도 좋을 것 같습니다. 나만 보여줄 수 있는 새로운 아이디어를 제시하는 창의성, 이슈를 미래지향적으로 바라보는 관점의 확립이 중요합니다.

잘 떠오르지 않는다면 다음과 같은 활동은 어떨까요? 컴퓨터 언어로 수학에 섭근해 보기, 도형, 그래프를 이용해 3D 프린팅에 도전해 보기와 같은 것들 말입니다. 그리고 1학년 때부터 3학년 때까지 한 분야를 점점 구체화하는 장기 실험을 구상해 보는 것도 추천합니다. 혼자 하기 어렵다면 선생님들께, 학교 환경이 받쳐주지 않는다면 대학이나 연구소에 공손하게 도움을 요청해 보세요.

영어, 한국사, 예체능 수행 평가도 개인의 노력에 따라 충분히 '쓸모 있는' 세특으로 만들어 낼 수 있습니다. 발표 활동에 적극적으로 참여를 하는 것은 물론, 수업 시간에 배운 문법이나 구문 등을 활용해 에세이를 쓰고 보고서를 쓰는 것은 학교에서 시키지 않아도 스스로 해야 합니다.

또한, 예체능은 가볍게 여기는 친구들이 많은데 특히 학종에서는 '어느 과목에 유난히 소홀하지는 않았는가'도 염두에 두고 학생부를 검토하기 때문에 열심히 참여해 주셔야 합니다. 제 경우에는, 의학과에서는 체력을 많이 요하기 때문에 체육 시간에 꾸준히 체력 단련을 위한 노력을 하였고, 수행 평가에서도 좋은 점수를 받아 관련 내용을 선생님께 교과세특으로 잘 기술해 주신 덕분에 만족스러운 학생부를 채워갈 수 있었습니다.

영리하고 완벽한 수행 평가

서울대학교 인문학부 21학번 정○○

대학 입시에서 가장 중요한 것은 무엇보다도 성적이라고 생각합니다. 특히 학교 내신 성적의 절반 이상을 차지하는 수행 평가는 대입 입시에서 빼놓을 수 없는 중요한 과제이기 때문에, 수행 평가에서 최대한 좋은 점수를 받을 수 있는 방법과 더불어 스스로 많은 것을 얻어갈 수 있는 방법을 말씀드리겠습니다!

첫 번째로 강조하고 싶은 점은 '수행 평가와 나의 진로 간의 연계성 찾기'입니다.

수행 평가는 단순한 일회성 활동으로, 점수만 받고 끝나는 활동이 아닙니다. 이후 자기소개서를 작성할 때 핵심적인 소재가 될 수 있는 중요한 활동입니다. 그렇기 때문에 각종 보고서, 독후감 작성 혹은 주제 발표 시간에 나의 진로 또는 관심사를 돋보이게 하는 것이 중요합니다.

만약 본인이 '정치외교학과' 진학을 희망하고 있다면, '환경 정책', '리더의 자질이란 무엇인가' 등의 주제들을 예로 들 수 있습니다. 또는 불어불문학과를 희망하고 있다면 세계사 시간에 '시민 혁명'을 주제로 발표하면서 프랑스 혁명을 언급하는 등의 방법을 사용할 수 있습니다. 저는 자신의 진로를 직접적으로 나타내는 주제보다는 조금 더 포괄적인 주제를 선정해서 관심사를 간접적으로 드러내는 것이 좋다고 생각합니다. 그래야 후속 활동을 진행할 때 수월하게 주제를 선정할 수 있고, 다양한 분야에 관심이 있는 학생으로 보일 가능성이 높습니다.

또한, 반드시 진로와 연계된 활동을 해야 한다는 강박을 가질 필요는 없습니다. 수행 평가를 통해 그동안 자신의 학생부에서 부족하다고 느꼈던 특정 과목의 성취도, 혹은 협동 능력 등의 인성 부분을 보완할 수 있습니다. 조별 보고서 작성 활동이나 조별 발표 활동에서 조장으로서 조원 간의 의견을 조정하거나 전문가 인터뷰를 주도하는 등 자신의 능력을 최대한 발휘할 수 있다면 수행 평가가 본인의 역량을 강조하는 가장 좋은 수단이 될 수 있습니다.

두 번째로 강조하고 싶은 점은 '맞춤법과 문맥의 완성도'입니다.

글을 쓰는 데 있어 올바른 맞춤법과 자연스러운 문맥은 가장 기본적이면서 중요한 부분입니다. 문과라면 특히 자신의 주장과 의견을 글로 표현하는 수행 평가가 많을 것입니다. 선생님들도 사람이기 때문에 글을 읽고 평가하실 때, 글의 흐름 자체가 어색해서 글이 잘 읽히지 않거나 맞춤법에 오류가 있다면 학생의 과제에 대한 기대가 낮아지고 평가가 박해질 가능성이 큽니다. 그렇기 때문에 아무리 본인이 글을 작성하는 데 자신이 있다고 해도 맞춤법 검사는 필수입니다.

마지막으로 저는 후배들에게 수행 평가 글쓰기 과제는 무조건 길게 작성해야 한다고 말씀드리고 싶습니다.

본인이 내용을 요약하는 데 자신이 있으면 글을 깔끔하고 간단하게 쓰는 것이 좋은 글이라고 생각할 수 있습니다. 하지만 저는 수행 평가에서 분량은 학생이 보여줄 수 있는 정성이라고 생각합니다. 물론 아무런 요약과 정리 없이 단순히 글을 길게만 작성하라는 말이 아닙니다. 글의 완결성을 유지하는 것이 중요합니다. 다만 이때 내용의 핵심을 잘 드러내면서 최대한 자신의 생각을 잘 나타내고 자신이 신경을 써서 조사했다는 것을 나타내기 위해서는 선생님이 제시한 분량보다 조금 더 작성하는 것이 좋다고 생각합니다. 이런 정성이 보인다면 선생님께서도 학생에 대한 애정을 갖고 조금 더 후한 점수를 주실 것입니다.

위에서 말씀드린 수행 평가 꿀팁을 참고해서 꼭 보람찬 고등학교 생활을 보내기를 바랍니다.

공부 열심히만 하지 마라

제2부
정시편

가성비 공부법으로
정시 잡기

1장

생각 구조 바꾸기

최강 가성비 공부법

최근 본격적인 '전 국민 유튜버' 시대가 됨에 따라 의사, 변호사, 서울대 출신 등 무시무시한 '공부 스펙'으로 무장한 공부법 유튜버들이 우후죽순으로 쏟아져 나오고 있다.

그들은 '난 이렇게 했더니 되더라' 식의 본인 경험담을 늘어놓으며 최상위권이나 겨우 소화할 수 있는 고난이도 공부법 영상을 올리지만 그들의 공부법은 최하위권에서 최상위권까지 수직 상승한 경험이 있고 공부법 연구만 15년을 한 내가 봤을 때 과거의 나나 보통 학생은 따라 하기 힘든 내용이 대부분이다.

이들은 아주 중요한 것들을 간과하고 있다. 본인들은 특별하게 공부를 잘했기에(대부분 전교 최상위권) 가능했지만 보통의 학생은 아무리 의지를 앞세워도 소화할 수 없는 방법이라는 점이다. 그러니 본인들의 사례가 모든 학생에게 통용된다고 생각하며 '맞긴 하지만 따라 하기는 어려운 공부법'을 살포하고 있는 것이다.

물론 최상위권이 되기 위해서는 깨어 있는 시간의 대부분을 공부에 쏟아야 한다는 것은 부정할 수 없지만, 소화해 낼 수 없다면 아무리 해봤자 시간 낭비라는 사실 또한 누구나 인정할 수밖에 없다. 또, 굳이 모든 학생이 그렇게까지 미친 듯 공부할 필요가 있는가 하는 의문 또한 지울 수 없다.

공부는 우선 학생마다 현 상황에 알맞은 방식으로 해야 하며 최정상을 노리는 게 아니라면 적절히 효율성을 갖춘 공부만으로도 충분한 성과를 거둘 수 있다. 이 논리는 '아무 생각 없이 공부하는 열 시간보다 목적성을 갖고 집중한 30분이 훨씬 더 효율이 높다.'라는 전제에서 시작한다. 이 전제를 뒷받침하는 근거로 '학원을 다니면 공부를 잘하고 있는 것 같은 기분이 드는가?'라는 질문에 상위 1% 이내 학생들은 0%, 상위 10% 이내 학생들은 26.8%, 중위권 30~60% 학생들은 42.6%, 하위권 70~100% 학생들은 43.2%가 '그렇다'라고 답변했다는 사실을 들 수 있다.[1]

이 결과는 하위권일수록 그저 '입력'에 불과한 '집중하지 못한 시간'을 학습으로 여기며, 이 차이로 인해 성적이 나뉜다고 해석할 수 있다. 이는 하위권일수록 집중은 하지 않고 시간만 채우면서 '그래도 앉아 있었으니 놀았다고 할 수는 없지.'라고 생각한다는 의미로도 볼 수 있는데, 이런 태도는 엄청난 시간, 에너지 낭비이기에 차라리 짧게 집중하고 확실히 쉬는 게 좋다.

---

1) 조사 대상: 대치동 학생 386명 / 조사기관: 수학섬 수학교육 연구소 / 출처: KBS1 프로그램 '시사기획 창'

제2부 정시편 / 가성비 공부법으로 정시 잡기

이해를 돕기 위해 리그 오브 레전드(이하 롤)라는 게임을 예로 들겠다. 롤에서는 아이템 획득을 통해 캐릭터의 능력을 키울 수 있다. 캐릭터의 능력은 크게 공격력과 마법 공격력으로 나뉘는데, 여기서 마법사가 아닌 캐릭터에게 마법 공격력 아이템을 장착해도 아무런 효과가 나타나지 않는다는 것이 중요하다. 즉, 전사형 캐릭터인 '올라프'에게 최고급 마법 공격력 아이템인 '라바돈의 죽음의 모자'는 아무런 효과가 없는 것이다. 올라프에겐 3,000원이 넘는 라바돈의 죽음의 모자가 450원짜리 도란 검보다 못한 셈이다. 이와 같이 공부도 목적에 맞지 않게 그저 머릿속에 넣기만 하는 건 아무런 의미가 없다.

20년 전쯤 유행했던 『공부가 가장 쉬웠어요』나 『미쳐야 공부다』 같은 책이 말하듯 '악바리 근성으로 밀어붙여!'라거나 '꿈을 위해 목숨을 걸어 봐!' 식의 공부법은 비현실적이다. 그렇게 하면 될 것 같지만 그렇지 않다. 보통 사람에게 그 방법이 현실적으로 가능할지도 의문이고 그렇게 하고 싶어 하지도 않을 것이다. 그래서 우리에게는 이상적인 방법이 아닌 상식적인 방법, 즉 현실적으로 실현 가능한 방법이 필요하다.

이 장부터는 행동, 인지, 구성, 메타 인지 등의 다양한 학습 전략 이론과 나의 15년간에 걸친 지도 경험을 함께 고려하여 보다 현실적인 방법을 제시하려 한다.

앞으로 우리는 '무엇을', '왜', '어떻게'의 세 관점에서 생각하고, 이 관점에 기반하여 만든 명확한 목적에 따라 모든 행동을 할 것이다. 그리고 문제 풀이 등의 '행위 자체'가 아니라 '성적 향상'이라는 목적에 지향점을 두고 성적을 올리기 위한 공부가 무엇이고, 어떤 생각을 하고, 어떤 행위를 해야 하는지를 생각하고 옳은 습관을 만들고자 한다.

어떻게 하면 '최소한'의 공부로 '최대'의 효과를 낼 수 있을지를 고민하여 그대로 수행할 수 있는가가 이 장의 목표이다. 이 장부터 순서대로 하나씩 나아가다 보면 원하는 결과는 자연스럽게 얻을 수 있을 것이다.

기억하라. 과정을 바꾸면 결과는 저절로 바뀌는 법이다.

"공부, 열심히만 하지 마라."

02

누구나 가능하다

안녕하세요. 현재 고등학교 2학년 학생입니다.
부끄럽지만 지금까지 개념 없이 논 탓에
전 과목 모두 완전히 노 베이스입니다.
내신은 이미 망했고 정시 준비를 하고 싶은데
지금부터라도 하면 될까요?

나는 바쁜 일정을 쪼개어 틈틈이 카카오톡 오픈 채팅에서 공부 상담을 하고 있다. 상담을 해오는 절반에 가까운 학생들이 위처럼 "X인 상황인데요, Y하면 Z라는 결과가 나올까요?"라며 묻는 XYZ 살인마들인데 이들을 만날 때마다 나는 숨이 막힌다.

참 안타깝다. 한번도 해본 적 없고 시도조차 해본 적 없으니 성공해

본 적은 당연히 없겠지. 그러니 본인을 스스로 의심할 수밖에 없는 상황이다.

하지만, 단언컨대 무조건 가능하다. 언어를 아예 이해할 수 없는 인어 장애에 가까운 상황이 아니라면 그 누구라도 가능하다. 솔직히 행정 고시 공부쯤 되면 모를까 대학 입시 공부는 재능의 영역이 아니라 효율과 양의 영역이다. 그러니 해도 성과가 안 나오는 건 재능이 없어서가 아니라 앞에서 말했듯 '마법사 올라프'를 키우고 있어서이다.

그러니 이 책을 펴든 지금부터는 두 번 다시 가능성을 묻지 마라. 스스로 의심하는 건 오히려 성공률을 낮추는 바보짓이다. 될 사람은 절대 스스로를 의심하지 않고, 의심하지 않으면 반드시 된다. 안 해서 그렇지 하면 반드시 된다. 기존에 알고 있던 지식을 모두 버리고 받아들이면 무조건 된다. 가타부타 묻지 말고 일단은 해보시라. 만약 이대로 했는데도 막히는 느낌이 드는 정도가 아니라 아예 안 된다면 내 메일이나 카톡으로 연락을 주기 바란다. 문제를 찾아주겠다.

예전에 나보다 훨씬 똑똑한 후배 하나를 알고 지냈다. 이 친구는 머릿속으로는 정말 많은 생각을 하면서 행동으로는 전혀 옮기지 못했는데, 담소를 나누다 보면 '내가 빌 게이츠나 스티브 잡스 같은 천재였으면…….'이라는 가정을 습관처럼 했다. 그 정도로 똑똑했다면 쉽게 성공하지 않았겠는가 하는 말이었다. 나는 한참을 고민한 끝에 그 후배에게 긴 편지를 써서 줬고, 후배는 편지를 읽고는 곧장 머리에 있는 생각을 실행으로 옮겼다. 그리고 끝내 성공했다. 그때 쓴 편지를 공개한다.

친구야, 너는 네가 천재였으면 좋겠다고 말한 적 있지? 고수가 아니라 천재. 단순히 잘하고 싶은 거랑 천재가 되고 싶은 건 좀 다르거든. 왜 그런 말을 했는지 생각해 봤어?

음…… 뭐랄까, 넌 고통스러운 노력 없이 잘하고 싶은 거야. 그냥 뭐든 무작정 잘하고 싶은 거지. 천재는 그런 것처럼 보이니까.

그러면 질문을 한번 바꿔 볼게. 노력은 왜 고통스러울까? 노력의 결과가 어떨지 모르니까. 성공적인 결과가 보장된다면 노력은 고통스럽지 않아. 고단한 과정들이 결과를 더 돋보이게 할 테니 견딜 만할 거야. 오히려 즐거울 수도 있을걸?

그러니까 너는 노력이 고통스러운 게 아니라 노력해도 잘하지 못할까 봐 겁나는 거야. 고통 끝의 결과가 허무할까 봐. 그러니까 고통이 있으면 반드시 결과가 좋을 수준의 천재가 되고 싶다는 거야.

안타까운 이야기지. 시작도 하기 전에 실패할 가능성을 생각한단 거니까. 뭐, 결과가 두려워서 시작조차 못 하겠다는 거지.

정말 안타까운 게 이게 우리 교육의 맹점이야. 실패해도 된다는 걸 누군가는 가르쳐 줬어야 했거든.

너도 다른 많은 사람처럼 실패하는 방법을 배우지 못해서 그런 거야. 실패 좀 해도 되는데 마치 실패하면 모든 게 끝나는 것처럼 느끼지.

사실은 말이야, 살아가는 동안 몇 번쯤 넘어져도 되고, 엄한 길로 들어서도 되고, 한참을 걷다가 좀 넘어져도 되고, 넘어진 채로 주저앉아서 울어도 괜찮고, 실컷 울고 나면 좀 쉬어도 괜찮은데 그걸 아무도 가르쳐 주지 않았어.

실패는 무서워. 센 척하지만 사실 나도 실패는 무서워.

하지만 실패가, 한 번 넘어지는 게 끝은 아니야.

몇 번을 넘어져도, 몇 번을 멈춰서도, 너 자신이 끝내지 않으면

그 누구도 끝낼 수 없어.

그러니까 그냥 시작해.

지금까지 살아오면서 숨이 막힐 듯 벅찼던 순간도 있었을 거고,

내일을 꿈꾸며 두근대던 순간도 있었을 거야. 그 순간을, 그 기억을 외면하지 마. 그거면 돼.

결과는 중요하지 않아. 드디어 시작했다는 게 중요한 거야.

놀아도 된다

선생님 이제 진짜 마음먹었습니다.
저는 앞으로 모든 시간을 공부에 쏟겠습니다.
방법을 가르쳐주세요.

이제 시작하기로 마음먹었다면 축하한다. 이미 50%는 성공했다. 근데 그렇게 이글대는 눈빛이 얼마나 갈까? 그러지 말고 일단 실컷 놀자.

공부하겠다니까 갑자기 무슨 말이냐고? 말 그대로 지금 이 순간부터는 노는 시간 때문에 죄책감을 느끼지 않아도 된다는 뜻이다. 자유롭게 놀아도 되니까 정말 실컷 놀아라. 아니 선택이 아니라 의무다. 놀아야 한다.

코로나로 인해 학교나 학원을 안 가니 너무 놀아서 습관이 완전히 망가졌다며 도움을 요청하는 학부모님이 많이 늘었다. 하지만 내 해석은 조금 다르다. 습관이 망가진 게 아니라 원래 안 했던 아이들이 학교나 학원에 가지 않으니 더 노는 것처럼 보일 뿐, 사실 그 학생들은 평소와 크게 다를 바 없다.

이런 학생들의 문제점은 '노는 것 자체'가 아니라 '제대로 노는 법을 배우지 못했다.'라는 데에 있다. 제대로 놀고 그에 대한 책임을 지는 방법, 그걸 그 누구도 가르쳐 주지 않았다. 잘 놀아야 성공한다는 말은 누구나 들어봤지만 잘 노는 것과 성공하는 게 대체 무슨 의미인지, 어떤 관계가 있는지는 아무도 가르쳐 주지 않았다.

이건 학부모에게도 적용되는 말이다. 사실 학부모도 대부분 같은 이유로 '놀아도 된다.'라는 것을 배우지 못했기에 이유도 모른 채 노는 시간 자체를 죄악시하며 혼내기 바쁘다. 놀 때 혼난 경험이 있는 학생은 자연히 무의식적으로 노는 행위에 대해 죄책감을 느끼게 되는데, 그러다 보면 놀면서도 시원하게 놀지 못하고 아쉬움이 남는다. 그 결과 공부가 점점 더 싫어지고, 하기는 싫은데 해야 하니 항상 불안한 마음을 갖고 놀게 되며, 노는 것도 안 노는 것도 아닌 어중이떠중이 생활을 유지하게 되는 것이다.

공부는 습관의 일종이며 습관에는 저마다의 관성이 작용한다. 멍하게 있는 시간이 반복되면 공부할 때건 놀 때건 관계없이 멍하게 있는 빈도나 시간이 계속해서 점점 더 늘어나게 된다. 결국 '노는 것도 아니고 공부하는 것도 아닌' 시간이 반복되면서 '의미 없는 시간'이 점점 더 길어지게 되는 것이다. 바로 이 점이 제대로 놀지 못한 학생들이 공부도 못하는 이유이며, 제대로 놀아야 성공에 가까워지는 이유라고도 볼 수 있다. 이렇듯 놀 때는 제대로 에너지를 쏟으며 놀아야 일이나 공부에 집중할 때도 에너지를 쏟을 수 있게 된다.

고등학교 시절, 항상 반에서 1등을 하던 상정(가명)이라는 친구는 겉으로 보기에는 공부를 진짜 안 하는 것처럼 보였는데 성적은 항상 전교 최상위권을 유지했다. 공부와 담쌓고 지내던 나와 체스를 두며 놀았고, 축구며 농구며 안 하는 것 없이 많이도 놀았다. 정말 말 그대로 놀 거 다 놀며 공부했다. 그때는 공부는 적게 하면서 최상위권을 유지했던 그 친구를 보며 '머리 좋아서 부럽다.'라고만 생각했는데 이제 보니 그게 아니었다. 확실히 놀고 공부할 때는 극한의 효율로 공부했던 것이다. 그러니 노는 게 문제가 아니라는 뜻이다.

이 글을 보는 순간 여러분은 더 이상 죄책감을 갖지 않아도 된다. 확실하게 놀고 그 시간에 대한 책임을 지면 된다. 대신 이 두 가지만 약속하자.

첫째, 생각하며 놀 것!
둘째, 계획하고 놀 것!

'시원하게 놀고 할 땐 확실히 하라.'라는 말과 내가 확실히 놀라고 하는 말의 공통점은 '생각하면서', '계획하고' 노는 걸 포함한다는 점이다. 노는 것 자체에는 제한을 둘 필요가 없지만 무작정 노는 건 안 된다.

성적이 좋지 않은 친구들은 공통적으로 자주 멍해지거나 집중하지 못하는 문제점이 있다. 한번 멍해지기 시작하면 이 또한 습관이 되어 더 자주 멍한 상태가 된다. 놀 때 집중하라는 이야기가 바로 이 때문이다. 놀면서 의미 없이 멍해지는 걸 반복하다 보면 정작 집중해야 할 때도 멍해지게 된다. 그러므로 멍하게 있는 시간은 지금 당장의 시간뿐만 아니라 그 시간 외의 삶 전체에도 막대한 영향을 준다. 앞에서 한 번 했던 이야기이지만, 멍하게 아무 생각 없이 해서는 원하는 결과를 만들 수 없다. 그러므로 아무 생각 없이 멍하게 유튜브나 TV를 본다거나 웹툰을 본다거나 생각 없이 게임을 해서는 절대 안 된다. 놀더라도 생각할 수 있는 뭔가를 해야 한다.

또, 놀더라도 시간을 계획하고 놀아야 하는 이유는 노는 걸 멈추고 공부하기가 어렵기 때문이다. 게임에 미쳐 봤거나 미친 사람을 봤던 경험이 있다면 바로 이해할 수 있다. 게임에 한번 중독되면 아침에 일어나자마자 게임을 시작하는데, 심지어 밥도 컴퓨터 앞에서 먹으며 자기 전까지 게임만 하게 된다. 시간 개념이 아예 사라져 배고픈 것도 생각이 안 날 정도로 중간에 그만두는 게 쉽지 않다.

그런데 이런 상황에서도 명확한 스케줄이 정해져 있다면 한참 게임을 하다가도 그 시간이 되면 깔끔하게 놓고 다른 일을 수행하러 갈 수 있다. 즉, '계획된' 뭔가가 있으면 스스로 제어할 수 있다는 뜻이므로 놀더라도 얼마나 놀 건지 계획하는 게 필수라는 것이다.

열 시간 동안 놀아도 괜찮다. 다만 몇 시부터 몇 시까지 어떻게 하겠다는 명확한 계획을 세워 알람을 맞춰 놓은 다음 놀기 시작하라. 이 정도 자유를 얻었다면 최소한의 책임을 갖고 스스로 한 약속은 지켜야 한다.

여기까지 이해했다면 "알겠어요. 그럼 구체적으로 어떻게 하라는 건가요?"라는 말이 목까지 차오를 것이다.

생각하며 논다는 건, 예를 들자면 게임할 때 '이기려고 노력하라.'라는 의미에 근접한다. 최근엔 너무 바빠서 도저히 시간이 없지만 나도 예전에는 롤 게임을 자주 했다. 게임을 상당히 좋아하지만 잘하지는 못해서 티어는 평범한 수준이었다. 이기고는 싶은데 잘 안 됐다. 너무 답답한 나머지 '롤 오답 노트'를 쓰기 시작했는데, 그때부터는 게임을 대하는 태도가 달라졌다. 한 판을 플레이하고 나서 항상 리플레이를 봤고, 리플레이를 보면서 내 실력이 부족한 이유를 분석했다.

'이 딜교를 왜 손해 봤지?'

'이번 한 타는 왜 졌지?'

'갱 안 당할 수 있었는데 왜 당했지?'

나의 문제를 찾기 위해 고민하고 생각하고 또 분석했다. 그러고 나서 다음 판을 할 때는 잘못이라고 판단됐던 부분들을 고치려고 노력했다. 나의 가장 큰 문제점은 미니 맵 보는 걸 까먹는다는 것이었는데 이걸 깨달은 뒤부터는 알람을 5초마다 한 번씩 울리도록 맞춰놓고 미니 맵 보는 연습을 했다. 그러자 티어는 급상승하기 시작했고 브론즈에서 실버를 왔다 갔다 했던 내 티어는 어느새 다이아몬드까지 상승했다.

이처럼 생각하면서 놀라는 건 놀 때도 머리를 쓰면서 놀라는 의미다. 그래서 나는 제자들에게 유튜브나 TV는 추천하지 않지만 게임이나 다른 활동은 얼마든지 해도 된다고 이야기한다. 만약 유튜브를 보고 싶다면 넋 놓고 보는 게 아니라 생각하도록 만드는 콘텐츠를 보는 것도 하나의 방법일 수 있다. 이 습관은 나중에 진짜 공부할 때 아주 큰 영향을 준다.

게임을 잘하려면 게임의 명확한 목표, 전략 등의 특징에 대한 전략적 사고를 수반해야 한다. 전략적으로 생각하다 보면 공부하지 않을 수 없다. 따라서 게임도 생각하며 하는 습관을 들이면 공부에도 좋은 영향을 줄 것이다.

그러니 놀 때 시원하게 확실히 노는 것부터 시작하자. 책임만 지면 되는 것 아닌가? 책임지는 방법은 뒤에서 가르쳐줄 테니 놀 땐 제발 확실하게 놀아라.

요약

☑ 1. 놀아도 된다.
☑ 2. 놀 시간을 계획하라.
☑ 3. 생각하면서 에너지를 쏟아내며 놀아라.

푹 자고 푹 쉬어라

선생님, 저희 애는 잠이 너무 많아요.
맨날 자느라 공부를 못 하는 것 같아요.
해결 방법이 없을까요?

단언컨대 수면 시간을 줄이면서 공부하는 방법은 아직까지는 없는 것이 현실이다.

나는 학부모님들께서 이런 질문을 하면 화살을 돌려 본인은 덜 자면서 더 잘할 수 있는지 물어본다. 그게 가능하면 그건 인간이 아니라 인공지능이다. 아니, 인공지능도 그렇게 하다 보면 과부하에 걸리지 않을까?

졸려서 반쯤 자는 상태로 문제를 푼다고 가정해 보자. 일단 졸리면 누구든 100% 실력을 발휘하지 못한다. 조금 더 과장해서 이야기하면 졸린 상태로는 생각이라는 걸 전혀 하지 못한다. 그러면 당연히 공부 효과는 떨어질 것이고, 공부가 아니라 노동이 된다. 생각을 못 하니 효율은 떨어지고, 평소보다 시간이 더 많이 걸린다. 그러니 쉴 시간은 계속해서 줄어든다. 이걸 반복하면 계속해서 졸린 상태로 공부가 아닌 노동을 하게 되는 악순환에 빠지게 된다. 이 악순환은 인위적으로 깨지 않으면 영영 나올 수 없으므로 컨디션이 조금이라도 나쁘면 확실히 쉬어야 한다.

공부도 결국에는 '시간×효율'로 결과를 표현할 수 있으므로 효율이 0에 근접하면 시간은 큰 의미가 없다. 효율이 높아야 한다는 측면에서 책쓰기 등의 창작 행위와 비견될 수 있는데, 창작물들은 데드라인에 쫓기면 퀄리티가 현저히 낮아진다. 시간이 넉넉했다면 대작이 될 수 있었던 용두사미 웹툰들이 수두룩한 건 여러분이 더 잘 알 것이다. 그래서 인간의 효율 데드라인인 수면 시간은 가급적이면 터치하지 않는 게 최선이다.

다섯 시간 자면 떨어지고 네 시간 자면 붙는다는 '4당 5락'이라는 말은 깨어 있는 대부분의 시간을 공부에 쏟아 이미 효율을 손볼 데 없는 최상위권 학생에게나 적용되는 말이다. 최상위권이 아닌 이상, 공부 시간이 부족해서 못 하는 게 결코 아니다. 팩트는 시간이 있어도 안 하거나 길게 해도 공부가 아닌 노동을 하기 때문이라는 점을 잊으면 안 된다.

수면 시간과 학습 효율의 상관관계는 각종 논문에서 수십 차례는 다뤄졌다.[2] 한때 내가 제작에 참여한 적 있었던 EBS <다큐프라임> '공부의 배신' 편에서는 하루 열 시간 이상 공부하는 중학생의 생활을 주로 조명하여 '무작정 공부한다고 명문대에 가는 게 아님'을 보여준 바 있으며,

---

[2] 심연식, 「대입 재수생의 학습 성과 변화와 영향요인 분석연구」, 연세대학교, 2011; 이아진, 「중학생의 생활 시간활용이 학업성취도에 미치는 영향」, 이화여자대학교 대학원, 2014.

EBS <육아학교>에서는 수면 시간은 공부에 직결된다는 내용을 방영한 적이 있다.

그 외에 '기억을 재생하기 위해서는 충분한 수면이 요구된다.'라는 명제의 근거는 주변에서도 쉽게 찾아볼 수 있을 정도로 흔하다. 물론 일정 수준 이상으로 자게 되면 절대적인 시간의 부족으로 학습에 악영향이 있겠지만 부족하지 않은 정도의 수면은 성적을 막론하고 반드시 필요하다.

'충분한 수면'과 더불어 하나 더 강조하고 싶은 것은 일주일에 한 번은 쉬어주는 게 좋다는 점이다.

뇌는 컴퓨터의 CPU라고 보면 된다. 컴퓨터는 성능이 아무리 좋아도 소화 가능한 수준 이상의 작업을 하게 되면 급속도로 느려지고 렉에 걸린다. 심지어 이런 상황에는 아주 간단한 메모장을 켜는 것도 버벅댄다. 이럴 때 가장 좋은 건 컴퓨터 부품을 바꾸는 게 아니라 우선은 재부팅을 해보는 거다. 재부팅하면 기존에 재생하던 프로그램이 싹 종료되면서 빨라지는 경우가 다반사다. 인간에게 수면은 컴퓨터의 재부팅과 같은 역할을 한다. 수면은 학습뿐만 아니라 인간의 모든 두뇌 활동에 지대한 영향을 준다. 그러니 우리 뇌에도 재부팅 시간을 주자는 것이다.

또 다른 예시를 들자면 신발에는 '토 룸(Toe Room)'이라는 공간이 있다. 토 룸이란 발가락이 움직일 수 있는 신발의 앞쪽 빈 공간을 의미하는데, 있어도 되고 없어도 되는 공간이 아니라 반드시 존재해야 하는 필수 공간이다. 아이러니하지만 신발은 딱 맞으면 오히려 불편하다. 얼핏 보기에는 발 사이즈에 딱 맞는 것 같아 보여도 너무 딱 맞으면 불편하고, 불편을 넘어서 발이 아프기까지 하다. 그래서 신발을 만들 때는 토 룸을 반드시 포함하여 설계한다. 이처럼 인간에게도 적절히 쉴 수 있는 온전히 비어 있는 공간, 즉 토 룸이 필요하다. 우리는 그 토 룸을 '충분한 수면 시간'과 '주말 하루 휴식'으로 정하자.

사실 최상위권은 잠을 최대한 줄여야 하고, 단 하루도 공부를 온전히 놓는 날이 없어야 한다는 의견들이 지배적이고 그 말이 틀렸다고 할 수는 없지만, 나 같은 경우 재수할 때 두 달에 한 번은 모든 걸 다 놓고 완전히 쉬었다. 그리고 국어 과목은 거의 틀려 본 적이 없는데도 졸리거나 컨디션이 안 좋으면 어느 시점부터는 문제가 풀리기는커녕 글 읽기도 되지 않았다. 그래서 지금은 특별한 일정이 없는 한 아무리 바쁘더라도 주말 중 하루는 완전히 쉬고 졸리면 다 놓고 잔다.(물론 졸리기 전에 끝내는 걸로 계획을 한다.) 이것은 경험상 내 실력의 100%를 발휘하기 위해 정한 나의 룰이다.

하지만 여기서 주의할 점은, 노는 것과 쉬는 것은 명백히 다르다는 점이다. 노는 것은 앞서 말했듯 머리를 쓰면서 해야 하는 행위이기 때문에 에너지를 소모할 수밖에 없다. 하지만 쉬는 것은 온전히 에너지 충전을 위한 휴식의 개념이니 완전히 다르다. 머리 식힌다면서 게임하는 친구들이 아주 많은데, 그건 휴식이 아니라 놀이이며, 놀이를 하면 머리가 식지 않는다. 그러니 쉴 땐 온전하게 휴식해라. 주말 하루 동안 밀린 잠을 몰아 자든 목욕을 하든 삼림욕을 하든 휴식을 통해 머리를 재부팅할 시간을 줘라.

요약

☑ 1. 잠은 충분히 자라.
☑ 2. 주말 하루는 쉬어라.
☑ 3. 쉬는 것과 노는 것은 다르다.

최대한 게을러라

안녕하세요, 선생님.

저는 진짜 열심히 공부하고 있습니다.

근데 공부 시간은 긴데도

성적이 좀처럼 오르질 않습니다.

이유가 뭘까요?

오픈 채팅에서 상담하고 있노라면 한 달에 한 번 꼴로 연예인이 되고 싶다며 진로 상담을 요청하는 학생들이 꼭 있다. 이런 질문을 받으면 나는, 객관적으로 춤과 노래를 잘하는지 아니면 그냥 좋아하는지, 정말 재능이 있는지, 대중에게 주목받을 만한 외모를 가졌거나 가질 수 있는지를 물어본다. 지금까지 한 열 명 정도 상담해 본 바로는 모든 학생이 "되돌아보니 잘하는 게 아니라 그냥 좋아하는 것 같아요."라며 재능은 없는 것 같고 주목받을 외모도 아니라고 했다. 그러면서 꼭 "노력하면 되지 않을까요?"라고 덧붙였는데, 어떻게 노력할 거냐고 물어보면 열심히 하겠다고만 했다. 여기에 열심히 뭘 할 거냐는 질문을 던지면 십중팔구는 말문이 막혀서 채팅을 끊고 나갔다.

사실상 상담은 할 필요도 없었다. 아이돌 스타 정도의 난이도라면 열심히만 한다고 될 수 있는 게 아닌데, 심지어 이 정도도 스스로 생각해보지 않았다는 것은 필연적으로 열심히 하지 않았다는 뜻이니 결과는 이미 나와 있었던 셈이다. 이런 학생들을 보면 너무 안타까워서 '노력'과 '열심히'라는 단어를 지워 버리고 싶다.

'열심히'는 잊어야 한다. 그 어떤 것이든 도달하고자 하는 위치가 높다면 '열심히'는 기본이다. 범인(凡人)은 감히 넘볼 수 없는 곳을 겨우 기본만 해서 획득하려 하는 것 자체가 얼마나 무례한 일인지를 돌이켜봐야 한다. 다만 기억할 점은 노력의 종류가 다르다는 사실이다. '무작정 열심히'는 아무런 의미가 없고 오히려 길을 막기까지 한다.

사실 노력은 통념과는 다르게 상대적이며 절대적이지 않다. 가고자 하는 방향에 따라 양과 질이 다르다. 단적인 예로, 이름조차 모르는 수많은 명목상 연예인들이 얼마나 많은 노력을 기울였을지 생각해 본 적 있는가? 열심히 노력해서 대기업에 가도 인기 BJ나 유튜버보다 수입이 적은 현실은 부당한가? 맛없는 음식점 사장이 하루 20시간씩 일하면서 "열심히 하는데 왜 장사가 잘 안 되지?"라고 불만을 늘어놓는 건 이해되는가?

이들은 모두 무엇을 위해 노력해야 하는지 몰랐다. 또는 본인이 무엇을 원하는지를 몰랐을 수도 있다. 그렇기 때문에 본인이 원하는 것과 그를 위해 투자해야 하는 노력의 본질을 놓쳤고, 그 결과로 인정하기 싫은 현실이 눈앞에 펼쳐졌다.

돈을 벌고 싶으면 돈을 벌기 위한 노력을 해야 하며, 맛없는 음식 때문에 장사가 안 된다면 노동 시간을 늘릴 게 아니라 맛을 개선해야 장사가 잘된다. 이와는 달리 판검사나 의사가 되어 명예로운 삶을 살고 싶다면 보편적으로 노력이라 불리는 공부와 관련된 노력을 정말 엄청나게 쏟아부어야 한다. 이처럼 노력의 깊이와 방향을 정할 땐 본질에 대한 고민이 반드시 들어가야 한다.

노력은 방향과 깊이 모두 중요하며, 사람마다 다른 의미를 가지고 아웃풋도 다르다. 양질의 노력이란 이런 의미이다. 이렇듯 양질의 노력을 제대로 이해하고 효과적으로 투자하기 위해서는 가장 먼저 내가 어떤 목표를 갖고 있는지 스스로 깨달아야 한다. 그게 돈인가, 명예인가? 돈이라면 장기적이고 안정적인 수익인가, 단기적이고 폭발적인 수익인가? 똑같은 '돈'의 카테고리에 포함되지만 모두 결이 다르고 투자해야 하는 노력의 양과 질이 다르다. 그런 다음 구체적인 목표를 설정한다면 이제야 출발선에 바로 서게 된 것이다.

그러므로 구체적인 목표가 무엇인지를 결정한 후, 어떻게 하면 더 뛰어날 수 있을지, 지금 가진 문제를 개선할 수 있을지를 고민한 다음 출발해야 그 목표에 도달할 수 있는 노력의 의의를 이해할 수 있고 투자의 방향이 잡히는 것이다.

사실 인간은 태생적으로 멀티태스킹이 어렵도록 시스템화되어 있다. 일할 땐 반드시 집중력이나 몰입력이 필요하므로 하나에 집중하면 다른 것들은 당연히 능률이 떨어진다. 이와 비슷한 맥락으로 몸이 바쁘면 당연히 머리를 덜 쓰게 되고, 머리를 덜 쓰면 생각을 덜 하게 된다. 만약에 그 생각의 부족함이 지금 달리고 있는 방향에 작용하여 잘 달리고 있면 방향을 틀어 버린다면, 바로 옳은 방향으로 고쳐야 함에도 눈치채지 못할 가능성이 높아진다. 그러면 틀린 방향으로 계속해서 더 나아가게 된다는 것이다.

따라서 나의 목표를 이해하고 구체적인 목표를 설정하기 위해서는 몸을 조금은 게으르게 움직여야 한다는 말이다. 몸이 좀 한가해야 현재를 돌아보며 행동의 이유를 한 번은 더 생각하게 되고 오류를 찾아내는 등 방향을 교정할 수 있으며 더 나은 방향을 찾아내어 효율을 올릴 수 있다. 그러니까 생각 없이 부지런하기만 한 것은 옳지 않다.

즉 노력은 '열심히'가 아니라 오직 '잘하기 위해서' 해야 한다. 잘하려고 노력하지 않으면 무엇을 위해 가는지, 어디로 가는지, 왜 가는지조차 모르는 노력을 습관처럼 하게 된다. 이 습관은 결코 좋은 습관이 아니다. 본인 딴에는 '그래도 노력하고 있다.'라고 합리화하게 되고 결국 '잘하겠다.'라는 생각을 지워 버린다. 성장의 재료가 사라지는 셈이다.

부지런함은 전통적으로 대단히 훌륭한 덕목이지만 눈을 가리는 치명적인 단점으로 작용하는 경우가 상당히 많다. "일찍 일어나는 새가 먹이를 먼저 잡는다."라는 속담이 있지만 무턱대고 겨울에 일찍 일어난 새는 먹이를 잡기는커녕 먼저 얼어 죽을 뿐이다. 즉, 이유 없이는 굳이 부지런할 필요가 없다는 것이다.

막연히 부지런한 공부는 대부분이 노동이다. 비약하자면 공부는 하는데 성적이 안 오른다면 무조건 노동이고 의미 없는 노력이다. 위 논리대로라면 차라리 게을렀다면 이게 공부인지 노동인지 고민할 기회라도 얻었을 텐데 마냥 부지런한 바람에 그 기회마저 박탈당했다. 안타까운 일이 아닐 수 없다. 부지런해서 망했다니!

유능한 CEO는 밤낮없이 일할 것으로 생각하는 사람이 많겠지만 더 크게 성공한 사람일수록 '오래', '열심히'보다 '잘'하는 데 집중한다. 잘하려면 많이 해야 하는 것 아닌가 생각할 수 있겠지만, 사실 잘하는 것은 시간과는 크게 관계가 없다. 그건 어디에 집중하는지를 선택하는 '관점'의 영역이다. 잘하면서 거기에 시간을 많이 투자하면 상황이 좋아지는 것일 뿐 둘의 상관관계는 거의 없다고 봐도 무방하다. 그러므로 오랜 시간 그저 그런 수준으로 하는 것보다는 잠깐 잘하는 게 훨씬 낫다.

이렇게나 길게 울분을 토해내는 이유는 부끄럽지만 나 역시 한 번 창업에 실패한 적이 있기 때문이다. 2016년 창업을 시작했고, 2017년경 『꼴찌도 통하는 공부법』을 쓸 때는 수많은 기사에도 오르내리며 성공가도를 달리는 듯했다. 그때 부지런함 하나만큼은 누구에게도 밀리지 않는다고 생각하면서 밤낮없이 일했고, 주말에는 꼭 쉬어야 한다는 성공한 CEO들의 충고를 무시했다. 사무실에서 일하다 밤새는 날이 많았고 업무량은 정말 상상을 초월했다. 그리고 그런 내 자신을 스스로 대견해했다.

하지만 오랜 기간 꾸준히 너무 부지런하려고만 하다 보니 정작 방향을 놓쳤다. 시간이 흐를수록 내 일은 목적을 모르는 잡일이 되어 갔고, 하루 20시간씩 일을 해도 성과가 없었다. 지금 돌아보면 그때 했던 일은 사실 안 해도 됐던 일이었고, 그때의 나는 그 일을 놓고 다른 일을 해야 했다. 목적을 모르는 잡일을 할 시간에 어떤 다른 일을 해야 하는지 생각해야 했다. 조금만 더 생각했더라면 나에게 빚더미를 안긴 그 선택을 하지 않았을 텐데 말이다. 결국 그때의 나를 돌아보면 앞만 보고 달리다가 절벽에서 떨어진 꼴일 뿐이다. 그렇게 나는 크게 한 번 실패했고, 실패를 경험한 지금의 나는 같은 실패를 반복하지 않으려고 항상 시작 전 생각을 더 깊게 하고 충분히 휴식한다.

빌 게이츠는 어려운 일일수록 게으른 사람에게 맡긴다고 한다. 게을러서 일을 쉽게 처리하는 방법을 찾아낸다는 점을 알기 때문이다. 빌 게이츠가 게으름을 일의 효율을 올리기 위한 수단으로 사용했다면 우리는 공부가 노동이 되는 걸 막는 수단으로 사용하자. 그러니 똑똑하게, 짧게, 몰입해라.

그러면 어떻게 하는 것이 게으르고 똑똑하게 하는 걸까?

생각을 해야 한다. 문제의 원인을 찾아야 한다. 그리고 상황을 해결할 방법을 모색해야 한다.

이를테면, 국어 문제가 풀리지 않는다면 글을 읽지 못해서 풀리지 않는 것인지, 지문에 모르는 어휘가 있어서 풀리지 않는 것인지 명확한 원인을 찾은 후 해결 방법을 고민하라는 의미이다. 또, 수학 미적분 문제가 풀리지 않는다면 미적분 자체 개념을 몰라서 그런 것인지, 함수의 정의를 몰라서 그런 것인지, 수학의 문제가 아니라 글이 읽히지 않아서 그런 것인지부터 알아야 한다.

이처럼 문제의 원인은 의외로 생각지 못한 곳에 있을 수도 있기에 우리는 근본적인 문제의 원인을 찾아야 하며, 내가 지금 무엇을 해야 하는지, 나의 문제가 무엇인지 그것을 파악해서 교정하는 것에 집중해야 한다.

이렇게 하는 공부는 무작정 부지런히 공부하는 것보다 더 많은 에너지를 요한다. 생각을 훨씬 더 많이 해야 하기 때문에 머리를 써 본 적이 없다면 조금 힘들고 귀찮지만 극강의 효과는 보장한다. 그렇지만 조금 힘들 각오를 해야 한다. 부지런히 하지 말고 똑똑하게 하라는 것은 이런 의미이다.

요약

☑ 1. 무조건 오래 버티려 하지 마라.
☑ 2. 조금 더 생각하고 현명하게 선택하고 행동으로 옮겨라.
☑ 3. 게으르고 똑똑하게 하라.
☑ 4. 짧은 시간 동안 잘하려고 노력하라.

욕심을 버려라

재수생입니다.
지금까진 안 했지만 이제 제대로 하겠습니다.
이번엔 반드시 원하는 결과를 얻고 말겠습니다.
잠을 최대한 줄이고 공부만 하겠습니다.
뭐부터 하면 될지 알려 주세요.

하루에 얼마나 공부하는 게 좋을까요?
저는 국어 4시간, 수학 3시간, 영어 3시간으로
계획을 잡았습니다.

불타는 눈빛으로 이런 질문을 던져오는 학생들이 있다. 분명 이때는
소도 때려잡을 기세로 공부를 박살 내겠다는 의지가 보인다. 하지만 아

이러니하게도 이런 학생들은 거의 대부분 작심삼일이다. 이런 친구들은 관점을 조금만 바꾸면 정말 엄청난 결과를 받아볼 수 있을 텐데 너무 아쉽다. 본인 스스로를 알아야 하는데……. 하여튼 아직은 때가 아니다.

과한 계획은 욕심에서 비롯한 것이기 때문에 지킬 수 없고, 곧 작심삼일의 시작이다. 게다가 왜 분량과 시간에 목을 매는가? 제대로 소화할 수 있는가? '제대로'가 무엇인지 모르는 수준 이하에서는 얼마나 했느냐는 전혀 중요하지 않다. 분량은 최소치만 소화하더라도 그 시간이 진짜 가치 있는 시간이면 된다. 중요한 건 '무엇을', '어떻게' 했는가이다. 단순히 '얼마나' 했는가는 사실 성과에 큰 영향이 없는 반면, 분량이 적더라도 공부한 부분에서는 모르는 게 없다면 정말 엄청난 성과가 나온다. 다만 이를 위해서는 상당한 에너지와 집중력이 필요하다. 이미 앞에서 수차례 이야기했으니 이 말이 무슨 뜻인지는 이제 이해하리라 생각한다.

교육학자 잭 메지로(Jack Mezirow)는 '준거 틀'이라는 개념으로 작심삼일을 설명한다. 그는 "준거 틀은 우리의 의도, 신념, 기대 및 목적 등에 개입함으로써 우리의 지각, 인지 및 감정을 선택적으로 형성하거나 제한한다."라며, "하나의 준거 틀은 사고 습관과 그 결과로 생기는 시각의 두 가지 차원으로 구성된다."라고 했다.

준거 틀은 쉽게 말하면 생각하는 습관이다. 습관은 행동 반복의 결과이기 때문에 겉으로 드러나는 행동의 반복이 습관이라면, 생각과 마음에도 습관이 있다는 것이다. 어떤 것을 판단할 때의 기준은 우리의 사고 체계뿐만 아니라 감정과 심리에도 큰 영향을 받는다는 것이다. 즉, 잭 메지로는 준거 틀의 개념을 통해 "작심삼일은 행동뿐만 아니라 생각과 마음의 원인도 있다."라고 말하고 있으며, 이는 "행동, 생각, 감정, 습관이 모두 생기기 전에는 작심삼일 하게 된다."라고 축약할 수 있다. 이에 따라 우리는 이 세 가지를 '생각 습관'과 '행동 습관'으로 만들고 '마인드 컨트롤'로 해결하는 방법을 통하여 작심삼일을 그만둘 방법을 찾을 수 있다.

지금까지 이야기했던 '놀아라, 쉬어라, 게을러라'라는 이야기는 적어도 할 때는 정확히 집중해서 하라는 이야기다. 짧은 시간이라도 좋으니 책상 앞에 앉아서 딴생각하지 말라는 의미이며, 긴 시간 동안 몰입되지 않는다면 '15분 공부+5분 휴식'으로 여러 번 나누는 한이 있더라도 할 때는 에너지를 쏟아서 진짜 공부를 해야 한다는 말이다. 그러나 결코 한 번에 '많이' 하지 마라. 욕심을 내고 지금의 역량보다 더 멀리 내다보면 준비되지 않은 상황에서는 어려워 보이기 때문에 작심삼일 하게 된다. 즉, 작심삼일 하는 대부분의 경우는 욕심 때문이라는 것이다.

사실 아무리 뛰어난 의지가 있어도 한 방에 몇 스텝을 건너뛰는 것은 불가능하다. 지금까지는 하지도 않았는데 어떻게 '제대로' 할 수 있겠는가? "무식하면 용감하다."라거나 "하룻강아지 범 무서운 줄 모른다."라는 말이 여기서 적용되는데, 원래 해본 적 없으면 쉬워 보이고 할 만한 것처럼 보인다. 하지만 막상 해보면 쉽지 않고, 생각대로 안 되니 얼마 지나지 않아 지치게 된다. 무엇이든 똑같다. 프로가 하는 걸 보면 별로 어렵지 않아 보이지만 해보면 잘 안 된다. 가수들은 노래를 정말 편하게 부르는 것처럼 보인다. 하지만 우리가 그렇게 할 수 있겠는가?

그러니 한 번에 해결할 수 없다는 걸 인정해야 하며 최대한 천천히 나아가야 한다. 시간이 조금 더 걸려도 제대로 하기만 하면 된다. 우리의 목표는 장기적 상승이지 당장 눈앞의 결과를 눈속임하듯 뻥튀기하는 게 아니다. 기름칠이 되어 있지 않은 기계를 시작부터 심하게 돌리면 반드시 고장이 난다.

여기서 주목해야 하는 것은 결국 오래 해야 한다는 것인데, 계획이 길어지면 막막해지고, 막막하면 제아무리 불타는 의지라도 식게 마련이다. 해결 방법으로 다음을 제안한다.

첫째, 매일 최소 분량, 최소 시간 계획을 세운다.

둘째, 초집중해서 수행한다.

셋째, 무슨 일이 있어도 완수한다.

넷째, 자기 전에 성과를 체크하고 다음 날을 다시 계획한다.

이걸 반복하면 된다. 이미 앞에서 맘껏 놀고 푹 쉬고 게으르고 똑똑하게 공부하면서 '무엇을' 해야 할지는 알았을 테니 당장 눈앞에 놓인 당면 과제만 생각하고 집중해서 해결하라. '어떻게'는 뒤에서 다시 설명할 테니 끝까지 따라오라.

집중해서 하는 공부가 익숙해지기 전까지는 최대한 천천히, 꾸준히 하면서 제대로 하는 습관부터 만드는 게 순서다. 단순히 계산해도 하루 한 시간씩 한다고 치고 한 달을 꾸준히 하면 하루 열 시간씩 3일 공부한 것과 같은데, 잘 집중했다면 성과는 그보다 더욱 훌륭할 것이다. 이 습관이 몸에 배고 나면 그때부터는 조금씩 욕심을 부려도 괜찮다. 어느 시점부터는 '분량이 적다.'라는 생각이 들 것이고, '늘려야겠다.'라는 생각이 들 것이다. 그럼 그때부터 조금씩 늘려가면 된다. 3시간, 4시간……. 조금씩 시간과 분량을 늘려라. 그러다 보면 무엇을 얼마나 더 늘려야 할지는 천천히 감이 올 것이며, 언젠가는 최상위권이 도달해야 하는 영역인

'15시간 공부'를 소화할 수 있게 될 것이다. 그 전까지는 '최소 시간', '최소 분량', '초집중' 이 세 가지가 핵심이다.

하지만 처음부터 불타오르는 눈으로 모든 것을 한 방에 태워 버리려고 하다간 몇 발자국 못 간다는 점, 반드시 기억하길 바란다.

요약

☑ 1. 욕심을 버리고 눈앞만 생각하라. 멀리 보지 마라.

☑ 2. 최소 분량, 최소 시간을 계획하라.

☑ 3. 방법과 내용이 더 중요하다.

☑ 4. 할 땐 초집중하라. 끊어서 해도 괜찮다.

☑ 5. 계획은 반드시 지켜라.

☑ 6. 하다 보면 15시간 공부도 가능하다. 하지만 아직은 아니다.

이제 실패하지 마라

앞에서 실패해도 된다고 해놓고는 이제 와선 갑자기 말을 바꾸느냐고 반문할 수 있겠지만 여기서 말하는 실패는 의미가 조금 다르다.

코로나가 창궐할 거라곤 생각도 못했던 2019년, 대한민국이 2019년 동아시아컵에서 무패, 무실점으로 최종 우승을 차지했다. 사실 내게는 이 벅찬 결과보다도 마이크를 잡고 있던 박문성 해설위원이 전해준 이야기가 더 많은 의미를 던져 주었다.

이 책을 보는 학생들은 2002년도에는 아직 태어나지도 않은 친구들이 대부분이겠지만, 2002년 월드컵 4강 신화를 체감한 학부모님이라면 자연스레 어퍼컷 세리머니의 거스 히딩크 감독이 떠오를 것이다. 16강조차 진출한 적 없는 축구 변방 국가를 단숨에 4강에 올려놓은 괴물 감독. 베트남에 박항서 감독이, 맨유에 퍼거슨 감독이 있었다면 그때 우리나라에는 히딩크 감독이 있었다.

히딩크 감독이 임기를 마치고 떠날 때, 당시 코치를 맡았던 박항서 감독이 히딩크 감독에게 물었다.

"감독님, 앞으로 제가 대표팀을 이끌 텐데 제게 딱 한마디만 해주실 수 있겠습니까?"

그러자 히딩크 감독은 이렇게 대답했다고 한다.

"단 한 경기도 지지 마라."

작은 경기라고 얕보고 한 경기씩 지다 보면 여론이 등을 돌리고 선수들이 등을 돌려 결국엔 손발이 다 잘려 나가서 힘을 쓸 수 없게 된다면서. 단 한 번의 패배라도 쓰리지 않은 패배가 없다는 것이다. 당연히 모든 승리는 값지므로 항상 승리하기 위해, 패배하지 않기 위해 최선을 다하라는 것이다.

하지만 인간은 아무리 실력이 좋아도 부족할 때가 있고, 아무리 철저히 준비해도 실수한다. 따라서 항상 승리하는 것은 능력 밖이다. 그러니 히딩크 감독의 말씀은 승리나 패배에 대한 결과를 가벼이 여기지 말라는 의미에 가깝다.

모든 결과에는 과정이 있고, 그렇게 만들어진 수많은 결과가 모여서 그다음 결과를 위한 하나의 거대한 과정이 된다. 그러니 지금의 패배에 좌절할 필요도, 승리에 심취할 필요도 없다. 하지만 적어도 습관적 패배는 멀리해야 한다. 우리는 이기는 습관을 만들기 위해 하루하루를 이겨 나가야 한다.

지금까지는 실수, 실패, 노동을 반복해 왔겠지만, 앞에서 놀기, 쉬기, 욕심 부리지 않기, 짧은 시간 집중하기가 무엇인지, 왜 필요한지 등을 명확히 알았고 잘못된 생각을 고쳤으니 이것들을 평소 생활에 잘 녹여내는 것만 남았다. 그러면 두 번 다시 의미 없는 노동을 하지 않을 수 있고 당연히 실패하지 않을 것이다. 이 책을 빼 든 이 순간 이후로는 단 한 판도 지지 않기로 다짐하고 시작하자. 준비됐다면 이제 진짜 시작이다.

지금부터는 단 한 번도 패배하지 마라!

2장

개념 공부
절대 비법

개념 공부 절대 비법 9계명

1. 개념을 제대로 이해하라
2. 논리 구조를 만들어라
3. 읽기 능력을 갖추어라
4. 목차와 대화하라
5. 원리를 찾아라
6. 정의와 대화하라
7. 활용 예시를 곁들여라
8. 목차를 기반으로 정리하라
9. 스스로 질문하라

개념 공부가 대체 뭔가요?

[
선생님, 저는 머리가 안 좋습니다.
개념 공부를 분명히 다 했는데
문제에 적용하질 못합니다.
]

세상 모든 '앎'의 내용은 데이터, 정보, 지식, 통찰, 지혜라는 큰 카테고리로 나눌 수 있고, 그중 학습에 사용되는 '개념'은 '지식'에 속한다고 볼 수 있다. 그럼 대체 지식이 뭐고, 어떻게 해야 지식을 얻을 수 있는지 단계별로 알아보자.

우선, 데이터란 그 어떤 것도 정확히 뭐라고 설명할 수 없는, 산발적으로 흩어진, 단순히 '어디서 들어본 적 있다.'라는 정도로 인식하고 있는 내용이라고 말할 수 있다. 알고 있는 내용이라도 정확히 '이것이다.'라고 설명할 수 없다면 모두 데이터에 해당하는 셈이다.

그리고 '정보'란 이제 막 인식의 단계를 넘어 명확히 'A는 B다.'라고 명명할 수 있게 된 데이터를 의미한다. '근의 공식은 이차방정식의 근을 구하는 공식이야.'라고 정의하는 것을 예로 들 수 있고, 보편적으로 우리가 공식이라며 외우는 대부분의 것들이 여기에 해당한다. 하지만 정보는 그 정보 자체만 아는 것이기 때문에 다른 정보들과 상호 연결이 안 되므로 문제에 적용하는 건 불가능하다.

단적인 예로, 공식은 분명히 100% 암기했고 사용법 또한 충분히 외웠지만, 정작 문제를 풀어보면 적용이 되지 않는 경험을 들 수 있다. 이렇듯 지식이 되기 전 단계의 정보들은 적용 및 활용이 쉽지 않다. 즉, 정보 단계에서는 명확히 안다고 할 수 없다. 그런데 이 단계에서 안다고, 개념 공부를 다 했다고 착각하는 학생들이 아주 많다. 그러나 절대 이것이 끝이 아니다. 어떤 공부를 하더라도 데이터를 지식까지 만들어 내는 건 공부의 핵심이자 기본이다. 기본은 쉬워서 기본이 아니라 중요해서 기본이라는 것을 기억해야 한다.

조금 더 학습하며 나아가다 보면, 앞서 인지한 정보들이 점점 더 늘어나고 정보들을 통·취합하게 되면서 이것들이 서로 어떻게 연결되는지, 어떤 관계를 갖고 있는지 등의 원리들을 알 수 있게 되는데, 이 단계가 바로 지식이다. 이 단계에 접어들면 A가 B인 원리나 상호 작용하는 활용법 등을 비로소 설명할 수 있게 되며, 이 단계에 도달해야 몰라서 틀리는 문제들이 없어진다. 마침내 개념 공부가 되는 것이다. 예를 들면, 이차방정식과 함수에서 근의 공식, 근과 계수의 관계, 완전제곱식 등을 자유롭게 구사하려면 앞서 나열한 것들의 작용 원리를 이해해야 하는 것이다.

개념 공부란 여기까지 이르는 모든 과정을 의미한다. 여기까지 완전히 끝내야 비로소 확실히 개념 공부를 했다고 말할 수 있다. 즉, 개념 공부란 산발적으로 흩어진 데이터를 모아서 이름을 붙여 정보로 만드는 과정과 그렇게 습득한 정보를 서로 연결하여 유기적인 관계를 만드는 과정 전체를 의미한다.

그런 의미에서 '개념 공부를 헛으로 한다.'라는 말의 진짜 의미는 지식이 되기 전의 데이터나 정보는 아무리 많이 갖고 있어도 전혀 활용할 수 없다는 것이다. 이는 다음과 같은 결과를 초래한다.

첫째, 공식이라며 아무리 달달 외워도 그 공식이 사용되는 메커니즘과 원리를 몰라 무용지물이 된다.

둘째, 비슷한 문제 유형인데도 다른 공식이 쓰이는 이유를 모른다.

셋째, 다른 문제 유형에서 같은 공식이 쓰이는 이유를 모른다.

넷째, 아는 문제지만 조금만 틀어진 문제를 만나면 활용이 불가능하다.

이렇듯 지식에 이르기 전 단계에서는 결과적으로 몰라서 못 푸는 문제가 태반일 수밖에 없다. 상황이 이런데도 많은 하위권 학생들은 이제 고작 데이터를 정보로 만들어놓고(다 한 것도 아니다. 아직 데이터로 존재하는 내용도 상당히 많다.) "개념 공부는 다 했는데 활용이 안 돼요."라고 말한다. 그렇게 해서는 안 풀리는 게 당연하다.

아직 다소 뜬구름 잡는 소리처럼 들릴 수 있는데, 조금 더 이해하기 쉽게 말하면, 개념이란 정의, 원리, 공식, 예시를 모두 합친 것을 의미한다.

이 중 단 하나라도 정확하게 이해하지 못한다면 '개념 이해가 안 된다.' 라고 느껴지게 되므로 네 가지 모두 중요하게 생각하고, 시간이 걸리더라도 반드시 이해해야 한다.

요약

☑ 1. 데이터: A는 들어본 것 같은데.

☑ 2. 정보: A는 B다.

☑ 3. 지식: A는 B이고 그 원리는 C다. D인 경우에 사용된다.

☑ 4. 공부해도 활용이 되지 않는 건 아직 지식이 되지 않아서다.

☑ 5. 개념 = 정의 + 원리 + 공식 + 예시

논리 구조부터 만들자

이런 질문을 한다면 겉으로 보기에는 단순히 국어 문제를 못 푼 것처럼 보이지만 논리력에 문제가 있을 가능성이 높다. 논리란, 어떤 주장에 대한 '설득의 근거'이며 추리는 '이미 아는 것을 바탕으로 다른 것을 미루어 짐작하는 것'이다. 쉽게 말하면 논리력은 현상을 이해하는 능력이고, 추리력은 논리를 바탕으로 그다음을 생각하는 능력이다.

좀 더 쉽게 예를 들면, 논리는 "저는 정사각형은 평행사변형이라고 생각합니다. 왜냐하면 모든 직사각형은 평행사변형이고, 또 모든 정사각형은 직사각형이기 때문입니다."처럼 반박할 수 없는 근거를 정확히 제시하는 것이고, 추리는 아르키메데스(Archimedes)가 목욕탕에 들어가 보고 부피의 개념을 이해하여 '무게가 같아도 부피가 다를 수 있구나. 그렇다면 왕관도 그렇지 않을까?'라고 생각하여 왕관이 순금 비율을 알아낸 과정이라고 볼 수 있다.

지문에 나와 있지 않아도 충분한 근거로 추리가 가능하다면 정답이 될 수 있기에 위와 같은 질문을 한 학생은 논리가 부족해서 추리가 안 됐을 가능성이 높다.

이렇듯 논리력과 추리력이 좋으면 전체를 알지 못해도 일부를 보고 전체 또는 그에 따른 내용을 적절히 만들어 낼 수 있다. 즉, 논리력은 추리력의 기본이 되고, 논리력과 추리력은 공부의 기본이 된다. 이 두 가지는 올바른 판단을 하거나 지식, 지혜를 습득하기 위해 꼭 필요하며, 공부뿐만 아니라 일상생활에서도 아주 중요하기 때문에 여러분이 공부하지 않더라도 꼭 습득해 놓는 게 좋다.(물론 논리력과 추리력이 좋으면 공부를 잘할 확률이 올라간다.)

좋은 논리 구조를 갖추기 위해서는 오류를 범하지 않으면 되는데, 대표적으로 많이 발생하는 논리적 오류를 살펴보고 오류를 범하지 않도록 주의하자.

1. 성급한 일반화의 오류

부족한 사례를 근거로 섣불리 일반화하고 판단하는 오류이다. (가장 대표적이면서도 사라지지 않는 오류)

"A가 좋은 대학 갔는데 진짜 머리 좋아. B도 좋은 대학 나왔으니 B도 머리 좋겠네."

2. 순환 논법(선결문제의 오류)

어떤 주장을 할 때 그 주장의 근거로 주장을 다시 사용하는 오류이다.
(말싸움에서 우기는 식으로 사용된다.)

"넌 바보야. 왜냐고? 넌 바보니까."

3. 논점 일탈의 오류

어떤 결론을 낼 때 논리 전개를 심하게 건너뛰거나 관계없는 근거를
드는 오류이다. (얼핏 보면 맞는 것 같아서 많은 학생이 범한다. 말에는 하나의 논점
이 있어야 한다.)

"교사를 평가하는 방식은 형식에 불과하다. 어떤 교사가 무능하다는
사실이 드러나더라도 그 교사를 해고할 방법이 없다."

위 두 문장은 얼핏 연결되는 것처럼 보이지만 목적이 서로 달라서 연
결되지 않는다.

4. 건전하지 못한 흑백 논리(흑백 사고의 오류)

기준이 모호하거나 터무니없는데도 상황을 단 두 가지로 나누려는 관
점이다. (다만, 흑백 논리 자체가 틀린 건 아니다.)

"너 왜 내 편 안 들어? 그러면 우린 적이네?"

5. 사람에 호소하는 오류

발화자의 말이 아닌 발화자 자체를 평가의 논거로 두는 오류이다.

"그 사람이 한 말이면 무조건 거짓말일 거야."

6. 인신공격의 오류

발화자의 말이 아닌 발화자 자체를 비하하는 오류

"범죄자가 할 말은 아니지 않나?"

7. 매듭 자르기의 오류

문제 상황을 해결하는 것이 아닌 논점의 화두 자체를 없애 버리려는 논리적 오류

"싫어? 싫으면 나가."

8. 발생적 오류

어떤 평가 사이에 일어난 변화를 무시하고 이전의 맥락(말, 행동, 특성 등)으로만 평가하는 오류

"너 예전엔 A 싫다며? 근데 지금은 좋다고 하네. 뭐가 진짜야?"

9. 원천 봉쇄의 오류

어떤 주장에 대한 반론이 일어날 수 있는 유일한 원천지를 비판하여 반박 자체를 막아 버리는 오류

"부정 선거를 의심하는 사람은 민주주의를 파괴하는 사람이다."

10. 새로움에 호소하는 오류

다른 논거 없이 '새로워서 타당하고 낡아서 부당하다'거나 그 반대인
오류

"아직 그런 방법을 쓴다고?"

11. 전통에 호소하는 오류

다른 논거 없이 전통, 풍습 등에 의거하여 타당하거나 부당하다고 하
는 오류

"예로부터 암탉이 울면 집안이 망한다고 했는데 큰일이구나!"

12. 도박사의 오류

서로 영향을 끼치지 않는 확률적 사건들 사이에서 상관관계를 찾으려
는 오류(단, 조건부 확률이 아닐 때)

"난 한 번도 복권에 당첨된 적이 없어. 그러니 이번엔 될 확률이 더
높겠지."

이처럼 많은 논리적 오류가 있다. 올바른 논리 구조를 갖추기 위해 우리
는 일상생활을 하면서도 항상 생각, 말, 행동의 앞뒤가 맞는지, 위와 같은
오류를 범하진 않았는지 체크하는 습관을 들여야 한다. 그렇게 해서 올바
른 논리 구조가 만들어지면 추리 능력은 자연스레 향상될 것이다.

논리력을 기르기 위해서는 신문 사설 읽기와 독서와 비문학 교재를

추천하는데, 신문 사설을 읽고 생각을 전개하는 연습과 논리적 오류를 점검하는 과정을 꾸준히 연습하고 비문학 교재를 통해 내 생각의 문제점을 찾고 꾸준히 교정해 나간다면 논리력은 반드시 향상될 것이다. 사실, 앞에서 이야기한 '생각하면서 놀라'의 목적은 이러한 논리 구조를 조금 더 쉽게 만들기 위함이다. 논리 구조가 만들어지지 않으면 그 어떤 공부도 쉽지 않다. 앞에서 게임 오답 노트를 쓴 것도 논리 구조를 만드는 가장 쉬운 방법이기 때문이다.

요약

어떤 논리를 펼치거나 문제를 풀 때는 항상 아래 질문들을 스스로 던지도록 하자.

☑ 1. 근거가 있는가?

☑ 2. 근거에서 전개된 논리가 적절한가?(논리에 비약이나 오류가 없는가?)

☑ 3. 그 주장이 질문의 논지에 합당한가?(동문서답이 아닌가?)

읽기 능력을 갖추자

겉으로 보기엔 지향점이 완전히 다른 질문이지만 원인을 분석해 보면 동일하다. 국어와 관련된 질문을 하는 친구들은 보통 국어뿐만 아니라 다른 과목도 다 무너져 있다. 첫 번째 학생이 그나마 다행인 건 국어가 문제라는 걸 안다는 것인데, 이걸 알지 못하는 학생들은 두 번째 학생처럼 국어가 문제임에도 그걸 모르고 다른 곳에서 원인을 찾다가 결국 시간만 보내게 된다.

수학을 어려워하는 친구 중 상당수는 국어 기초가 부족하다. 예를 들어, '13/25과 7/10을 각각의 최소공배수를 분모로 하여 통분하라.'라는 문제는 수학적 성분만 보면 전혀 어렵지 않음에도 이해하지 못하는 친구들이 있는 것이다.(물론 언어가 들어가도 어려운 건 아니지만) 이 문제에는 언어적 성분이 많이 들어 있는데도 이 문제를 모르는 이유를 그저 '수학을 못해서.'라고 생각하는 경우가 꽤 있다. 하지만 이 문제를 풀어서 설명하면 이해할 수 있으니 수학을 못해서 못 푼다는 건 사실이 아니다. 이런 현상은 전 과목 모두에 해당하는데, 어떤 문제를 모르는 경우 원인이 그 과목이 아니라 국어 때문일 가능성이 있다는 사실을 간과하면 안 된다.

여기서 말하는 국어는 단지 국어 과목이 아니라 국어 전체를 포괄한다. 국어 과목 시험은 수단이 국어일 뿐 공감 능력, 인문 이해, 비언어적 이해 등 사회적으로 융화될 수 있는 능력치와 논리력을 함께 측정한다. 이러한 논리력과 언어능력을 합쳐서 '언어논리'라고 할 수 있다. 결국 언어논리란 '말의 앞뒤가 맞는지 판별하는 능력'인데, 아무리 못해도 최소한 글을 읽고 근거를 기준으로 논리를 펼치는 정도는 할 줄 알아야 한다. 언어 논리가 부족하면 앞에서 열거했던 대표적 논리적 오류 외, '사람의 70%가 물이니까 물의 30%는 사람 아냐?'처럼 '기적의 논리'를 펼치게 될 수 있다. 그래서 최소한의 읽기 능력은 갖추자는 말이다.

그러면 어떻게 하면 읽기 능력을 갖출 수 있을까? 다소 긴 문장을 여러 개 읽어 보면 어떻게 해야 할지 바로 답이 나온다. 영어 공부를 할 때, 문장이 짧을 때는 해석이 쉽지만 길어질수록 점점 해석이 어려워진다.

국어도 마찬가지다. 호흡이 긴 문장은 좀처럼 무슨 말인지 이해하기가 어렵다. 잘 읽히면 문제가 없지만 만약 잘 읽히지 않는다면 읽기 능력을 키워야 한다.

읽기 능력을 키우는 방법은 '의미 단위 끊기'다. 의미 단위는 하나의 문장을 최소한의 의미로 자를 수 있는 단위를 의미하는데, 보통의 지문에서는 주지 않는 '쉼표(,)'가 들어가는 부분으로 보면 쉽다.

예를 들면 다음과 같이 문절을 끊을 수 있다.

다시 말해 / a의 조성을 갖는 혼합물이 끓어 기화한 기체의 조성은 / b가 끓는점 곡선과 만나는 지점에서 x축과 수평으로 그어 / 위쪽 곡선과 만나는 지점인 c가 / 되는 것이다.

위와 같이 '/' 표시한 부분을 기준으로 의미 단위가 나누어진다. 문장이 길수록 여러 의미 단위들이 합쳐져 있다. 긴 문장들을 이 방식대로 끊어 읽는 연습을 하면 언어적 이해 능력은 향상될 수 있다. 만약 이해가 잘되지 않는다면 여러 문장으로 풀어보는 '고쳐쓰기' 연습을 하면 훨씬 이해도 쉽고 읽기 능력이 더 많이 향상될 수 있다.

요약

☑ 1. 논리를 갖췄다면 논리적으로 읽기 연습을 하라.
☑ 2. 긴 문장은 의미 단위로 끊어 읽어라.
☑ 3. 긴 문장이 이해가 안 된다면 짧은 문장 여러 개로 쪼개라.

목차와 대화하라

선생님 이거 이차함수 문제 아니에요?

왜 앞의 문제와 다른 공식을 쓰나요?

분명히 공부한 것 같은데 기억이 하나도 안 나요.

내가 오랜 기간 가르쳤던 지훈(가명)이라는 친구가 저런 질문을 해왔다. 아무리 잘 가르쳐도 밑 빠진 독에 물 붓는 느낌이었다. 나는 단지 그 이유를 '공부를 안 해서'라고 생각했다. 하루는 지훈이에게 진지하게 어떤 느낌인지를 물었더니 "들을 때는 알겠는데 지나고 나면 뭐 하는 건지 모르겠어요."라는 대답을 했다.

이 친구의 문제는 공부를 싫어해서 억지로 한 데에서 시작됐다. 그러니 '숙제하기'만 바빴고 생각할 겨를이 없었다. 그러니 '무엇을', '왜', '어떻게' 해야 하는지는 고려하지 않고 그저 혼나지 않기 위해 숙제만 했을 뿐이었다. 그래도 나는 이 친구의 말을 곱씹을 수밖에 없었다. 나 역시 똑같은 문제를 겪었지만 극복해 냈으니 명확한 문제와 해결 방법이 있을 것으로 생각했다. 고민 끝에 찾아낸 이 친구의 진짜 문제는 '풀어 줄 때는 그 부분에서의 원리를 알지만 그 문제에 왜 그 원리를 적용해야 하는지는 모른다.'였다.

그냥 숙제한 것의 가장 큰 문제점은 분명 시험공부를 한답시고 열심히 공부한 범위였는데도 그 범위의 목차 구조를 전혀 모르고 있었다는 것이다. 공부를 아무리 해도 그 정보를 넣을 틀이 짜여 있지 않으니 체계가 될 수 없었고, 지식이 될 수 없었다. 따라서 지식이 되지 못한 정보들이 전부 휘발될 수밖에 없었던 것이다.

사실 이 현상은 비단 이 친구만의 문제가 아니다. 대부분의 학생이 무엇을, 어떻게, 왜 하는지 모르는 상태에서 그냥 문제만 주야장천 풀면서 풀이 과정을 외우기 바쁘다. 이러면 문제를 아무리 많이 풀어도 그 어떤 내용을 아무리 잘 가르쳐 줘도 그게 무슨 의미인지, 어디에 쓰이는지 등의 '의미'를 파악하지 못하게 된다.

나는 이 상황의 원인을 '목차를 이해하지 못한 상태에서 한 공부'로 분석하며, 그 어떤 공부를 하더라도 가장 처음에는 '목차와 대화'하는 방식의 '목차 공부'를 먼저 할 것을 권한다. 목차 공부의 목적은 사범대나 교대에서 수업 시연을 하면 '수업 목표'가 무엇인지, 오늘은 무슨 내용을 할 것인지 수업 전에 미리 공표하고 시작하는 것과 맥락이 같다. 시범 수업에는 수업 목표, 활동 안내 과정이 포함되어 있는데, 이는 교사가 학생에게 무엇을 어떻게 생각하도록 해야 하는지 미리 가이드라인을 주는 것이다.

유명 강사들의 커리큘럼도 대부분 이런 전제를 두고 만들어진다. 교사나 강사는 이러한 목표를 갖고 전체적인 틀을 만든 후 그 틀을 기준으로 학생들을 지도하게 되는데, 결국 틀이라는 것은 체계이고, 체계는 우리가 공부하는 책에서 목차로 표현한다. 그러니 목차가 개념 학습의 전반적인 틀이 되는 셈이므로 최종 목표인 '문제 풀이'를 위해서는 반드시 목차 공부가 필요하다는 뜻이다. '목차'와 '체계'는 뒤에 나올 '문제 풀이 절대 비법'에서 이야기할 '목적성'과도 일맥상통한다.

목차는 보통의 학생들이 하는 생각보다 훨씬 더 중요하다. 그 자체로 이미 체계적으로 설계되어 '이렇게 묶여 있으니 생각하고 공부해.'라는 말을 던져주고 있는 것이다. 그러나 이걸 이해하고 공부하는 학생은 많지 않다. 앞에서 여러 번 말했듯 많은 학생이 공부를 시작할 때 '무작정' 한다. 일단 책을 펴든 후 첫 장을 미친 듯이 판다. 책에서 무슨 말을 하는지, 뭐가 어떻다는 건지 전혀 이해되지도 않고 관심도 없지만 일단 처음이니까 열심히 해보려는 마음인 것이다. 이처럼 마음은 앞서지만 뭘 공부하는지조차 모르고 하는 게 대부분이다. 이러면 당연히 매우 어렵고 성과도 없기 때문에 앞에서 말했듯 또 100% 작심삼일이다.

공부를 시작하면 목차를 통해 이 단원을 어떻게 묶고, 무슨 생각을 하며 공부해야 할지 가늠하기 위해 챕터 간의 상관관계를 파악하는 게 더 효과적인 방법이다. 즉, 목차 그 자체를 데이터가 아닌 지식 단계까지 끌어올린 후 비로소 공부를 시작해야 한다. 데이터가 지식이 되려면 결국 서로 어떤 관계가 있는지 이해해야 하는데 그러려면 '무엇을', '왜' 하는지 이해해야 하며, 그걸 이해하려면 목차와 대화하는 게 가장 편한 방법이다. 목차 공부를 이해하기 위해 중학교 1학년 1학기 수학책의 다음 목차를 보자.

Ⅰ. 수와 연산

1. 소인수분해

2. 최대공약수와 최소공배수

3. 정수와 유리수

4. 정수와 유리수의 계산

이 목차를 보면서 가장 먼저 알아야 하는 것은 '수', '연산', '소인수', '정수', '유리수' 같은 용어이다. 처음 보는 용어라면 보통 책에서 가르쳐 주지만 만약 책에 나와 있지 않거나 한번 배웠는데 정확히 모르겠다면 인터넷 사전을 찾아보며 용어의 의미를 익혀야 한다.

그다음이 큰 단원과 작은 단원을 연결하여 생각하는 것이다. '소인수분해'가 '수와 연산'의 하위 단원인 이유가 분명히 있다. 이 단원들과 연결 구조를 통해 학생들에게 전달하고자 하는 바가 확실하다. 이 단원의 연결 구조대로라면 목차는 "소인수분해는 수이자, 수를 연산하는 방법 중 하나야."라고 말하고 있다. 나머지도 다 동일하다. '최대공약수와 최소공배수', '정수와 유리수'는 수이며 '정수와 유리수의 계산'은 수를 연산하는 방법이다. 즉, 목차는 이 단원에서 "수가 무엇인지, 어떻게 계산하는지를 설명해 줄게."라고 말하고 있는 것이다.

이처럼 목차만 보고도 그 단원이 무엇을 전달하려고 하는지 유추할 수 있고 어떻게 받아들여야 할지 구조를 짤 수 있다. 목차를 보는 행위는 비유하자면 책장을 만드는 행위에 가깝다. 책장을 새로 산다고 상상해 보라. 새 책장을 구매하고 가장 먼저 할 일은 구역을 나눠서 어떤 부분에는 소설을 넣고 어떤 부분에는 시집을 넣을지 정하는 것이다. 구역을 정하지 않고 책을 넣으면 뒤죽박죽이 되어 어디에 뭐가 있는지 찾기 힘들어지기 때문에 책을 넣는 건 각 구역이 확정된 후이다. '소설책을 맨 위쪽에 넣겠다.'라고 확정하면 그때부터는 책을 넣어도 괜찮다. 이렇듯 구조가 먼저 짜여야 어디에 뭐가 있는지 이해하기 쉽다. 이것이 개념 공부를 할 때 목차를 가장 먼저 봐야 하는 이유이다. 각 단원을 공부할 때 생각할 방향을 잡기 위한 것이다.

물론 목차만 보면서 이러한 생각을 해내기란 쉽지 않다. 어떻게 한 번 보고 그게 생각날 수 있느냐고 반문할 수 있다. 그래서 우리는 사실 진짜 개념 공부를 하는 시간은 줄이더라도 목차를 보는 시간이 더 필요하다. '그래서 이 단원 전체에서 배우는 건 뭔데?' 와 '큰 단원과 작은 단원이 무슨 관계가 있는데?' 그리고 '작은 단원들은 서로 무슨 관계인데?' 등, 이 단원이 무엇을 가르쳐 주고자 하는 것인지 목차에 묻는 습관이 필요하다. 그러니 일단 개념 공부를 시작했다면 목차를 펴 놓고 목차와 대화하자.

요약

☑ 1. 책을 펴서 목차를 보자.
☑ 2. 모르는 용어는 찾아보자.
☑ 3. 목차와 대화하자.
　　나: 이 단원 전체에서 배우는 건 뭐야? 큰 단원과 작은 단원이 무슨 관계가 있는데? 작은 단원들은 또 서로 무슨 관계야?
　　목차: 이게 뭔지, 어떻게 하는 건지, 서로 무슨 관계에 있는 건지 가르쳐줄게.
☑ 4. 알게 된 지식을 체계화하자.

05

원리를 찾아라

[
이건 무조건 외워.

외우는 게 최고야.

외우고 나면 편해져.
]

이렇게 말하는 강사들이 있다. 물론 그럴 수밖에 없는 내용도 있겠고, 그래야 하는 상황도 있지만 외우면 편해진다는 말에는 사실 '끝도 없이 계속 봐야 한다.'라는 전제가 깔려 있다. 당연히 그렇겠지만 현실적으로 쉽지 않다. 그래서 내 제안은 많이 보는 건 당연히 좋겠지만 단순히 '많이 봐서 암기해라.'가 아니라 '이유를 만들어서 이해한 후 암기해라.'이다.

얼마 전, 수업 중 복소수 풀이법을 설명하던 중이었다.

나는 한 학생에게 $\frac{1+ai}{3+i}$ 를 계산할 때는 분모에 허수가 없도록 하기 위해 유리화해야 한다. 유리화라는 것은 $(a+b)(a-b)=a^2-b^2$ 성질을 활용해서 허수나 무리수를 제곱해서 실수와 유리수로 바꿔주는 작업이다. 그러니 켤레를 곱해 줘야 한다. 하지만 분모를 유리화하겠다고 분모에만 곱해 버리면 원래 수식이 성립하지 않으니 분모와 분자 모두에 분모의 켤레를 곱해 줘야 한다."라고 설명했다. 하지만 이 학생은 얼마 지나지 않아 이를 모두 잊고, 분자의 켤레도 위아래로 곱하고 있었다. 그렇게 하고 있는 이유를 물었더니 "분모도 했으니까 분자도 해야 하는 거 아닌가요? ai는 어떻게 해요?"라며 전혀 엉뚱한 이야기를 늘어놓았다.

이 친구의 문제는 내가 아까 설명했던 원리에 대한 이해 부족이 99%이다. 개념 공부와 문제 풀이 모두에서 단연 1순위가 되어야 하는 '원리'를 조금 길고 복잡하니 생각하기 귀찮아서 '에이 복잡해.'라며 그냥 넘겨 버리고 만 것이다. 그래 놓고 한참 뒤 문제는 풀어야 하는데 원리는 기억나지 않으니 기억을 더듬어 풀려고 해도 안 되는 것이다. 사실 이게 보통 학생들이 문제를 풀지 못하는 이유다.

원리가 중요한 이유는 뒤에 나올 '문제 풀이 비법' 부분의 '문제 풀이 프로세스' 과정 중 가장 중요한 '아이디에이션, 목적 설정' 부분의 내용과 일맥상통한다. 결국 원리를 모르면 생각이 안 나고 문제를 풀 수 없다는 것이다. 따라서 원리는 절대 생략해서는 안 되며 아무리 복잡하고 어려워 보여도 이해하고 넘어가야 한다. 원리 없이 단순히 풀이 과정을 외우는 것은 절대 불가능하다.

예전에 TV 프로그램에서 이세돌 기사가 다면기를 하면서 복기해 주는 장면이 방영된 적이 있다. 이걸 보고는 '순서부터 위치까지 완벽히 일치'라며 놀랍다는 자막이 나왔는데, 사실 이 정도는 이세돌 9단이 아니라 '아마 5단'에 불과한 나도 가능하다. 이유는 명확한 맥락과 원리가 있기 때문이다. 만약 맥락 없이 원리를 이해하지 못하고 막 두는 초급자와의 바둑이었다면 이세돌 9단이 아니라 바둑의 신이라도 기억하지 못했을 것이다. 즉, 어려워 보이는 바둑도 모든 수에는 저마다의 이유가 있으므로 외울 수 있다는 것이다.

이와 비슷한 관점에서, 많은 공부법 강사와 유튜버같이 진리처럼 떠받드는 에빙하우스의 망각 곡선 이론을 생각해 보자. 이 이론은 결국 여러 번 봐야 잊지 않는다는 내용인데, 기억은 7회는 반복해야 완벽해진다고 나와 있다. 사실 '복습을 많이 하면 효과가 좋다.'라는 말은 의견이 아니라 진리이긴 하다. 여기서는 가성비 공부법을 이야기하고 있지만 그게 정공법이라는 사실은 결코 부정할 수 없다.

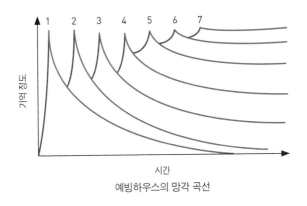

예빙하우스의 망각 곡선

하지만 이 이론에는 아주 큰 허점이 있다. 테스트 과정이 '무의미한 철자를 기준으로 한 망각도 테스트'의 결과이기에 원리가 있을 때를 고려하지 않았다는 점이다. 그럼 원리가 있으면 달라지는 것 아닌가?

정공법과는 다르게 우리는 똑똑하고 게으르게 공부하는 것이 목표이다. 그러므로 '무한한 반복을 통한 효율 향상'이 아니라 '논리적 이해로 효율 향상'을 지향하며 명확한 이유를 찾거나 만들어서 망각 곡선의 기울기를 완만하게 만듦으로써 학습 효율을 향상시키는 방향으로 학습하도록 하자. (참고로 1번 곡선보다 7번 곡선이 완만하고, 완만할수록 망각 속도가 늦다는 의미다.)

그에 따라 앞으로 우리는 암기해야 하거나 개념을 공부할 때는 항상 '원리'를 찾도록 한다. 개념에는 반드시 어떤 원리가 등장한다. 만약, 책에 어떤 개념이 등장하는데 원리를 설명해 주지 않는다면 인터넷에 찾아보며 그 개념의 원리가 무엇인지, 외워야 하는 건지 아니면 이해해야 하는 건지 확인해 보도록 한다.

앞에서 나는 '놀고 쉬라'는 이야기를 하면서도 '생각하라'는 말은 빼놓지 않았다. 게다가 푹 자고 쉬는 건 아무런 문제가 되지 않지만, 생각하지 않고 공부하는 척하는 건 지양해야 한다며 '생각하라'는 말을 여러 관점으로 바꿔서 이야기했다. 이 말은 그 무엇을 하더라도 좋은 성과를 위해서는 반드시 생각하는 과정이 필요하다는 의미이며, 여기서 말하는 생각이란 '원리를 이해하기 위한 노력'이라고도 볼 수 있다.

개념에서 원리가 가장 중요한 이유는 그 원리에 스스로 납득이 되어야 이해가 되고 개념으로 연결되기 때문이다. 이 원리야말로 정보와 정보를 연결해 주는 지식의 끈이다. 원리가 없으면 정보들이 지식으로 연결될 수 없다. 즉, 기본적으로 개념 학습에 이미 원리 이해가 포함되어 있으며, 그다음 단계인 '문제 풀기'를 위해서는 원리 이해가 반드시 필요하다. 따라서 친숙하지 않은 원리를 이해하기 위해서는 끊임없이 '왜?,'

'무슨 이유로?'라는 질문을 던지는 게 좋다. 그러다 보면 성립할 수밖에 없는 구조가 등장할 것이다. 그게 바로 원리이다.

요약

☑ 1. 원리가 있어야 외울 수 있다.

☑ 2. 많이 보지 말고 깊이 이해해라.

☑ 3. 항상 '왜?', '무슨 이유로?', '어떤 원리로?'라는 질문을 던져라.

06

정의와 대화하라

> [
> 이건 외워야 하나요,
>
> 아니면 이해해야 하나요?
>]

앞에서 모든 개념에 반드시 어떤 원리가 등장한다고 했으나 예외적으로 '자연상수 e는 2.718… 이라고 하자.'나 '1의 0제곱은 1이라고 하자.'처럼 하는 것이 있다. 여기서 '○○는 △△라고 하자.'라는 문장은 기본 정의이다. 기본 정의는 원리 없이 암기를 해줘야 한다. 여기에는 여러분이 알기 어려운 원리를 내포하고 있다. 수학의 곱셈 공식과 수열의 합 공식, 영어의 품사 구조와 기초 단어 등이 이러한 예다. 이외의 명제는 보통은 기본 정의가 아니므로 이해할 수 있는 원리가 있고 책에서 개념의 원리를 설명하고 있으며 우리는 그 원리를 익혀야 한다.

앞에서 배운 대로 목차와 대화하며 공부할 단원의 전체적인 구조를 이해했다면 그 단원의 페이지를 펼칠 때부터는 단원의 내용들과 대화해야 한다. 특히 '~는 ~라고 한다. 그 이유는 ~이다.'라고 되어 있는 부분에 집중해야 하는데, 이를 '기본 정의'라고 한다. 기본 정의 또한 목차처럼 우리에게 "이건 이런 원리가 있어."라고 설명하며 대화를 시도하고 있는데 우리는 이 대화를 묵묵히 받아들일 게 아니라 "어째서?"라고 반문해야 한다. 앞에서 말한 '원리를 찾으라'는 내용과 맥락이 같다. 설사 그 대화가 이해되지 않고 답답하더라도 외우고 넘어가면 안 된다. 이해될 때까지 대화를 시도해야 하며 원리를 파악하기 위해 그게 무슨 말인지, 왜 그렇게 되는지 이해하는 데에 많은 시간을 사용해야 한다.

도저히 무슨 말인지 이해가 되지 않는다면 그 정의 자체가 어려운 것일 수도 있지만, 정의에서 기본 전제로 한 내용을 모르기 때문일 가능성도 상당히 크다. 사실 많은 학생이 이 때문에 개념 공부에서 고통을 겪다가 공부를 포기한다. 앞 단계의 내용이 완전하지 않아서 뒤로 넘어갈 수 없는 상황인데도 진도에 급급해서 건너뛴 채 공부를 지속하는 것이다. 이렇게 되면 계속해서 정의를 이해하지 못하게 되며 결국 언젠가는 '전 단계' 때문에 무너지게 된다. 이게 많이들 말하는 '기본기 부족' 현상이다. 기본기란 기초가 아니라 현 단계의 공부에 필요한 바로 전 단계의 지식을 의미한다. 즉, 이해하지 못한 상태로 공부를 지속하면 언젠가는 기본기 부족 현상이 나타나게 되고 더 이상 나아가지 못 하는 시점이 온다는 것이다.

개념 공부를 제대로 해보면 내 지식에 빈 공간이 많음을 뼈저리게 느낄 것이다. 개념 공부를 그저 '공식을 외우는 행위'라고 착각하는 학생들이 많은데 결코 아니다. 개념 공부는 목차와 대화하고 원리를 이해하는 등의 전체 과정을 일컫는 말이지 그로 인해 도출된 결과를 외우는 행위가 아니므로 이 순서를 차근차근 밟아가야만 문제에 활용하는 것이 가능하다. 심지어 이게 가장 빠른 방법이다. 공식은 단지 과정의 산물로 나온 결과로 생각해야 한다. 공식 그 자체를 암기하는 것만으로는 활용이 거의 불가능하다. 이를테면, 단순히 아래의 식을 외운다고 해서 '미분계수의 정의를 안다.'라고 할 수 없고, 문제에 활용하는 것도 불가능하다는 뜻이다.

$f(x)$가 연속함수일 때

$$\lim_{x \to a} \frac{f(x)-f(a)}{x-a} = \lim_{h \to 0} \frac{f(a+h)-f(a)}{h} = a \text{ 로 존재하면}$$

$a = f'(a)$라고 한다.

이것은 미분계수의 정의인데, 이 부분을 공부해 보지 않은 친구가 처음 보면 '이게 대체 무슨 말인가?'라는 생각이 든다. 그 이유는 고2 때 배우는 미분계수는 중학생 때 배운 함수, 그리고 바로 앞 단원에서 배우는 극한의 개념을 기본으로 하고 있기 때문이다. 앞선 내용을 모르고 있다면 미분계수가 이해되지 않는 것이 당연하다.

여러분이 공부를 시작하면 이 정의만 보고도 많은 질문을 던질 수 있다. "lim이 뭐야?"나 "$x \to a$가 무슨 의미야?"라는 질문이 나왔다면 극한의 개념을 모르는 것이므로 그 부분을 다시 공부하면 되고, "h는 갑자기 왜 나와?"나 "$f'(a)$는 무슨 의미야?" 등의 질문은 이 정의 자체에 대한 질문이기에 이 내용을 잘 이해하고 있는 친구나 선생님께 물어보면 명쾌

한 답변을 들을 수 있다. 즉, 질문을 하다 보면 현 단계뿐만 아니라 내가 지금 모르고 있는 기본기가 뭔지도 알아챌 수 있으므로 보완하여 현 단계 공부를 지속할 수 있게 된다.

이것이 가장 효율적인 '정의와 대화하는 개념 학습법'이며 효율적인 암기 방법이자 실질적인 공부의 출발이다. 또한 원리가 이해되지 않을 때 암기만 하고 넘어가면 안 되는 이유이다. 그냥 외우고 넘어간다면 어차피 까먹을 것이고 또다시 개념 공부를 하는 노동을 반복해야 할 테니 제대로 한 번 투자하는 시간보다 훨씬 더 긴 시간을 쓰게 될 것이다.

요약

☑ 1. 정의: '~는 ~라고 한다. 그 이유는 ~이다.'
☑ 2. 정의에는 원리가 들어 있다.
☑ 3. 이해 안 된다고 넘어가지 마라.
☑ 4. 정의와 대화하라.

　　정의: 이건 이런 원리가 있어.

　　나: 어째서? 그게 성립하는 이유가 뭔데? 날 설득해 봐.

활용 예시를 곁들여라

[

이해가 된 것 같긴 한데
좀 뜬구름 잡는 소리 같아요.

]

앞에서 끊임없는 Why를 통해 원리를 어느 정도 이해했다면 이제 활용 예시를 접하면서 개념 학습을 마무리 지을 수 있다. 개념서에서 예제나 예문을 통해 활용할 수 있도록 해놓은 이유가 바로 이것이다.

사실 개념은 단순히 한 번 공부했다고 해서 활용할 수 있는 게 아니다. 단적인 예로 영어 단어는 단순히 외우기만 해서는 바로 쓰기 쉽지 않다. 여러 품사로 쓰이는 단어는 예문이 없으면 어떻게 쓰는 건지 전혀 감이 잡히지 않고, 수학 공식도 마찬가지다. 심지어 분명히 기본 정의나 공식은 외웠는데 대체 언제 어떻게 사용할 수 있는지는 도통 감이 오지 않는다.

그래서 이 단계부터는 Why 외에도 When, How가 필요하다. 왜 이 개념을 사용해야 하는지, 언제 어떤 경우에 이 개념을 사용하는지, 어떻게 이 개념을 사용하는지를 함께 생각하라는 의미다. 이 과정을 반복하다 보면 개념이 완성되어 문제 풀이로 넘어갈 수 있다.

결국 활용 예시를 곁들이라는 건 결국 문제와 연결지어 생각해 보라는 의미에 근접한다. 수학 외의 문제를 곁들일 수 없는 과목은 예문이나 예시 상황을 만들어서 적용하며 이해하는 게 좋다.

원리는 상황을 이해해야 의미가 생긴다. 어떤 상황에, 어떤 조건에 의해 그 원리가 쓰이는지, 쓰일 수밖에 없는지를 이해해야 한다. 만약 이러한 상황에 대한 이해가 없다면 결국 사용할 수 없는 원리로 남게 되어 언젠가는 사라진다. 노동이 되어 버린다는 말이다. 활용 예시를 곁들인 경우를 보자.

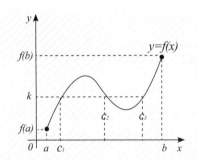

함수 $f(x)$가 폐구간 $[a,b]$에서 연속이고 $f(a){\neq}f(b)$이면,
$f(a)$와 $f(b)$ 사이의 임의의 값 k에 대하여
$f(c)=k$인 c가 a와 b 사이에 적어도 하나 존재한다.

이러한 중간값의 정리를 개념으로 외웠다고 하자. 정의만 갖고는 예시를 접해 보지 않으면 도저히 활용 방법이 생각나지 않기 때문에 예시 문항 몇 가지와 개념을 활용하여 푸는 방법을 써놓는 게 좋다.

예를 들면 다음과 같은 문제가 나올 수 있다.

$f(x) = x^3 - x^2 - 1$ 이 구간 $(0, 2)$에서 적어도 하나의 실근을 가짐을 보여라.

이때 다음과 같이 간단한 문제와 풀이법을 써놓자.

이 함수는 다항함수이기에 연속이고 $f(0) \neq f(2)$이다. 그러므로 $f(0)$과 $f(2)$ 사이의 임의의 값 k에 대해 $f(c) = k$가 되는 c가 0과 2 사이에 존재한다. 실근은 결국 $f(c) = 0$이 되는 부분이므로 $f(0) = -1$이고, $f(2) = 3$이므로 $f(c) = 0$ 이 되는 c는 0과 2 사이에 존재하게 된다.

여기에서 중요한 건 '~일 때, ~이다. 그러면 ~이므로 ~이다'로 표현된 '어떤 상황에 어떻게 되느냐' 하는 것이다. 수학뿐만 아니라 다른 과목에도 적용할 수 있다. 이처럼 여러 문제를 곁들여서 생각해야 어떤 상황에서 어떻게 사용되고 왜 필요한지 이해할 수 있다는 것이다.

망치는 있으나 언제 망치질이 필요한지, 어떻게 망치질하는 것인지를 모르면 그 망치는 쓸 수 없는 망치가 되어 썩어 없어질 날을 기다리게 될 것이다.

★★★
요약

☑ 원리를 곁들여 예시 문제와 개념을 사용한 풀이 방법을 써 놓자.

목차를 기반으로 개념을 정리하라

이 단원을 시작하면서 개념은 정의, 원리, 공식, 예시를 모두 합친 것이라고 이야기했고, 목차와 대화하는 법, 원리, 정의, 활용 예시를 어떻게 사용해야 하는지도 차례대로 이야기했다. 이제는 이 개념들을 모두 이해하고 외울 차례다. 잘 이해하기 위해서는 개념을 이루는 모든 성분들(정의, 원리, 공식, 예시)을 목차를 기반으로 하나씩 정리해둬야 하는데, 마인드맵처럼 정리해두면 이해하는 데에 매우 효과적일 뿐만 아니라 다시 보기도 편해서 외우기도 용이하다. 이 단계를 거쳐야 개념들을 비로소 책장에 넣을 수 있게 된다. 구체적인 방법은 다음과 같다.

1. 과목을 최상위 카테고리에 배치한다.
2. 대단원을 최상위 바로 아래 카테고리에 배치한다.

3. 중단원을 그 바로 아래 카테고리에 배치한다.

----------(보통 목차에는 여기까지 나와 있다)------------

4. 이제 책을 편다. 그리고 숭단원에 포함되는 소단원을 찾아서 바로 아래 카테고리에 배치한다.

5. 소단원 아래에 또 여러 개로 갈라지는 내용이 있다면 그 아래 카테고리에 배치한다.

6. 만약 더 이상 갈라지는 내용이 없고, '~는 ~라 하자.'라거나 '~는 ~이다.'라는 등의 개념이 나오면 마지막으로 아래 카테고리에 배치한다.

이 내용이 바로 개념이다.

다음은 예시이다.

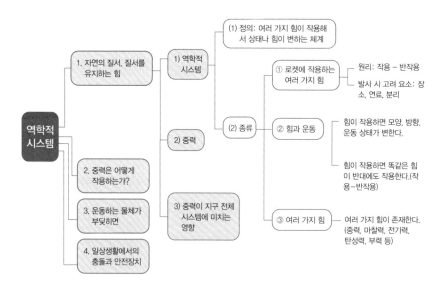

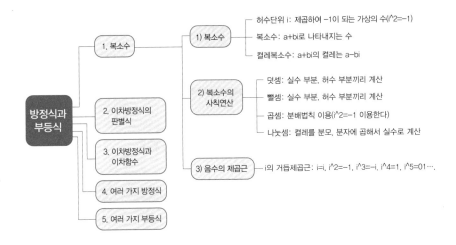

방정식과 부등식

1. 복소수
　1) 복소수
　　허수단위 i: 제곱하여 -1이 되는 가상의 수($i^2=-1$)
　　복소수: a+bi로 나타내지는 수
　　켤레복소수: a+bi의 켤레는 a-bi

　2) 복소수의 사칙연산
　　덧셈: 실수 부분, 허수 부분끼리 계산
　　뺄셈: 실수 부분, 허수 부분끼리 계산
　　곱셈: 분배법칙 이용($i^2=-1$ 이용한다)
　　나눗셈: 켤레를 분모, 분자에 곱해서 실수로 계산

　3) 음수의 제곱근
　　i의 거듭제곱근: $i=i$, $i^2=-1$, $i^3=-i$, $i^4=1$, $i^5=01\cdots$.

2. 이차방정식의 판별식

3. 이차방정식과 이차함수

4. 여러 가지 방정식

5. 여러 가지 부등식

요약

☑ 1. 개념 정리는 마인드맵으로 요약하라.
☑ 2. 요약할 때는 목차를 기반으로, 정의, 원리, 공식, 예시를 모두 써 놓는다.
☑ 3. 이해하고 암기하라.

스스로 질문하라

[이야, 이 정도면 완벽한 거 같아요!]

    반만 맞는 이야기다. 보통은 제대로 공부했을수록 질문이 더 생긴다. 또 우리는 인간이기 때문에 스스로 다 익혔다고 생각해도 막상 펴 보면 애매한 부분이나 잘못 알고 있는 내용이 있을 수 있다. 따라서 우리는 내가 알고 있는 게 맞는지 최종적으로 확인하기 위해 아는 내용을 정리하여 나보다 잘하는 친구나 선생님께 질문할 필요가 있다.

    일부러라도, 논리적으로 태클을 걸어서라도 질문을 만드는 게 좋다. Why든 How든 When이든 조금이라도 이해가 되지 않거나 애매한 부분이 있다면 반드시 질문하여 명확히 파악하라. 만약 조금이라도 의문이 남아 있다면 절대 그냥 넘어가지 마라. 해결되지 않은 의문이 만에 하나 시험에 나오면 바로 오답과 직결되어 아킬레스건으로 남기 때문이다.

지금까지 말했던 개념 학습의 과정들을 수학의 미분을 예시로 조금 더 쉽게 정리해 보면 다음과 같다.

1. 미분을 이해하기 위해 일단 책의 맨 앞에 있는 전체적인 목차를 본다. 목차를 보면 극한 다음 미분이 나오고 미분 안에 미분계수, 도함수 등이 포함되어 있다.
2. 가장 먼저 펴면 나오는 것이 미분계수인데, 미분계수의 정의를 이해하기 위해 미분계수 공식의 원리를 이해하려고 노력해 본다.
3. 원리를 이해하기 위해 이 공식이 무슨 말을 하는 것인지 파헤쳐 본다.
4. 이해가 됐다면 여러 활용 예시에 적용해 보며 언제, 어떻게 사용할 수 있는지 체크해 둔다.
5. 혹시 잘못 알고 있는 게 없는지 검증한다.
6. 단권화한다.
7. (문제 풀이 후) <단권화+문제>에서 배운 내용으로 개념, 원리 노트를 작성한다.

7번은 아직 다루지 않은 내용이니 넘어가기로 하고 그 전 과정까지만 이야기하자면, 단권화 양식에는 제한이 없다. 요즘에는 만다라트라는 일종의 마인드맵 양식으로 하는 학생들이 많은데, 이를 활용하면 간단히 할 수 있다. 그 양식을 채우다 보면 본인이 내용을 이해하고 있는지 쉽게 확인할 수 있다. 도구가 무엇이 됐건 목표는 전체적인 이해도 확인이다.

이 모든 과정 중 하나라도 못 했다면 개념 공부를 하지 못한 것과 마찬가지여서 미분계수와 관련된 문제를 풀 수 없게 된다. (물론 그와 별개로 이전 단계를 몰라서는 안 된다.)

여기까지 이르는 과정이 데이터를 지식으로 만드는 단계들이다. 즉, 개념 공부란 우선 목차를 보며 무엇을 왜 하는지 이해한 뒤, 각 단원에 사용되는 공식이나 원리들의 이유를 찾고, 활용 예시를 곁들여 익히면 일단락된다. 그 후 질문하며 잘못 알고 있는 내용이나 모르는 내용을 보강하고 누적시켜 놓은 후 빈도를 늘려서 자주 보면 개념 공부는 완벽히 된다. 어떤 방법을 취하더라도 결국 이것들이 빠질 수는 없다. 연습은 그 다음 단계다.

여기까지는 개념 공부에 대한 비법이었다. 다음 3장 '문제 풀이 비법'에서는 통찰과 지혜를 갖추는 과정을 소개하겠다.

요약

☑ 1. 아는 것 같아도 빈틈이 많으니 다시 보면서 스스로에게 질문해 보자.

☑ 2. 진짜 다 아는 것 같다면 위에서 만들었던 목차 마인드맵을 다시 만들어 보자.

수능 국어 1등급 만들기 만다라트

문장 구조 이해하기	짧은 문장(홑문장) 읽기	문장 많이 읽기	문단 연결구조 이해	문단 구조화	지문 요약하기	토론, 토의, 협상 유형	연설, 인터뷰, 방송 유형	건의, 설득, 비평문 유형
문장 정확히 해석하기	2. 글 읽기	문장 고쳐쓰기	문단 요약	3. 비문학	지문의 목적 파악하기	발표, 연설 유형	4. 화법과 작문	안내문 유형
긴 문장 쪼개기	문장 연결구조 이해	긴 문장(겹문장) 읽기	문제로부터 지문 추측 연습하기	복합 지문 이해하기	표, 그래프, 그림과 지문을 연결시켜 이해하기	자소서, 수필 유형	정보전달, 보고서 유형	선거 유형
중등 어휘집	고등 어휘집	사자성어	2. 글 읽기	3. 비문학	4. 화법과 작문	현대시 문제 푸는 법	현대 소설 읽는 법	현대소설 문제 푸는 법
초등 어휘집	1. 어휘	속담	1. 어휘	수능 국어 1등급	5. 문학	현대시 읽는 법	5. 문학	고전시가 읽는 법
고유어	한자, 한자어	관용표현	8. 실전연습	7. 논리적 사고	6. 문제 이해하는 법	고전소설 문제 푸는 법	고전소설 읽는 법	고전시가 문제 푸는 법
스키밍 연습	지문 읽기 스킬	매커니즘 문직 가시화 스킬	근거 발췌하기	근거에 기반하여 논리 전개하기	근거에 기반하여 전개한 논리로 정답 주장하기	문제의 목적 이해	적절한 것/적절하지 않은 것 고르는 법	자주 나오는 문제 유형별 발상 방법 정리
풀이 전략 수립하기	8. 실전연습	지문 → 문제 매치 연습	정답 주장하기	7. 논리적 사고	문제 초점 맞추고, 근거 기반 전개한 논리로 정답 주장하기	문제 해석 및 변환 이해	6. 문제 이해하는 법	<보기>와 지문, 문제를 연결시켜 이해하는 방법
모의고사 반복 연습	읽는/약독 교정	기억 용량 늘리기	근거에 기반하여 추론하기	보강 - 오류의 이유를 분석하고 대비하기	채점 - 나의 논리적 오류 교정하기	~에 대한 추론으로 적절/적정하지 않은 것	~에 대한 설명으로 적절/적정하지 않은 것	~의 관점/입장에서 ~를 평가/비판

Tip

수업 직후 5분 복습으로 올킬!

> 아르바이트와 공부를 병행하신 걸로 알고 있는데
> 공부 시간은 어떻게 관리하셨나요?
> 저도 지금 군대 전역하고 재수하는데
> 공부할 시간이 너무 없습니다.
> 어떻게 효율적으로 해야 하나요?

재수할 때나 대학 다닐 땐 수중에 돈이 거의 없었다. 돈은 없고 생활은 해야 했기 때문에 재수할 땐 밤에 바텐더 일을 병행했고, 대학에 다니면 서는 과외 말고도 대리운전, 지하철 잡상인, 등산로에서 막걸리 장사까 지 했을 정도로 일에 매이다 보니 공부할 시간이 없었다. 지금이야 그 덕 에 막강한 생활력을 얻게 됐지만 그땐 부모님을 원망도 했었다. 공부에

'집중하고 싶다'면서 말이다.

정말 쉴 틈 없이 일해야 했지만 내가 서울에 상경한 이유는 오직 공부였기 때문에 공부 그 자체를 포기할 수는 없었다. 어쩔 수 없이 짧은 시간 동안 적게 공부하고 성과를 좋게 만들 '효율적인 방법'을 찾아야 했는데 내가 찾아낸 가장 효율적인 방법이 '수업 직후 5분 복습'이다.

내 제자 중에 정민(가명)이라는 친구가 있다. 이 친구는 나를 만나기 전에는 공부를 거의 안 했지만 나와 수업을 시작하면서 내 말을 거의 신봉하다시피 했다. 수업하면서도 공부를 아주 많이 하진 않았지만 숙제와 5분 복습, 주간 복습(일주일간 공부한 내용 복습)은 꼭 했다. 그 결과 최하위권에서 시작하여 건국대학교에 진학하였으며 현재도 그 습관을 잘 유지하며 생활하고 있다. 그때 내게 배운 '5분 복습' 습관이 여전히 삶에 아주 큰 도움이 되고 있다고 한다.

새로운 걸 배우는 이가 효율을 올리려면 일단은 자신보다 잘하는 사람에게 배우는 게 최고다. 그래서 선생님께 배우는 것이고, 학원과 인강 등의 사교육이 각광받는 것이다.

배우는 첫 단계에서는 일단은 온 집중력을 쏟아서 100% 흡수하려고 노력해야 한다. 하지만 아무리 노력해도 100% 흡수하는 건 쉽지 않고, 한 번 들은 내용도 쉽게 잊어버리기 때문에 배운 내용을 반복해서 학습해야 한다. 여기까진 너무도 당연한 상식이다. 시간이 없는데 대체 어떻게 복습하라는 거냐고 묻는다면 나는 "선생님이 했던 말이 가장 생생히 기억나는 수업 직후 5분을 활용하라."라고 대답한다.

아까 이야기한 에빙하우스의 망각 곡선 이론도 결국 '시간이 갈수록 잊어버린다.'와 '반복할수록 기억에 더 오래 남아서 잊지 않게 된다.'라는 내용이다. 그러므로 망각한 내용이 가장 적은 시간에 활용하는 게 이론적으로도 가장 효과가 좋다는 말도 된다.

2장에서는 개념 공부를 어떻게 하는지를 쭉 설명해 왔는데 사실 이 과정들은 수업 과정에 포함되어 있다. '수업 직후 5분 복습'에 충실할 수 있다면 앞에서 설명한 거의 대부분의 과정들이 필요 없어진다.(물론 이해되지 않거나 이미 한참 전에 놓친 건 다시 해야 하겠지만)

그래서 말 그대로 수업 직후 5분은 황금 같은 시간이다. 흡수율이 가장 높고 수업 내용도 거의 100% 기억나기 때문에 이때 5분간 복습하면 잊어버릴 확률이 현저히 줄어든다. 이때의 5분은 5시간에 맞먹는 가치를 가진다. 따라서 무슨 일이 있어도 수업 직후 5분은 복습하는 것을 추천한다.

수업 직후 5분을 활용하는 방법은 간단하다.

1. 일단 수업에 최대한 집중한다.
2. 빈 노트를 펴놓고 선생님 말씀을 '스케치하듯' 써 본다. 주의할 점은 수업 이해가 핵심이라는 점이다. 스케치에 집중하면 절대 안 된다.
3. 수업이 끝난 후 스케치를 보면서 수업을 머릿속으로 리플레이한다. '선생님이 이런 말을 했었지!'라고 생각하고, '이 말은 이렇다는 뜻인가?'라고 재해석해 본다. 자기 나름의 이론을 만들어 보는 과정이다.
4. 리플레이하면서 생기는 질문은 반드시 써놓고 질문한다. 가장 중요한 부분이다. 의문이 생기는 부분은 넘어가면 안 된다. 반드시 써놓고, 해결하고, 축적해야 한다.

이 방법은 실제로 내가 공부할 때 활용했고, 지금은 공부뿐만 아니라 모든 실생활에 걸쳐서 사용하고 있다. 수업이 끝나고 차를 타고 이동하면서 수업을 돌이켜보며 가르쳤던 내용, 내가 했던 말 중 좋았던 말, 고쳐야 할 말, 보고해야 할 내용을 생각한다. 그리고 집에 도착해서는 그 내용을 바로 업그레이드하여 콘텐츠에 적용하고 보고서에 옮겨 담아 학부모님께 내용을 보고한다. 이렇게 하다 보니 매일매일의 수업 내용이 머릿속 깊게 남아 그 친구를 이해하는 데에 큰 도움이 되고, 내 수업 퀄리티 역시 계속해서 상승하고 있다.

요약

☑ 1. 수업 시간에는 초집중하라.
☑ 2. 스케치하면서 듣고 이해하라.
☑ 3. 수업 직후 5분 복습하라.
☑ 4. 의문점은 반드시 해결하라.

3장

문제 풀이
절대 비법

문제 풀이 절대 비법 5계명

1. 문제 풀이 프로세스를 익혀라
2. 속도보다 정확성이다
3. 당황스러운 상황을 즐겨라
4. 오답의 원인을 파악하라
5. 배움을 축적하라

개념 공부를 끝내도
문제가 안 풀려요

[
개념 공부는 분명히 다 했는데

문제가 왜 안 풀리는지 모르겠어요.
]

고등학교 시절의 나는 꼴찌를 도맡아 하는 열등생이었다. 한번 성적이 곤두박질친 뒤에는 점점 더 공부가 하기 싫었다. 여러 이유가 있었겠지만 '공부를 해도 안 되는데 왜 해?'라는 의문이 해결되지 않았던 탓이 컸다. 지금도 나에게 질문해 오는 많은 학생이 "개념 공부는 했는데 문제가 풀리지 않아요."라며 개념 공부를 문제에 어떻게 적용시키는지, 공부는 대체 어떻게 해야 성과가 있는 것인지, 혹시 해도 소용이 없는 것은 아닌지 의문을 품는 경우가 적지 않다.

이런 질문을 하는 학생들, 그리고 과거의 나는 최상위권 친구들이 문제 푸는 모습이 놀라웠다. 고생해서 푸는 게 아니라 가만히 보고 있다가 '스르륵 뿅!' 하고 풀어내는 모습은 마치 마법 같았다. 그 모습을 본 다른 학생들은 자기는 해도 안 되는데 쟤들은 쉽게 푼다면서, 말은 안 해도 그들만의 특별한 비밀이 있다고 생각했고, 공부하는 대신 그런 방법을 가르쳐주는 학원, 영상을 찾아 헤맸다. 그 결과는 당연히 참담했다. 될 리가 없다.

몇 년이 지난 뒤 재수를 결정한 후 나의 시야는 바뀌었다. 궁극의 비법을 보유하고 있다고 생각했던 최상위권 친구들도 실수를 하고 어려운 문제를 틀리거나 풀지 못하는 모습을 보면서 의심을 가지기 시작했다.

'비법이 있는 게 아니라 쟤네도 푸는 방법이 따로 있는 건가? 그럼 그것만 알면 되는 거 아냐?'

나는 천천히 방법을 찾아 나갔고 끝내 만점을 받을 수 있었다.

이쯤 되면 알겠지만 사실 내가 하고 싶은 말은, 문제는 결코 특별한 비법으로 푸는 게 아니라는 것이다. 문제를 풀기 위한 지식과 충분한 논리력, 사고력은 문제 풀이의 필수 소양이고, 이걸 어떻게 활용하는가가 관건이다.

그럼에도 실력이 좋을수록 푸는 과정이 마치 마법처럼 보이는 이유는 지식의 양은 경험치에 비례해서 늘어나고, 논리력과 사고력은 공부에 욕심이 많은 학생이 '생각하는 과정'을 통해 향상시켜 왔을 것이기에 그 능력을 사용하여 풀어낸 결과 또한 상대적으로 더 좋을 수밖에 없기 때문이다. 같은 문제를 풀어도 그 친구들이 재료를 더 많이 갖고 있고, 활용법도 더 많이 알고, 활용 능력도 훨씬 더 좋기에 더 쉬운 풀이 과정을 찾아내어 과정을 엄청나게 압축할 수 있는 것이다. 이걸 다른 친구들이 보면 거의 생략하는 것처럼 보이겠지만 말이다.

즉, 1등 하는 친구도 마법처럼 주문을 외워서 문제를 푸는 게 아니라 어떤 메커니즘(절차)에 의해 푼다는 것이다. 암산으로 탁탁 튀어나오는 것처럼 보여도 머릿속으로 수없이 많은 생각 과정을 거쳐 나온 결과라는 것이다.

결국 우리가 개념 공부를 분명히 다 했음에도 문제를 풀지 못하거나 틀리는 이유는 '지식 부족'과 '사고력과 논리력 부족' 두 가지로 축약할 수 있다. 이를 다시 한 문장으로 줄이면 '풀이 과정 중 모르는 내용이 있거나 풀이 절차에 오류가 있기 때문'이다.

사실 문제가 어느 순간 풀기 어려워지는 까닭을 단순히 말하면 학습 결손에 있다. 지식은 개념을 차근차근 조금씩 쌓으면 되고 논리력도 앞서 말한 대로 쌓으면 되지만, 사고력은 '어려운 문제를 통해 확장'시키는 작업을 해야 한다. 사고력은 이미 배웠던 개념들을 더 어렵게 생각하는 불편한 과정을 거쳐야만 향상되는 능력이기 때문에 상대적으로 키우기 어렵다. 게다가 이 모든 능력들은 절대 한 번에 향상될 수 없고 항상 계단식으로 조금씩 향상된다는 점 때문에 공부가 더 어렵게 느껴진다. 대부분의 최상위권이 깨어 있는 모든 시간을 공부에 쏟는 이유가 이렇게 계단식으로 조금씩 향상되는 성질 때문이다. 결국 더 어려운 문제를 풀기 위해서는 계속해서 공부하면서 사고력, 논리력 그리고 경험치를 쌓아야 하는 것이다. 그래서 최상위권일수록 더 어려운 문제를 거듭하며 한 문제를 붙들고 늘어지는 시간이 길어져서 자연스레 학습 시간도 늘어나게 되는 것이다.

하지만 최상위권을 제외하면 보편적으로는 이런 '종일 공부'는 지금 당장은 해도 소용없고 현실적으로 소화조차 할 수 없다. 게다가 평범한 학생들은 공부를 놓아서 내용마저 모르는 시점이 존재하고, 심지어 대부분이 건너뛴 그 부분을 보완하지 않고 그냥 넘어간다. 이렇게 되면 그 단계에서 갖췄어야 할 지식, 논리, 사고의 계단이 하나씩 사라지는 셈이 되어 결국 여러 계단을 무리해서 건너뛰어야 하는 상황에 봉착하게 된다. 바로 이러한 이유로 공부해도 문제가 풀리지 않는 난관을 마주하게 되는 것이다.

3장에서는 이러한 문제의 해결 방법을 제시하고자 한다. 끊어진 사다리를 효율적으로 고치는 방법과 최상위권처럼 풀어내는 방법을 차근차근 제시하고자 한다. 현실적으로 누구든 따라 할 수 있는 방법을 하나씩 알아보도록 하자.

딱 하나 팁을 주자면 일단 수학은 '산수 수준의 문제'를 막힘없이 풀 수 있을 때, 수학 외 과목은 'O/X 문제'를 막힘없이 풀 수 있을 때 그다음 단계로 넘어가야 하며, 이것조차 되지 않는다면 개념 공부 과정에서 이해를 덜 했거나 암기가 안 되었다는 뜻이니 되돌아가야 한다.

요약

☑ 1. 개념을 알아도 안 풀린다? 정상이다.

☑ 2. 최상위권은 스킬로 푸는 게 아니라 과정을 압축하는 것이다.

☑ 3. 일단 산수, O/X 문제를 풀 수 있는지 체크하자. (안 되면 다시 개념으로)

문제 풀이 프로세스

이번에 80점 받긴 했는데

다시 풀어 보니까 다 풀리더라고요.

컨디션이 조금 안 좋아서 실수했나 봐요.

실수가 아니다. 저 친구는 거의 항상 같은 실수를 반복해 왔을 것이다. 이유는 여럿 있겠지만 문제 풀이 루틴이 정해지지 않았기에 실수하면서도 스스로 눈치채지 못했음은 부정할 수 없는 사실이다.

수포자였던 내가 최상위권이 된 후 코칭 전문 강사가 되면서 어떻게 하면 문제 풀이 과정을 구체적으로 설명할 수 있을지 알아내기 위해 오랜 시간 실질적인 시험에서 가장 중요한 '문제 풀이 방법'에 대해 연구해 왔다. 그래서 알게 된 사실은 모든 학생이 반드시 거쳐가는 과정이 존재한다는 것이다. 본격적인 원리를 이야기하기에 앞서 실제로 최상위권과 중위권 학생의 수학 문제 풀이 과정을 한번 비교해 보자.

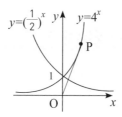

함수 $y=4^x$ 의 그래프 위의 점 P에 대하여 선분 OP를 함수 $y=(\frac{1}{2})^x$의 그래프가 1:3으로 내분할 때, 점 P의 x좌표는?

점 $P=(t, f(t))=(t, 4^t)$
let $\overline{OP}$ 와의 교점 $=Q$
$Q=(\frac{1}{4}t, \frac{1}{4}f(t))$
$(\frac{1}{4}t, 4^{t-1})$

$4^{t-1}=2^{-\frac{t}{4}}$
$2^{2t-2}=2^{-\frac{t}{4}}$
$2t-2=-\frac{t}{4}$
$\frac{9}{4}t=2$
$t=\frac{8}{9}$
$(\frac{8}{9}, 2^{\frac{16}{9}})$

중위권 학생의 풀이

$4^{t-1}=2^{-\frac{t}{4}}$
$2t-2=-\frac{t}{4}$
$8t-8=-t$
$\therefore t=\frac{8}{9}$
$P(\frac{8}{9}, 4^{\frac{8}{9}})$

최상위권 학생의 풀이

자세히 보지 않아도 과정에 엄청난 차이가 보일 것이다. 최상위권 학생은 중위권 학생의 마지막 줄부터 푼 것처럼 보인다. 그런데도 답은 같다. 당연히 풀이 시간도 최상위권 쪽이 훨씬 더 적게 걸렸을 것이다. 이유가 대체 무엇일까? 정말 마법이라도 부리는 걸까?

정답은 '최상위권 학생은 중위권 학생이 고생해서 푼 풀이를 이미 머릿속으로 끝냈기 때문'이다. 여러분들이 초등학생 동생의 문제를 풀 때처럼 말이다. 최상위권 학생의 풀이 과정을 유추하면 다음과 같은 과정을 거쳤을 것이다.

'P점의 좌표는 $(t, 4^t)$ 이다. 원점에서 1:3으로 내분하는 점을 Q로 두자. 1:3으로 내분한다고 했으니 내분 공식을 쓰면 되는데, 한 점이 $(0,0)$이니까 내분 공식을 안 써도 $\frac{1}{4}$이 되겠네? Q점의 좌표는 P점의 $\frac{1}{4}$인 $(\frac{t}{4}, \frac{4^t}{4})$이 되겠군. 그 좌표만 $y = (\frac{1}{2})^x$에 넣으면 t가 나오겠네.'

이 유추 과정은 최상위권 학생들이 복잡한 풀이를 워낙 많이 해봐서 웬만한 건 이미 머릿속으로 다 끝냈음을 의미한다. 어차피 계산을 통해 생각해야 할 것들을 미리 머릿속으로 생각하면서 과정을 압축시켰다는 뜻이다. 이 과정 전체가 뒤에서 말할 '아이디에이션(Ideation)'인데, 우리가 주목할 부분은 위의 과정 중 세 번째이다. 저 발상이 이 문제 풀이 과정을 단축시킨 핵심 요소이며 실력이 없다면 결코 이렇게 할 수 없다. 내분의 개념과 사용법, 어떤 상황에 어떻게 계산되고 사용되는지를 확실히 이해해야 저렇게 변환할 수 있다. 이 능력을 갖추기 위해서는 앞서 말한 것처럼 기초 개념은 물론이고 경험치를 더 늘리고 필요 소양을 갖추어야 한다.

이를 통해 최상위권 학생 또한 마법이 아니라 명확한 과정에 의해 문제를 풀었음이 확실해졌다. 많은 학생이 서로 다른 방식으로 문제를 푸는 것처럼 보이고 또 고전하지만 실은 어떤 문제라도 통용되는 절대적인 풀이 방법이 존재한다는 사실이 확인됐다.[3]

개념 공부와 마찬가지로 문제 풀이에는 명확한 절차가 있다. 이걸 모르는 학생들은 무작정 달려들다가 중간에 어렵다며 나가떨어진다. 심지어 상당수의 강사도 무턱대고 "문제를 제대로 보고 생각하고 풀어."라는 말을 하는데 그것은 본인들에게만 쉬운 얘기다. 강사들은 이미 문제 풀이 프로세스가 탑재되어 있지만 그 과정을 모르는 학생들은 그 강사들의 말이 와닿지 않기 때문이다. 그래서 나는 이 "문제를 제대로 보고 생각하고 풀어."라는 말을 구체화해 보고자 한다.

너무도 당연하지만 과목과 시험 종류를 불문하고 모든 문제에는 묻는 내용과 조건이 명확히 주어져 있다. 어떤 문제라도 조건을 주면서 무엇을 구해야 하는지 확실한 정보를 주기 때문에 우리는 단지 이 문제와 조건을 융합해서 문제를 푸는 것일 뿐이다. 일단 이 '푸는 과정'부터 소개한다면 아래와 같다.

1. 문제 체크

2. 조건 파악

3. 아이디에이션(목적 설정)

4. 풀이

5. 검산

---

[3] 저자는 대치동과 목동의 학생 41명을 대상으로 직접 조사를 했으며 위의 최상위권 학생과 최하위권 학생의 풀이 방법 비교는 그중 두 학생의 풀이 과정을 보여준 것이다.

최상위권 학생은 과목을 막론하고 공통적으로 이러한 풀이 과정을 거쳐서 풀었는데 형태만 다를 뿐 전체 과정의 목적과 흐름은 같았다. 심지어 이 내용 중 하나라도 빠지면 그 학생들 또한 고득점을 보장할 수 없기까지 했다. 이 말은 앞으로 여러분이 어떤 문제를 풀더라도 이 절차를 거친다면 반드시 풀리게 되어 있다는 의미로 비약할 수 있다. 항목별로 이게 무슨 말인지, 어떻게 하는 것인지 알아보도록 하자.

1. 문제 체크

최하위권 학생들은 문제에서 'a를 구하라.'라고 명시해 놓은 것조차 잘 읽지 않는다. 하위권 학생들은 그게 무슨 의미인지 파악하지 못해서 틀린다. 다들 아는 것처럼 문제를 풀기 위해서는 일단은 그 문제에 주목해야 한다. 문제 체크 단계에서는 단순히 문제를 읽는 것을 넘어서 그 문제가 요구하는 의미가 이해될 때까지 문제만 보고 있어야 한다. 이해되지 않는다면 단어나 문장 구조를 바꿔 가면서라도 이해해야 하며 다른 예시를 들어서라도 이해해야 한다. 이해하지 못했다면 어차피 다음 단계로 넘어가도 틀리게 되니 푸는 의미가 없다.

2. 조건 파악

중위권에 해당하는 학생들은 문제에서 제공한 조건을 놓치는 경우가 많다. 모든 문제는 풀기 위한 조건을 최소 하나 이상 제공한다. 우리는 이 조건을 명확히 표시해 놓고 적절히 활용할 수 있도록 배치해야 한다. 국어 과목으로 치면 ㉠, ⓐ, <보기>, 지문 등이고 수학 과목으로 치면 'a+b=3이라고 할 때'처럼 인위적으로 제공한 것들을 의미한다. 이 모든 것들이 조건이며 문제를 풀기 위한 재료로 제공되는 성분들이다. 조건은 헷갈리지 않도록 각 조건을 별도로 표시해 놓도록 하며, 필요할 때 꺼내 쓸 수 있어야 한다. 조건은 말하자면 총알 같은 존재다. 총알을 사용해서 목표를 맞춰야 한다.

3. 아이디에이션(목적 설정)

100점과 96점을 받는 학생 간의 차이는 아이디에이션 능력의 차이에 있다. 이 능력의 차이가 최상위권과 상위권을 판가름하는 실력 차이라고 봐도 무방하다. 사실상 조건이 문제 풀이의 몸통이며 총알이었다면 아이디에이션은 총을 쏘는 포수다. 대부분 문제가 풀리지 않는 이유는 이 단계의 미숙함 때문이다.

아이디에이션이란 문제와 조건을 활용해서 어떻게 풀어갈지 아이디어를 떠올리고 전반적인 틀을 미리 짜놓는 과정을 의미한다. 구체적인 과정을 말하면 문제 체크, 조건 파악 과정을 거친 후 분석, 추론, 변환, 결론 도출을 머릿속으로 하는 것을 뜻한다. 따라서 모든 풀이 과정에서는 목적을 정하고 어떻게 생각해야 할지 관점을 정하는 이 과정이 메인이며 다른 과정은 모두 이 과정을 위한 서포터로 삼아야 한다.

목적 설정과 아이디에이션은 비슷한 의미이나 나는 특별히 수학에서만 '아이디에이션'이라고 지칭하고 다른 과목에서는 '목적 설정'이라는 단어를 쓰고 싶다. 아이디에이션이 '풀이 과정의 틀'이고 '조건과 원리를 사용하여 풀어가는 과정'이라서 원리 파악에 가깝다면 목적 설정은 '어떤 문제가 있을 때 조건과 문제를 어떻게 활용하여 어떻게 접근해야 할지 목적을 가져야 한다.'라는 목적성 만들기에 가깝다. 아이디에이션이

나 목적성 만들기 과정에서는 반드시 어떠한 개념의 정의나 원칙에 의거해야 한다.

문제의 목적성이란 이 문제가 무엇을 묻고, 어떤 것을 왜 요구하는지를 이해하는 것인데, 목적성이 빠지면 아무 생각 없이 어디서 들은 스킬만 쓰게 되어 적절하지 않은 타이밍에 사용하니 틀리게 되는 것이다. 보통의 학생들은 학원에서 가르쳐 주는 '방법'에 집중해서 목적을 잊은 채 문제를 푸니 풀릴 리 만무하다. 여러분이 국어 지문을 읽을 때, 수학 문제를 풀 때 그냥 생각 없이 허우적대다가 틀리는 이유가 바로 이 목적성의 부재 때문이다.

어떤 독자는 눈치챘을 수도 있다. 아이디에이션은 목적성을 가져야 한다는 부분에서 개념 공부 비법에 있는 '목차와 대화하라.'라는 내용과 일맥상통한다는 것을. 개념 공부에서 목차를 보는 행위를 통해 체계를 갖추기 시작했다면 문제 풀이에서도 그 목적을 생각하며 풀어야 한다는 것이다.

즉, 우리가 어떤 문제를 푸는 연습을 할 때는 그 문제를 암기하는 게 아니라 목적을 이해하고 추론해 나가는 과정을 연습하는 것, 즉 아이디에이션 과정의 연습을 목표로 해야 하며 실전에서는 연습한 그 과정을 적용하여 문제를 해결해야 한다.

개념 학습이 데이터를 지식으로 만드는 과정이었다면 아이디에이션 훈련은 지식을 통찰로 만드는 과정이며 통찰이 쌓이면 지혜가 되어 실력이 되는 것이다. 즉, 실력이란 지식을 발전시킨 통찰을 누적시킨 지혜이며 이 단계를 거쳐야 실력이 향상된다. 한 가지 주의할 점은 이 과정은 당연히 힘들지만 견뎌야 한다는 것이다. 생각에도 근육이 있어서 근육이 만들어져 있지 않으면 잘 안 되기 때문에 미리 연습해야 시험 때 사용할 수 있다. 시간으로 그저 버티던 공부는 헛공부이며 진짜 공부란 바로 이 아이디에이션 과정에 시간을 쏟는 것이다.

활용법은 간단하다. 아이디에이션의 경우 문제와 조건을 확인한 후 이 문제가 어떻게 풀려나갈지 그 절차를 상상한 후 '□ → □ → □'라고 써 놓으면 되고, 목적 설정의 경우 '~를 묻고 있으니까 난 ~의 관점에서 ~를 보고 생각해야겠어.'라고 정한 후 풀이를 시작하면 된다.

4. 풀이

풀이는 앞에서 설정해 놓은 아이디에이션을 기준으로 제시된 조건을 오류가 없도록 활용하여 문제로 향하는 과정이다. 보통 여러분이 해오던 풀이 과정을 의미하는데, 이 과정은 앞 단계가 없다면 껍데기일 뿐이다. 오류가 없도록 하는 데에 집중해야 하므로, 어떤 상황에 어떤 표시를 하는 등의 풀이 기준을 만들어 놓는 게 좋다.

5. 검산

최상위권의 감점 요인은 대부분 실수에 있었다. 알고도 틀리는 문제들이 꽤 많았고, 습관적으로 하는 실수가 있었다. 실제로 나 또한 $2^3=6$ 이라고 하는 실수를 계속 반복했는데 이러한 문제를 해결하기 위해 검산 과정이 필수다. 검산은 1~4단계에서 오류가 있었는지를 점검하는 과정이다. 이 과정을 각 과목에 적용하면 다음과 같다.

수학

1. 문제 체크: 문제가 무엇인지 확인하고 밑줄 긋고 Q를 써둔다.

2. 조건 파악: 주어진 조건에 무엇이 있는지 확인하고 각 조건에 번호를 매겨서 체크해둔다. (①, ② 등)

3. 아이디에이션: 문제와 조건을 융합해서 어떻게 풀어야 할지 미리 틀을 생각해 본다. 변환 가능한 방향을 미리 생각하고 풀이가 어떻게 진행될지 가늠한다.

4. 풀이: 아이디에이션을 중심으로 조건을 빠뜨리지 않는 게 핵심이다. 풀이에 오류가 없도록 차근차근 풀어나간다.

5. 검산: 1~4번 과정에서 오류가 없었는지 점검한다.

수학 외 다른 과목

1. 문제 체크: 문제가 무엇을 묻고 있는지, 그게 무슨 의미인지 생각해 본다.

2. 조건 파악: 주어진 조건에 뭐가 있는지 확인하고 옮겨 써 두거나 잘 알아볼 수 있도록 표시해 놓는다.

3. 목적 설정: 이 문제를 풀기 위해서 무슨 생각을 하고, 어떤 관점으로 내용을 읽어야 할지 생각한다.

4. 풀이: 설정한 목적을 중심으로 조건을 적절히 활용하여 문제에 접근하며 적절하지 않은 것을 제거한다.

5. 검사: 1~4번 과정에서 오류가 없었는지 점검한다.

이 프로세스는 입시뿐 아니라 다양한 문제를 마주할 때 적용할 수 있는 절차이므로 습득해 놓고 활용할 수 있다면 굉장히 유용할 것이다.

주의할 점은 결국 아이디에이션의 성공률과 압축률은 실력에 정비례하기 때문에 실력이 낮을수록 풀이 과정이 길어질 수밖에 없음을 받아들여야 한다는 점이다. 유추가 불가능한 상황에서 풀이 과정만 더 짧게 만들려고 하다가는 되려 근육이 찢어지고 다리가 부러지는 것 같은 부작용이 생긴다. 목표는 풀이 과정의 효율이나 속도가 아니라 오직 그 과정 연습 자체에 있어야 한다.

마지막으로 당부하고 싶은 말은 아이디에이션 과정은 가장 짧고 빠르게 성적을 향상할 수 있는 방법이라는 점이다. 그러므로 연습도 힘들고 실전에서 처음에는 잘 안 될 테지만 견뎌내야 한다. 연습할 때 고생해야 실전에 적용할 수 있다는 사실을 잊지 않기를 바란다.

요약

☑ 1. 문제 체크 - 조건 파악 - 아이디에이션(어떻게 풀지 생각) - 풀이 - 검산
☑ 2. 문제 유형별로 아이디에이션 유형도 정해져 있다.

당황스러운 상황을 즐겨라

[
못 푸는 문제가 나타나면

어떻게 해야 할지 모르겠어요.
]

앞에서 말한 것처럼 문제와 조건을 모두 잘 파악했는데도 복잡하다거나 어렵다고 느껴지는 경우에는 거의 아이디에이션에 실패했거나 풀이 과정 중에 모르는 내용이 있어서다.

풀기 전에 문제를 파악하고 조건을 생각하는 습관이 만들어졌는데도 아이디에이션에 실패했다면 실력이 부족한 것이다. 하지만 풀이 과정 중에 모르는 내용이 있다면 그보다 앞 단계의 공부를 덜 했기 때문이라고 봐야 한다. 이때는 이 문제를 '어렵다', '복잡하다'라고 생각하면 안 되고 '필요한 공부를 덜 했구나.'라고 생각하고 감사히 여겨야 한다. 이 문제로 인해 실전에서 고전하지 않게 되었으니 말이다.

문제를 풀다 보면 당연히 지금 실력으로는 풀기 어려운 고난도 문제들이 나타나고 이 문제들은 우리를 당황시킨다. 우리는 앞으로 그 상황을 즐기기로 하자. 그때가 실력이 향상될 절호의 찬스다. 앞에서 실력이란 아이디에이션 능력이라고 이야기했는데 통상 말하는 추론 능력이 이 부분에 포함된다. 문제는 기억을 더듬어 푸는 게 아니라 추론 능력으로 풀어야 한다는 것이다. 추론 능력이 잘 발휘되기 위해서는 당황스러운 상황에서도 묵묵히 대응하는 연습을 미리 해봐야 한다.

코로나19로 학습 양극화가 극명해졌다. 중위권이 처참히 무너진 이유는 무분별하게 학원에 다니던 습관 때문이라고 본다. 공부를 안 해서 실력이 무너진 게 아니라 들통 난 것이라고 조심스레 추측한다. 그동안 학원에서 추론 능력을 배운 게 아니라 풀이법을 외운 뒤 기억에 의존해서 푸는 습관을 들여 왔다면 경험치는 늘었을지 몰라도 추론 능력은 전혀 향상되지 않았을 것이다. 그러니 더 이상 풀이법을 외울 수 없는 상황이 되니 추론 능력이 부족해서 도저히 혼자서는 해결할 수 없게 되는 것이다. 결국 암기하는 방식의 풀이 습관이 자연스레 실력 저하로 연결된 셈이다.

실력을 쌓는 가장 최고의 방법은 앞에서 설명한 아이디에이션을 끊임없이 하면서 스펙트럼을 미리 넓혀 놓는 것이다. 이때 주의할 점은 이 과정이 잘 안 돼서 다소 고통스럽고 당황스럽더라도 정면으로 마주해야 한다는 점이다. 그냥 인강을 많이 듣는다거나 학원 수업을 많이 듣는 방식으로는 여전히 추론 능력은 제자리걸음일 테니 실력이 쌓이지 않는다. 우리는 고통스럽더라도 단순한 습득이 아니라 당황스러운 상황을 더 많이 접하며 추론 능력을 쌓아 가야 한다. 돌발 상황에 대응하는 연습을, 그 상황을 타파하는 연습을 많이 하라.

이 과정은 RPG 게임과 비슷한데 한 방에 추풍낙엽처럼 날아가는 몬스터들은 아무리 많이 잡아도 경험치가 되지 않는다. 적당히 강한 몬스터를 잡아야 그 과정이 조금 고통스럽더라도 경험치가 되는 법이다. 즉, 내 실력에 비해 약간 어려운 문제를 풀 때 실력이 가장 크게 향상된다. 문제 풀이의 목적은 내가 알고 있는 내용의 오류를 교정하고 새로운 원리를 습득함에 있다는 것을 기억하라.

이를 수학 과목에 적용시켜서 생각한다면, 먼저 문제를 풀 때는 절대 기계적으로 풀지 않도록 한다. 기계적으로 풀기만 해서는 아이디에이션 능력이 향상되지 않아서 모의고사에서 4점짜리 문제를 전혀 풀 수 없게 된다. 누구나 마찬가지로 30번 킬러 문항과 같은 고난도 문제를 풀면 어렵고 당황하게 되는데, 바로 그 순간을 기회로 삼아 문제가 준 원리와 조건에 집중해서 해결 방법을 모색해야 한다. 단순히 풀 수 있는 문제만 많이 푸는 건 그 문제를 기억할 수 있도록 만드는 노동이지 실력을 향상시키는 공부가 아니다.

국어 과목에 적용한다면, 문제를 마주할 때 문제가 무슨 말을 하는 것인지 아예 이해되지 않을 수도 있고, 뭘 어떻게 해야 하는 건지 도통 몰라 목적 설정이 불가능할 수도 있다. 이 경우 현 실력으로는 풀기 버거우므로 난이도를 낮춰야 한다. 너무 어려운 문제를 풀 게 아니라 적절히 이해되지만 약간 어려운 느낌이 드는 수준의 문제와 대화하며 원하는 바를 찾아 나가는 연습을 하라. 보통의 학생들은 어려운 문제가 나타나면 감으로 찍어 넘기려고 하는데, 그러면 잘해도 3등급을 넘기기 힘들다.

어렵고 당황스러울수록 그 문제가 묻는 바가 무엇인지를 끊임없이 물어
야 한다.

　최대한 당황스러운 경험을 많이 만들라. 당황의 경험이 실력이 된다.
풀이 경험은 기억일 뿐, 당황의 경험이 실력이다.

요약

☑ 1. 안 풀리면 화내지 말고 감사하라.

☑ 2. 틀린 문제, 못 푼 문제로부터 배우고 보강하라.

☑ 3. 안 풀리는 게 너무 많으면 난이도를 낮춰라.

04

속도보다 정확성

선생님 말씀대로 문제를 풀면 시간이 오래 걸리지 않나요?
시간이 오래 걸리더라도 그렇게 풀어야 하나요?

그렇다. 오래 걸려도 그렇게 풀어야 한다. 역설적으로, 빨리 하기 위해서는 천천히 해야 한다. 정확도가 없는 상황에서는 시간이 얼마가 걸리느냐는 전혀 중요하지 않다. 빨리 풀려 하는 조급한 마음은 오히려 독이 된다. 연습할 때는 반드시 앞에서 설명한 과정으로 풀어야 한다. 이를 반복하다 보면 과정이 압축되며 시간이 줄어들고 실전에서 더 좋은 성과를 얻을 수 있다.

앞서 말한 문제 풀이 과정인 '문제 체크 - 조건 파악 - 아이디에이션(목적 설정) - 풀이 - 검산'의 과정은 충분조건이 아니라 필요충분조건이다.

이렇게 해야만 성적이 오르고, 성적이 오른 학생은 반드시 이 과정을 거칠 수밖에 없다. 이 말은 이 과정에 익숙해지지 않으면 결국 성적이 오르지 않는다는 의미도 되기 때문에 이 과정을 건너뛰는 게 아니라 압축하기 위해 노력해야 한다.

복싱을 처음 한다고 상상해 보자. 복싱을 익히는 과정을 축약하면 '잽 - 원투 - 기초 콤비네이션 - 고급 콤비네이션' 등의 순서가 되는데 가장 쉽지만 긴 시간을 투자해야 하는 것이 바로 잽이다. 잽이 확실히 되어야 원투가 정확해지고 더 강력해진다. 만약 이를 무시하고 잽이나 원투를 건너뛴 후 바로 고급 콤비네이션을 익히게 되면 모양은 그럴싸할지 몰라도 전혀 써먹지 못하는 껍데기 기술이 되어 시합에서는 엄청 두들겨 맞는다. 이걸 깨달은 뒤 다시 잽으로 돌아가게 되면 결국 더 긴 시간을 들여야 한다.

이와 비슷한 맥락에서 어디서 들은 스킬을 사용해서 빨리만 풀고 와장창 틀려서 3~4등급대에 머무는 학생들이 많다. 천천히 해도 속도는 자연히 늘기도 하고 나중에라도 올릴 수 있지만, 정확도는 과정을 처음부터 정확하게 잡아가지 않는 한 절대 올릴 수 없다. 기본에 충실해야 한다는 말과 같다. 기본은 기초와 다르다. 기본은 중요해서 기본이지 쉬워서 기본이 아니다.

정확도를 올리려면 앞서 말한 과정을 철저하게 지켜야 하는데, 최대한 쉬운 문제를 과정을 지켜서 푸는 것이 가장 좋다. 여기에 첨언하자면 처음에는 그 과정을 모두 글로 풀어서 써 보는 게 좋다. 아이디에이션 과정은 최상위권은 머리로 할 수 있지만 중위권 아래 학생은 매우 힘들다. 그러니 머리로 생각하는 대신 모든 과정을 늘어놓아 글로 써 보라는 것이다. 심지어 수학도 언어를 사용해서 해설지를 쓰는 것처럼 쓰면 된다. 즉, 익숙하지 않으면 풀이 과정의 틀을 머리로 하는 게 아니라 글로 쓰면서 짜라. 최대한 늘어놓아 쓰면 모든 생각이 글에 투영될 것이고, 그러면 나중에 풀이가 끝나고 난 후 채점하면서 해설지와 대조했을 때 어디가 부정확한지, 어디에서 오류가 있는지 찾을 수 있다. 우리는 이를 캐치하고 습득한 후 교정하기만 하면 된다. 이 내용은 다음에 나오는 '오답의 원인을 파악하라'에서 설명하겠다.

어떻게 보면 이 책도 여러분에게 '문제 푸는 실력을 늘리는 방법' 이라는 과정을 풀어쓴 것이라고도 볼 수 있다. 이것이 속도가 아니라 '과정의 정확성'에 집중해야 하는 이유다.

요약

☑ 빨리 하려고 하지 마라. 정확하게 하려고 하다 보면 실력이 쌓여서 빨라진다.

오답의 '원인'을 파악하라

현재 영어 2등급인데 공부를 해도 1등급은 도저히 안 나와요.

공부 방법이 잘못된 걸까요?

무슨 공부를 어떻게 해야 할까요?

공부는 그냥 학원에서 수업 듣고

따로 모의고사 풀면서 지문 분석하고 있습니다.

얼마 전 이런 질문을 받았다. 나는 곧장 "오답 노트 해보셨나요? 무엇을 왜 틀리던가요?"라고 답변했다. 그러자 이 친구는 "아, 오답 노트를 안 했네요. 우문현답 감사합니다."라고 했다. 나는 단 두 마디만 던졌을 뿐인데 스스로 답을 찾아갔다. 이 친구는 반드시 1등급이 될 친구이다.

아예 지식이 없을 때는 오답이 너무 많기 때문에 오답 학습은 효율이 떨어지지만 지식이 쌓여갈수록, 지식이 통찰과 지혜가 될수록 새로운 내용을 쌓는 것보다 오류를 교정하는 게 중요해진다.

오답의 원인을 파악하라는 것은 그냥 오답 정리를 하라는 게 아니라 원인을 파악하라는 것이다. 많은 학생이 오답 정리를 할 때 문제를 한 번 더 푸는 정도로 끝내는데 그러면 아무런 소용이 없다.

보통 학생들의 오답 노트 방식
푼다 → 답지 본다 → 틀리면 다시 푼다 → 끝

이렇게만 하고 끝내면 문제의 원인이 뭔지 모르게 되고 실력 향상의 기회를 잃는다. 이건 1차원적 사고이며, 원인을 해결하는 게 아니라 눈을 가리는 것이다. 눈을 가리면 당연히 문제는 해결되지 않으며 틀린 문제를 반복해서 틀리게 된다. 문제가 발생했다면 반드시 원인이 있다. 원인만 파악하여 고칠 수 있다면 두 번 다시 같은 실수를 하지 않을 텐데 파악할 시도조차 하지 않는 것이다. 문제 풀이는 건강 검진이며 오답의 원인을 찾는 것은 치료하는 것이다. 치료하지 않는다면 건강 검진은 몇 번을 해도 아무 소용이 없다. 또 학교 폭력 피해자 학생에게 가해자와 화해하라고 종용해 놓곤 상황이 끝났다고 착각하는 무능한 교사의 행동과도 같다. 겉으로는 끝난 듯 보이겠지만 실제로는 전혀 끝나지 않았다. 이렇듯 문제의 원인을 파악하는 것은 매우 중요하다.

주의할 점은 오답의 원인 찾기를 미뤄서는 안 된다는 것이다. 오답의 원인을 찾으라고 하니 어떤 학생들은 개미들이 겨울 식량을 쌓는 것처럼 양껏 쌓아 놓는 친구들이 있는데 이러면 소용이 없다. 오답 노트를 하는 이유는 자신의 생각을 교정하기 위해서인데 이러면 자기가 무슨 생각을 했는지 잊어버리게 된다. 오답은 발생한 즉시 원인을 찾고 교정하라.

각설하고, 문제를 풀지 못했거나 오답이 발생했다면 원인은 딱 세 개로 축약할 수 있고, 이 원인별로 보강할 방법 또한 정해져 있다.

1. 개념 지식의 부족
2. 문제 풀이 지식 부족
3. 나의 습관 문제(실수)

앞에서 최대한 천천히 풀어쓰라고 말했는데, 이건 단지 과정에서의 속도를 정확하게 하기 위해 조급함을 없애라는 말이지 늘어지게 잡고 있으라는 말이 아니다. 즉, 아무리 풀어써도 도저히 아이디에이션이 되지 않는 문제는 해설지를 보는 과정이 필요하다는 뜻이다.

1번과 2번의 경우는 해설지를 통해 원인을 찾아 교정할 수 있다. 해설지를 보면서 갑자기 모르는 부분이 나온다면 개념 지식이 부족한 것이다. 개념 지식이 부족한 상황이라면 반드시 그 부분을 보강해야 한다. 그게 아니라 해설지를 보면 이해는 되지만 문제를 푸는 당시에는 이해되지 않았다면 아이디에이션에 실패한 것이고, 경험치가 낮은 것이다. 조금 더 쉬운 문제를 풀면서 조건과 문제를 활용하여 아이디에이션하는 연습을 해야 한다.

이렇듯 해설지는 내 오답의 원인을 찾게 해주는 강력한 도구이다. 이런 과정을 통해 내 생각 중 잘못된 개념이나 논리가 있다면 찾아내서 고쳐야 한다. 주의할 점은, 아이디에이션을 충분히 하지 않은 채 해설지를 보게 되면 이해를 못 했음에도 '당연히 그렇지.'라고 합리화하며 슬쩍 넘기게 되므로 오류를 교정할 기회를 잃게 된다. 그러니 충분한 아이디에이션 과정을 거친 후 해설의 도움을 받아야 한다.

오답의 원인 중 가장 큰 문제는 습관의 문제인데, 앞에서 최상위권의 감점 요인이라고 했던 실수 또한 여기에 해당된다. 해설지를 보면서 '아, 실수했네.' 라고 한다면 그건 실수가 아니라 실력이며 습관의 문제다. 어떤 상황에 어떤 실수를 하는지 스스로 인지한 후 문제를 풀 때 '난 이런 문제를 풀면 이런 문제가 있었어.'라며 습관적으로 문제가 되는 부분을 상기하면서 풀게 된다. 나의 가장 치명적인 문제 또한 $2^3=6$으로 계산하는 오류였다.

예전에는 거창하게 오답을 분석하라고 이야기했으나 분석은 보통 학생에겐 어렵다. 분석이 아니라 오답의 원인을 찾고 오류를 교정하는 정도로도 충분히 성과가 좋아질 수 있으니 앞으로 여러분은 패배하거나 실패하더라도 문제의 원인을 찾는 과정에 집중하라. 그러면 결국 해결할 수 있다.

이해를 돕기 위해 수학, 국어 과목의 풀이 과정과 오답 원인 파악을 도와줄 수 있는 양식을 첨부한다.

요약

☑ 오답, 풀어 보는 걸로 끝내지 말고 '원인'을 찾아라.

수학 오답 풀이 노트 양식

교재 _____ 페이지 _____ 번

1. 이 문제에서 구해야 하는 것이 무엇인가?	2. 문제의 조건을 빠짐없이, 최대한 길게 쪼개기	3. 조건과 문제를 함께 생각하여 조건 변환	4. 풀이 아이디어 (순서대로)
	① ② ③ ④ ⑤ ⑥ ⑦		

풀이 & 검산 (해설지를 쓰고 생각하고 작성하세요.)

이 문제에서 알아야 할 점, 고칠 점

오답 분석 색인

개념 분류 (이 문제가 포함하는 모든 부분에 동그라미)

중1	소인수분해	정수와 유리수	문자와 식	좌표평면과 그래프
	기본도형	평면도형	입체도형	통계
중2	유리수와 순환소수	식의 계산	부등식과 연립방정식	일차함수
	도형의 성질	도형의 닮음	피타고라스 정리	확률
중3	실수와 그 계산	이차방정식	이차함수	이차함수
	통계	피타고라스 정리	삼각비	원의 성질
(상)	다항식	방정식과 부등식	도형의 방정식	
(하)	집합과 명제	함수	경우의 수	
Ⅰ	지수함수 로그함수	삼각함수	수열	
Ⅱ	함수의 극한과 연속	다항함수의 미분법	다항함수의 적분법	
미적분	수열의 극한	(여러 가지)미분	미분법	적분법
	순열과 조합	확률	통계	
기하	이차곡선	벡터	공간도형	

오답 분류 (이 문제를 틀린 이유 전부 동그라미)

암기 관련	모르는 수학 용어, 표현이 있음	공식이 생각 안 남	틀린 풀이 방법
활동 관련 (조건 변환)	조건 활용을 못 했음	조건을 다르게 활용함	조건을 다르게 활용함
기술 관련	내 아이디어로 풀다 막힘	문제를 끝까지 구하였다	
이해 관련	문제가 무슨 말인지 모르겠음(국어)	문제를(오)해 이해함(오해)	
실수 관련	계산 실수	검산 진행 안 함	

해설 이해 분류 (해설지를 보고 해결하는 부분에 동그라미)

보면서 전부	혼자 다 함	조건은 이해되지만	해설 보고 다른 점
이해됨		모르는 과정 있음	이해함

해설에 이해 안 되는 부분 쓰기

국어 오답 풀이 노트 양식

20___ 년 ___ 월 ___ 일 ___ 요일 　　　교재 _____ 페이지 _____ 번

문제 풀이 섹션	내가 ○변을 근거라고 생각하는 이유는 어디에 있나? (문제 또는 지문에서 근거를 표시할 수 있다면 표시할 것) 그 근거를 기반으로 논리를 만들어 설명하라. ('~이므로 ~이다,' 남들이 되고 반박할 수도 없어야 함)
풀이 점검 (필수 체크)	□ 근거가 있나? □ 근거에서 전개된 논리가 적절한가? ('~이기 때문에 ~이다'가 잘 연결되는가?) □ 그 근거와 논리가 선택지를 뒷받침할 수 있는가? (선택지와 근거 논리가 연결되지 않을 수도 있다.) □ 그 선택지가 문제가 묻고 있는 내용에 합당한가? (문제가 묻는 내용과 충분히 연결되어야 한다.)
오답 섹션	정답이 ○번이 아닌 근거와 논리는? (내가 선택한 정답이 정답이 아닌 이유를 찾아 써라) 나는 왜 그렇게 생각했나? 내 논리가 틀린 이유는? 또는 근거를 잘못 체택한 이유는? (내 문제점은 뭔가?)
평가 잘못된 건가?	□ 논리와 근거가 연결되지 않음 □ 논리가 합리적이지 않음 □ 근거를 잘못 생각함 □ 모르는 부분(이해되지 않는 부분)이 있음 기타 이유
	정답이 ○번인 근거는?
다시 푸는 섹션	왜 ○변을 정답으로 선택하지 못했나? 앞으로 어떻게 생각해야 틀리지 않을까? 맞을 수 있을까? (고칠 점, 알아야 할 것)

배움을 축적해 둬라

아이디에이션을 설명하면서 '지식을 확장시키면 통찰이 되고 통찰이 쌓이면 지혜이자 실력이 된다.'라고 이야기했지만 사실 하나 빼먹었다. 이렇게 지혜가 된 것들은 축적해 두어야 진정한 실력이 된다. 실력이 아무리 좋아도 한 부분에 국한되면 잘한다고 말하지 지혜롭다고는 이야기하지 않는 것처럼 말이다.

또한, '목차와 대화하라'에서 이야기했듯 학습하기 전에는 전반적인 틀을 짜야 하는데 틀은 곧 체계다. 체계가 있어야 이해가 쉽고, 체계가 없다면 기억은 휘발되기 쉽다. 처음에는 효율이 높았던 공부도 시간이 지나면서 체계가 가물가물해지면 노동이 되어 버릴 수 있기에 이해한 체계도 아이디에이션과 마찬가지로 누적시켜 놓아야 한다.

결국 우리는 지혜를 쌓기 위해, 그리고 체계를 유지하기 위해 '누적 노트'를 만들어야 한다. 이 노트는 지금껏 여러분이 기계식으로 만들어 왔던 노트가 아니라 지식 통찰을 축적시켜 지혜로 만들기 위한 노트이며, 어떤 기준에 의해 작성되어야 한다. 지금까지 따라왔다면 최소한의 노트로 화룡점정을 찍을 수 있다.

노트 제작에는 몇 가지 원칙이 있다.

1. 최소한으로만 만들 것. 수가 많아지면 보지 않는다.
2. 다시 보고 싶도록 깔끔하게 만들 것. 깔끔하려면 노트에도 체계가 필요하다. 내 마음 가는 대로 쓰는 게 아니라 어떤 기준에 의해 작성되어야 한다.
3. 최소한 한 달에 한 번씩은 10분이라도 볼 것. 노트를 만드는 목적은 '잊지 않기 위해서'임을 기억하라.

필수적으로 만들어야 하는 노트는 다음과 같다. 딱 이 세 개만 있으면 된다.

1. 오류 노트
2. 질문 노트
3. 개념 원리 노트

지금부터 각 노트를 어떤 체계로 만들어야 할지 알아보자.

1. 오류 노트

바로 앞에서 오답의 '원인'을 찾으라고 이야기했는데, 나는 이를 통칭하여 '오류'라고 말한다. 모든 학습의 과정에서 발생한 오류를 면밀히 알아야 하며 그 오류들을 모아 둔다.

- 오답 유형
- 실수 유형
- 잘못 알고 있던 지식
- 아이디에이션 내용

중요한 것은 어디까지나 발생했던 오류를 기준으로 모아야 한다는 것이다. 아이디에이션도 마찬가지다. 방법은 바로 앞에서 자세히 이야기했으니 넘어가도록 하고, 오류를 모아 놔야 한다는 것은 잊지 않도록 한다.

2. 질문 노트

질문 노트는 타인에게 물어봄으로써 내 문제를 해결하기 위한 노트라고 볼 수 있다. 오류 노트에 쓴 내용 중 도저히 해결되지 않는 부분은 명확히 콕 집어서 질문하도록 하자.

질문할 때 중요한 두 가지는 '무엇을 어떻게 질문할 것인가'와 '그에 대한 답변의 핵심'이다. 즉, 나에게 발생했던 오류를 명확하게 설정하고 무엇을 질문해야 하는지 알아내는 것이 50%이다. 그에 대한 해결 방법을 질문을 통해 답변 받는 과정이 또 50%인 것이다. 여기서 명심해야 할 부분은 절대 단순히 문제를 물어보면 안 된다는 점이다. 문제를 물어보면 답변하는 사람은 그냥 문제를 풀어줄 수밖에 없는데 이러면 오류가 해결되는 게 아니라 그저 실시간으로 해설지를 보는 것밖에 안 된다. 그러므로 질문은 오류 노트를 작성해 본 후 해결되지 않을 때 해야 한다.

답변을 받고 나서 단순히 결과만 놓고 보면 이미 아는 것일 수도 있다. 하지만 오류가 있었다는 것은 결국 과정에서 '무엇을', '왜', '어떻게'를 명확히 몰랐기 때문이므로 결과가 이해됐다고 과정을 잘라먹으면 안 된다. 답변은 항상 전체를 다 써야 하며 '무엇을', '어떻게', '왜'가 들어가야 한다. 그래야 명확히 이해할 수 있다.

나에게 지도를 받고 있는 한 학생의 질문 노트를 첨부한다.

질문 노트 작성 예시

3. 개념·원리 노트

개념·원리 노트는 노트의 화룡점정이다. 오류 노트, 질문 노트 모두이 '개념·원리 노트'를 위해 만들어진 것이라고 봐도 과언이 아니다. 우리는 어디까지나 가성비 공부법을 지향하기 때문에 기존처럼 배운 내용을 모두 필기할 필요는 없다. 아니, 해서는 안 된다. 이러한 잘못된 습관 때문에 오히려 더 원리에 집중하지 못한다. 노트를 쓰는 방법은 지금까지 계속 잘 따라왔다면 간단하다.

우선 책처럼 섹션별로 공간을 나눈다. 예를 들면, 1~20페이지는 지수, 21~40페이지는 로그로 미리 분할을 해 놓으라는 의미이다. 이렇게 나누기 위해서는 앞에서 말한 대로 개념 공부가 되어 있어야 한다. 목차를 보고 책 전체를 이해하지 못하면 틀을 잡을 수 없고 틀이 없으면 섹션을 나누는 것조차 어렵다. 너무 세세하게 나눌 필요는 없고 찾고 싶을 때 찾아갈 수 있을 정도로 이정표만 만들어 놓는다는 느낌으로 나누는 게 포인트다.

그다음, 새로운 원리를 이해할 때마다 배정된 공간에 쓰면 되는데, 새로운 원리를 익힐 때마다 가서 채운다. 개념 공부를 하며 했던 단권화와 목차, 원리, 정의, 활용 예시 그리고 오류 노트에서 지속적으로 문제가 됐던 부분, 질문 노트에서 해결된 의문점, 그것들을 통해 알게 된 원리나 예시를 통취합하여 이쪽으로 옮겨 두자. 또 문제를 풀면서 얻게 된 내용, 애매했던 개념, 아이디에이션을 통해 알게 된 '조건 → 변환' 등도 모두 개념·원리 노트로 옮겨 누적시켜 놓는다.

그러면 '개념·원리 노트' 외 다른 노트들은 한 번 쓰고 더 이상 보지 않아도 괜찮다. 중요한 건 원리를 이해하면서 쓰는 것이다. 그리고 이 작업을 거친 후 또다시 모르는 게 나오더라도 이미 배정된 섹션이 있으니 그때그때 추가로 써도 괜찮다.

이로써 여러분의 지식은 지혜가 되었다. 여기까지 완료하면 더 이상 휘발되지 않는다. 다만, 아무리 원리를 완벽히 이해했다 하더라도 아주 오랜 시간이 지나면 휘발될 가능성이 조금씩 생기므로 적어도 한 달에 한 번 정도는 꺼내서 봐 주는 게 좋지만 일주일에 한 번씩 꺼내 보는 걸 추천한다. 이 작업은 말하자면 보수 공사이다.

요약

☑ 1. 오류 노트: 오답 유형, 실수 유형, 잘못 알고 있던 지식, 아이디에이션 내용

☑ 2. 질문 노트: 질문할 내용, 잘못 알고 있던 부분, 선생님이 하신 말, 보완 방법

☑ 3. 개념·원리 노트: 단원별로 새로운 원리를 이해할 때마다 추가해서 쓰기

4장

실전 대비
절대 비법

실전 대비 절대 비법 3계명

1. 시험은 실력과 다름을 명심하라
2. 내신·수능 동시 대비 투트랙 전략을 세워라
3. 수능 풀이 시간 분배 전략을 세워라

시험은 실력과 다르다

2012년에 가르쳤던 학생이 있었다. 그 친구는 나와 수능 4개월 전에 공부를 시작했다. 성적은 중상위권 정도였고 주어진 시간이 별로 없었기에 실력 향상보다 실전 대비에 집중하여 지도했는데, 전략적으로 준비한 끝에 괄목할 만한 성과를 내고 SKY 중 한 곳에 진학했다.

그리고 누가 봐도 우수한 실력을 지닌 학생도 있었다. 이 학생과 대화하고 있으면 가끔은 나 스스로가 부끄러워질 만큼 대단히 지식이 많았고 공부 시간도 상당히 길었다. 하지만 끝내 성적은 고전을 면치 못했고 본인 실력에 미치지 못하는 학교에 진학했다.

이들의 차이는 운이라고 보는 이들도 있겠지만 운이 아니라 과정에 따른 결과다. 어디에 관점을 두고 어떻게 대비할지를 선택한 전략적 실력이며, 이는 공부 실력이 아니라 시험 실력이라고도 볼 수 있다. 즉, 시험 결과와 진짜 실력은 다를 수 있다는 것이다.

이유야 여럿이겠지만 수험생의 거의 과반수가 수능에서 본인 실력을 발휘하지 못한다. 개중에는 정말 엄청나게 공부했는데 실전 대비를 하지 않아서 생각지도 못한 성적을 받아 오는 케이스도 여럿 봤다. 물론 헛 공부를 했을 수도 있으나 진짜 공부를 많이 해도 성적이 잘 나오지 않는 케이스가 분명히 있다.

반대로, 실력은 아직 한참 부족한데도 생각보다 훨씬 좋은 성적을 받은 경우도 종종 있다. 실제로 내가 지도할 때도 막바지에 이르러서는 실력 향상보다 시험 대비를 집중적으로 한다.

이 챕터를 통해 말하고 싶은 바는 개념 공부와 문제 풀이 공부의 결이 다르듯 실제 공부와 시험 대비 또한 결이 다르다는 것이다. 개념 학습이나 문제 풀이 과정에서 익힌 원리가 바뀌진 않겠지만 실전에서는 시간이나 주변 환경 등 공부 과정에는 없었던 변수들이 많다. 따라서 실전 대비는 반드시 해야 한다. 실전 대비는 좋게 말하면 최종 역전의 마지막 기회가 될 수도 있고 최악의 상황만은 면하게 해주는 방탄조끼가 될 수도 있다. 이렇듯 실전 대비 과정에는 기존의 학습 과정에서 배울 수 없었던 전략이 있는데, 지금부터 그 이야기를 해보려 한다.

다만 이것은 말 그대로 전략일 뿐이기에 없는 실력을 만들어 줄 수는 없다. 앞 단원에서 이야기한 실력 쌓기 학습을 충분히 해놔야 비로소 효과를 발휘할 수 있음을 잊지 말자.

요약

☑ 공부할 때는 학습 전략을, 시험 칠 때는 시험 전략을!

내신과 수능 동시 대비 비법

내신 대비와 수능 대비를 같이 하려고 합니다.
스케줄을 어떻게 잡아야 할까요?

대입을 위한 준비는 크게 내신과 수능으로 나뉜다. 최상위권을 노리는 학생이라면 내신과 수능 두 마리 토끼를 모두 놓칠 수 없을 테니 이를 모두 챙길 수 있도록 전략적으로 공부해야 한다. 이때는 투트랙(2-track) 전략이 최선이다. 투트랙 전략이란 '평소에는 실력 향상, 내신 기간에는 내신 대비'라고 보면 된다. 고2부터는 여기에 '수능 대비'라는 트랙을 추가하여 스리트랙(3-track) 전략을 구사한다.

실력 향상 학습이란 내가 지금까지 설명한 공부 방법을 의미한다. 이 방법은 시험 대비와는 크게 관계없고 오로지 실력을 향상시키는 것을 목적으로 하기 때문에 시간이 많이 걸리고, 실전에 대비하는 문제 풀이에 취약해진다는 단점이 있다. 그 때문에 실전에 대비하기 위해 내신 대비와 수능 대비 학습이 필요하다. 내신 대비 학습이란 5분 복습, 복습을 통해 쌓아온 학교 공부를 기출문제와 모의문제 등을 활용하여 시험에 대비하는 것을 의미하며, 수능 대비 학습이란 쌓아온 실력을 기반으로 수능 문제에 적용하며 시간과 풀이의 감을 익히는 것을 의미한다. 처음에는 시간 전략이 필요 없지만 수능이 가까워지면 시간을 전략적으로 분배해야 한다.

　이 전략은 실력 향상을 기본 전제로 하되 시험 기간에 시험을 대비할 수 있도록 세팅되는 것이 가장 큰 장점이다. 여러분이 가장 궁금한 것은 이 스리트랙을 언제 어떻게 적용하느냐 하는 것이다. 시기별 학습 전략을 표로 나타내면 다음과 같다.

투트랙 전략(중1~고1)

	실력 향상	내신 대비
방학 중	100	0
학기 중 (평소)	90	10
내신 D−30	80	20
내신 D−21	10	90
내신 D−14	0	100

스리트랙 전략(고2부터)

	실력 향상	내신 대비	수능 대비
방학 중	80	0	20
학기 중 (평소)	70	10	20
내신 D−30	70	20	10
내신 D−21	10	90	0
내신 D−14	0	100	0

- 내신 대비 10%는 5분 복습, 숙제만 한다.
- 내신 대비 20%는 5분 복습, 숙제, 하루 복습, 주간 복습만 한다.
- 실력 향상 10%는 감을 잃지 않기 위한 최소 분량만 학습한다.
- 수능 대비 10%는 주 1회 국어, 수학, 영어 모의고사를 치른다.
- 수능 대비 20%는 주 2회 국어, 수학, 영어 모의고사를 치른다.

그 외의 시간은 실력 향상 학습을 유지한다. 내신 대비나 수능 대비 모두 실력 향상 학습에서 향상된 능력을 베이스로 하는 것이므로 가장 중요한 것은 실력 향상 학습이다.

스리트랙 학습에서 풀이 시간 전략은 수능 D-100이 되는 시점인 8월에 설계하여 시작한다. 그전에는 너무 이르고, 9월 모의고사가 지나면 너무 늦다. 이 전략은 8월 내내 연습해야 하며 9월 모의고사를 치르며 효과적으로 잘 먹히는지 바꿔야 하는 부분은 없는지 점검해야 한다.

요약

☑ 시기에 맞게 공부의 비율을 조절하라.
☑ 실력 향상 학습이 메인이다.

수능 풀이 시간 분배 전략

[국어는 비문학 한 지문당 문제 포함해서

몇 분 안에 끝내야 해요?]

　군이 이 질문에 답변하자면 정해진 풀이 시간은 없다. 풀이 시간은 현 상황을 고려하여 전략적으로 설계해야 하므로 현 등급, 목표 등급에 따라 달라져야 한다. 종종 '보통'은 어느 정도냐며 우격다짐으로 물어오는 학생들도 있으나 보통이라고 한다면 평균 등급인 5등급을 기준으로 삼아야 하는데 그건 여러분이 원하는 답변도 유익한 답변도 아니다. 절대적인 시간은 중요하지 않다. 그러니 '보통'이나 '평균'이라는 말을 쓸 수가 없다.

당연하겠지만 실력에 따라 문항당 소요 시간이 달라진다. 또 목표에 따라 문항당 풀어내야 하는 시간도 달라진다. 그러므로 실력과 목표에 따라 풀이 시간을 달리할 수밖에 없고, 목표 등급을 정해야 포기할 것들과 집중할 것들을 선별하여 집중할 수 있다.

이렇듯 풀이 시간을 정하기 위해 알아야 할 내용은 '현재 실력'과 '목표 점수'이다. 여기에 맞춰 풀이 시간 전략을 짜야 한다. 중요한 것은 평균적으로 5등급을 받아 온 학생이 공부는 안 한 채 2등급을 목표로 하는 등 터무니없는 목표를 정하면 원래보다 더 처참한 결과를 받게 된다는 점이다. 그러므로 내 현재 성적을 기준으로 연습하되 현실적인 목표를 정해야 하며 현재 성적에서 1등급 정도 윗 단계를 목표로 시간을 줄여 나가는 연습을 해야 한다.

시간 계획을 짜기 전에 어떤 문제를 풀 것인지, 어떤 문제를 포기할 것인지 선택해야 한다. 국어 과목에서 2등급이 목표라면 굳이 모든 지문을 다 풀 필요가 없는데도 다 풀려 하다가는 시간 부족으로 3등급, 심하게는 5등급까지 받게 될 수도 있다. 수학 과목에서도 킬러 문항 세 문제를 포기해도 안정적으로 2등급을 받을 수 있는데도 굳이 킬러 문항에 손대는 학생이 있다. 이 경우 검산을 하지 못하여 계산 실수 세 문제가 발생하게 되고, 킬러 문항과 계산 실수 문제를 같이 틀리게 되어 점수가 폭락하는 경우가 다반사다.

이렇듯 반드시 내 현 상황별로 포기할 문제를 정해야 하는데, 중요한 점은 푼 문제는 맞아야 한다는 것이다. 앞에서 이야기했던 정확도에 집중하라는 의미가 이 때문이고, 같은 배점이지만 난이도는 다를 수 있으므로 굳이 내 실력보다 높은 클래스의 문제에 고전하지 말라는 의미도 된다.

즉, 풀이 시간은 '풀고자 계획한 문제를 다 풀어서 맞히는 데에 걸린 시간'이라는 의미이기 때문에 포기할 문항과 풀이 시간이 함께 포함되어야 한다.

약간 미안한 말이지만 6등급 이하 학생, 정답률이 50%가 나오지 않는 학생은 맞는 문제도 감으로 찍어서 맞힌 수준이기 때문에 알고 맞힌 것이라고 할 수 없고, 굳이 실전에 대비할 필요가 없다.(대비해도 결과가 달라지지 않는다) 이 성적대의 학생이라면 그냥 개념 학습과 문제 풀이 연습을 조금 더 하도록 하자. 5등급부터는 풀이 전략이 결과에 영향을 미치며 조금씩 목표 설정이 의미를 가질 수 있다.

목표 성적을 이야기하기에 앞서 결국 모의고사는 수능을 목표로 하는 시험이기 때문에 역대 수능 등급 컷이 가장 중요한 참고 자료이다. 수능 등급 컷을 살펴보고 이를 통해 풀이 전략을 설계해 보자.

1. 국어

5개년 등급표를 통해 알 수 있는 점은 다음과 같다.

국어 과목 5개년 등급표

연도 \ 등급컷	1등급 컷	2등급 컷	3등급 컷	4등급 컷
2017 수능	92	86	79	71
2018 수능	94	89	82	74
2019 수능	84	78	70	61
2020 수능	91	85	77	67
2021 수능	88	82	74	65

[출처: 한국교육 과정평가원]

① 1등급 안정권: 94점(2점짜리 3문제, 3점짜리 2문제 틀려도 가능)

② 2등급 안정권: 89점(1지문 통으로 틀려도 가능)

③ 3등급 안정권: 82점(1지문 통으로 틀리고, 1지문 50% 틀려도 가능)

④ 4등급 안정권: 74점(2지문 통으로 틀려도 가능)

물론 시험 난이도에 따라 점수가 약간 달라질 수 있으니 너무 맹신하기보다는 적절히 활용하길 바란다.

1) 만점~1등급 목표

만점~1등급을 목표로 하는 학생은 못 푸는 지문은 당연히 한 지문도 없어야 한다. 특히 만점을 목표로 한다면 단 한 문제도 실수하지 않아야 하므로 검사할 시간이 30분은 필요하고, 1등급을 목표로 하는 학생은 어쩌다가 발생할 수 있는 실수만 체크하면 되기 때문에 10분의 여유만 있어도 충분하다. 만약 도저히 집중력이 80분간 유지되지 않아서 후반부에 오답이 몰리는 학생이라면 중간중간에 30초간 명상을 섞는 등의 휴식 시간을 추가하는 게 좋다. 집중이 풀리는 것보다 30초간 명상을 해주며 리프레시하는 게 훨씬 낫다.

2) 2~4등급 목표

2~4등급을 목표로 하는 학생은 상대적으로 읽는 속도나 푸는 속도가 느리므로 시간의 여유가 없다. 따라서 OMR 카드를 작성하거나 변수에 대비하는 2분을 남겨놓고 78분을 꽉 채워 푸는 연습을 한다. 2등급이 목표면 한 개 지문을 포기해도 괜찮고, 3등급이 목표면 두 개 지문을 포

기하고 포기한 지문에서 어휘 관련 문제처럼 간단히 풀 수 있는 것만 찾아 풀면 된다. 4등급이 목표면 두 개 지문을 완전히 포기해도 괜찮다. 다만, 학생마다 어렵게 느껴지는 지문이 다르니 어떤 걸 포기할지는 선택하기 나름이다. 개인적 판단으로는 3, 4등급 학생은 비문학 과학, 기술, 경제 지문 중 메커니즘이 포함된 지문을 어려워하는 경향이 있으므로 해당 지문을 포기하는 것을 추천한다.

2. 수학

수학 과목 5개년 등급표

등급컷 연도	1등급 컷	2등급 컷	3등급 컷	4등급 컷
가형 2017 수능	92	88	83	76
가형 2018 수능	92	88	84	78
가형 2019 수능	92	88	81	73
가형 2020 수능	92	85	80	70
가형 2021 수능	92	84	77	68
나형 2017 수능	92	83	76	63
나형 2018 수능	92	87	80	62
나형 2019 수능	88	84	73	59
나형 2020 수능	84	76	65	51
나형 2021 수능	92	85	77	60

[출처: 한국교육 과정평가원]

표를 보면 알겠지만 2021학년도 수능까지는 수학 과목이 가형, 나형으로 나뉘어 출제됐다. 가형은 이과나 이과 학생 중 수학 실력이 좋은 학생들이 치렀고, 나형은 문과나 이과 학생 중 수학 실력이 떨어지는 학생들이 치러왔기에 점수가 같아도 점수 분포가 확연히 차이가 났다. 하지만 2022학년도 수능부터는 문·이과 통합 과정으로 대대적으로 바뀐다. 가형과 나형으로 구분하는 게 아니라 공통 과목과 선택 과목의 조합으로 나누어 진다. 구체적으로 보면 공통 과목(수Ⅰ, 수Ⅱ) 22문항(단답형 7문항)과 선택 과목(확률과 통계, 미적분, 기하) 8문항(단답형 2문항)을 조합하여 출제되는 형태이다.

이 방식은 선택 과목별로 등급을 나눈다는 점에서 기존 수능의 방식이 아닌 2005~2011학년도 수리 가형의 표준점수 산출 방식과 같을 것으로 보인다. 그렇게 되면 표준점수의 특성상 원점수가 같더라도 학습 내용이 어렵고 분량이 많은 선택 과목의 표준점수가 더 높아진다. 또한 상위권 대학 중 자연 계열은 미적분이나 기하 선택을 필수 조건으로 두는 경우가 많아서 해당 선택 과목들은 상위권 학생들이 많이 분포하게 될 것으로 보이며 당연히 확률과 통계 과목은 문과 학생들이나 상대적으로 성취도가 낮은 학생들이 많아질 것이므로 등급과 표준점수는 갈릴 것으로 예상한다. 따라서 선택 과목 중 어느 것을 선택해야 유리할지는 학생마다 다르며 전략적으로 접근해야 한다. 선택 과목의 경우 총 배점이 26점으로 상대적으로 적은 비율을 차지하고 있기 때문에, 만약 공부할 시간이 부족하다면 선택 과목을 포기하는 전략도 고려해 보는 것이 좋다. 여기에서는 수Ⅰ, 수Ⅱ, 선택 과목 모두 끌고 간다는 가정하에 다뤘으므로 선택 과목에 자신이 없는 학생들은 4점짜리 문제 중 몇 개를 포기할지 생각하고 전략을 수립해야 한다.

최근에 수능 유형이 다소 바뀌었지만, 출제 유형과 무관한 절대적 풀이 순서는 존재한다. 풀이 순서는 등급을 막론하고 아래 순서대로 진행한다.

① 2점(1번, 2번, 23번)

② 3점(3~8번, 16~19번, 24~27번)

③ 검산

④ 평이한 4점(9~13번, 20번, 28번)

⑤ 검산

⑥ 준킬러 4점(14번, 21번, 29번)

⑦ 검산

⑧ 킬러 4점(15번, 22번, 30번)

⑨ 최종 검산

목표 등급별 투자 시간은 다르지만 이 풀이 순서를 지키는 것은 필수다. 검산이 중간중간에 많이 들어간 이유는 대부분 문제를 더 풀지 못해서가 아니라 풀어놓고 틀린 '실수' 때문에 목표 점수에 도달하지 못하므로 이런 문제를 방지하기 위함이다. 우리의 목표는 100분 안에 30문제 중 최대 득점을 하는 것이지 최고난도 문제를 푸는 것이나 여러 문제를 푸는 것이 아님을 기억해야 한다.

1) 만점 목표

만점을 목표로 하는 학생은 킬러 문항을 제외한 27문제를 30분 안에 풀고 ⑦ 검산을 20분간 한 후 각 킬러 문항에 10분씩 투자한다. 그러면 다 풀고도 20분이 남아서 ⑨ 검산을 할 수 있다. ③ 검산은 생략한다.

2) 1등급 목표

1등급을 목표로 하는 학생은 92점을 받으면 안정적이다. 포기할 킬러 문항 두 문제를 제외하고 2~3점짜리 문제를 20분 안에 푼 후 나머지 4점짜리 문제를 40분간 푼다. 20분간 ⑦ 검산을 마친 후 킬러 문항 한 문제를 10분간 푼다. 그러면 10분이 남아서 ⑨ 검산을 하거나 킬러 문항에 시간을 더 투자할 수 있다.

3) 2등급 목표

2등급을 목표로 하는 학생은 2~3점짜리 문제를 25분 안에 푼 후 평이한 4점짜리 문제를 35분간 푼다. 20분간 검산을 마친 후 준킬러 문항 두 문제를 15분간 푼다. 그러면 5분이 남아서 검산을 한 번 더 할 수 있다.

4) 3등급 목표

3등급을 목표로 하는 학생은 2~3점짜리 문제를 25분 안에 푼 후 평이한 4점짜리 문제를 40분간 푼다. 20분간 ⑤ 검산을 마친 후 준 킬러 문항 중 한 문제를 10분간 푼다. 그러면 5분이 남아서 ⑨ 검산을 할 수 있다.

5) 4등급 목표

4등급을 목표로 하는 학생은 2~3점짜리 문제를 25분 안에 푼 후 10분간 ③ 검산을 한다. 평이한 4점짜리 문제를 50분간 풀고 다시 10분간 ⑤ 검산을 한다. 그러면 5분이 남는데, 애매했던 문제를 다시 풀어본다.

이를 표로 나타내면 다음과 같다.

	만점	1등급	2등급	3등급	4등급
①		20분	25분	25분	25분
②					
③	30분	–	–	–	10분
④			35분	40분	50분
⑤		40분	20분	20분	10분
⑥			15분	10분	–
⑦	20분	20분	–	–	–
⑧	30분	10분	–	–	–
⑨	20분	10분	5분	5분	–

이렇듯 시간 분배를 잘하면 상대적으로 어려운 문제는 풀지 않고도 목표로 하는 등급을 받을 가능성이 커진다. 다만, 같은 점수라면 문과 학생들의 등급은 떨어지는 반면 이과 학생들의 등급은 올라가기 때문에 앞으로 수학의 중요성이 더 커질 것으로 전망한다.

3. 영어

영어 과목은 2018학년도부터 절대 평가로 전환되었기 때문에 등급컷은 생략하기로 하고 풀이 전략만 이야기해 본다. 문항은 2점짜리 35문제 3점짜리 10문제로 구성되어 있다. 3점짜리 10문제 중 듣기에서 3문제가 나온다.

영어 과목의 주의점은 듣기 실력과 독해 실력은 정비례하지 않기 때문에 학생마다 전략을 달리해야 한다는 점이다. 여기서는 듣기는 만점을 받는다는 전제하에 전략을 세울 텐데, 만약 듣기에서 틀린다면 독해에서 허용되는 오답 개수가 줄어든다.

① 1등급: 90점(3점짜리 3문항 틀려도 가능)

② 2등급: 80점(3점짜리 6문항 틀려도 가능)

③ 3등급: 70점(3점짜리 7문항, 2점짜리 4문항 틀려도 가능)

④ 4등급: 60점(3점짜리 7문항, 2점짜리 9문항 틀려도 가능)

3점짜리 문제는 보통 '추론' 문제다. 국어와 다른 점은, 국어는 문제도 어렵지만 시간이 부족해서 아예 지문 자체를 보지 못하는 경우가 많은 반면, 영어 과목의 3점짜리 문제는 시간 부족이 아니라 실력 부족으로 틀린다는 점이다. 읽어도 해석이 안 될 수도 있고, 해석해도 선택지에서 정답을 찾지 못할 수도 있다. 따라서 실력을 파악하고 본인에게 특별히 어렵게 느껴지는 유형을 찾아야 하는데, 보통 문장 넣기, 순서 정하기, 빈칸 넣기를 어려워한다. 오답 허용 범위를 이야기했으니 어떤 유형의 어떤 문제를 포기할지는 스스로 결정하자.

여기까지 설명했다면 목표 등급을 확보하는 전략은 다 말했다. 이를 바탕으로 전략을 짜는 것은 여러분의 몫으로 남겨두기로 하겠다.

요약

☑ 시간 내에 풀 수 있는 것만 선별해서 풀고, 푼 건 다 맞아야 한다.

Finish! 실전 대비

여기까지 따라왔다면 거의 완벽히 대비가 됐겠지만 실전에는 변수가 많다. 실제로 내가 고3을 지도할 때는 변수에 대비하기 위해 현지 훈련을 가기도 했는데 인위적인 돌발 상황을 구성하여 학생들을 당황시키면서 적응력을 키우는 방법도 종종 사용했다. 지금부터는 그때 사용했던 '수능에서 변수를 줄이는 방법' 몇 가지를 소개하겠다.

1. 집중력, 몰입력 강화 훈련

실력은 집중력이 있어야 제대로 발휘할 수 있다. 재수 시절 '사티(Sati)'라는 명상법을 배웠는데, 나의 부족했던 집중력을 키워준 아주 강력한 방법이었다. 사티 명상은 들숨과 날숨에 집중하며 '모든 것을 내 의지대로 행한다.'라는 생각을 기반으로 온전히 내 생각에 집중하는 방식의 명상이다. 자세한 방법은 내 유튜브 채널에 자세히 설명했으니 찾아보기 바란다.

나는 시간이 없었을 때도 기상 직후 5분은 꼭 명상하는 습관을 들였었다. 이렇게 평소에 명상 습관을 들여놓으니 공부에 집중이 안 될 때 명상을 해서 머리를 맑게 할 수 있었고, 실전에서 문제가 풀리지 않을 때 30초 명상 후에 풀리지 않던 문제의 풀이법이 보이기도 했다.

공부할 때는 집중이 잘 안 되면 끊어서 여러 번 해도 괜찮지만 실전 대비는 절대 그래서는 안 된다. 단적인 예로 국어 한 지문 푸는 것은 일도 아니지만, 시험 때는 한번에 열 지문 넘게 풀어야 하니 엄청난 집중 유지력(몰입력)이 필요하다. 대부분은 후반에 집중이 풀려서 틀린다. 그러므로 그 시간 동안 온전히 풀어내는 연습을 해야 하는데, 명상을 통해 집중 가능 시간을 늘리고, 실전 대비 훈련을 하며 몰입력 또한 미리 키워 놓는 게 좋다.

2. 슬럼프 케어

슬럼프는 실력에 관계없이 점수를 크게 좌우한다. 재수 시절, 9월 말쯤 심각한 슬럼프가 왔다. 이때 내 실력은 최상위권이었는데도 문제가 도통 풀리지 않았고 공부를 아무리 해도 머리에 들어오지 않았다. 당연히 이때 치른 시험에서는 실력을 발휘하지 못했고, 시험만 치르면 거의 만점을 받던 국어 과목도 도저히 글이 읽히지가 않아서 60점을 받기도 했다.

당연히 비상사태였다. 수능이 코앞이었는데 갑자기 실력이 사라진 것 같은 느낌이 들었고 감을 다시 잡기 위해 더 미친 듯 공부하려 했지만, 도저히 공부를 할 수 없었으며 불안감은 더 커졌다. 혹시 이대로 시험을 치르고 망하게 되는 건 아닐까 두려웠고 그럴수록 슬럼프는 더 심해졌다.

너무 답답했던 나머지 담임 선생님께 이 사실을 말했더니 선생님께서 하시는 말씀이 "일주일만 놀다 와라."였다. 너무 가득 차 있으면 넘치게 마련이니 쉬어 줘야 한다면서. 처음엔 의심했지만 내겐 선택지가 없었다. 때마침 추석 연휴였고 연휴 동안 밀린 잠도 푹 자고 목욕도 다녀오면서 마음을 편하게 만드는 데에 집중했다. 그리고 추석 연휴가 끝난 후 혼자서 치러 본 모의고사에서는 다시 원래 성적을 받을 수 있었고 수험 생활 최대의 위기를 넘길 수 있었다.

이렇듯 슬럼프라고 느껴질 때는 완전히 놓고 재부팅할 시간을 주는 게 좋다.

3. 실전 훈련

시간 분배 전략은 설계했지만 시험장의 환경은 아직 가늠하기 힘들 것이다. 따라서 시험장과 동일한 환경을 만들어 훈련해 보는 것을 추천한다. 방법은 이 방법을 훈련할 친구 몇 명을 모아서 연습해 보길 바란다. 만약 그럴 여건이 안 된다면 유튜브에 '백색 소음'이나 '시험장 ASMR'을 검색하여 켜 놓고 시험을 치러 보면 좋다. 고려해야 할 시험장의 환경은 다음과 같다.

1) 예측하지 못한 온도

시험장의 히터 상태나 책상 위치가 어디 있느냐에 따라 춥거나 더울 수 있다. 추울 때 참고 시험 치는 연습, 더울 때 견디고 시험 치는 연습을 하면 좋은데 이를 위해서는 얇은 옷을 여러 겹 입고 더울 땐 벗고 추울 땐 입는 상황을 고려하여 연습하자.

2) 수험생, 감독의 돌발 상황

가장 큰 문제가 되는 부분인데 문제가 잘 안 풀리는 수험생이 큰 소리로 한숨을 쉴 수도 있고 볼펜으로 딸깍거린다거나 다리를 떠는 등 거슬리는 소리가 아주 많다. 심지어 뒤에서 물을 쏟는다거나 토하는 경우가 아주 가끔 있는데, 이러면 집중력이 흔들려서 그 시험뿐만 아니라 다음 시험까지 줄줄이 망하게 된다.

게다가 시험 감독관이 문제인 경우도 상당히 많았다. 실제로 나 또한 "수험표 보여 줘."라는 말을 너무 크게 해서 거슬렸던 기억도 있고, 내 앞자리에서 책을 보며 소리 나게 책장을 넘기는 감독관 때문에 굉장히 거슬렸던 기억이 있다.

그렇기에 돌발 상황에 대응하는 연습은 반드시 해놔야 한다. 친구들과 연습한다면 술래 한 명을 정해서 창의적인 돌발 상황을 연출하면 좋고, 안 된다면 아까 말한 시험장 ASMR을 사용하여 연습해 보자. 중요한 것은 시끄럽고 거슬리는 상황에서도 의연하게 시험에 집중해 가는 연습을 하는 것이다.

3) 화장실

시험을 치다가 배가 아프다거나 화장실이 급해지면 순식간에 집중력이 약해진다. 이건 연습보다는 습관인데 시험 치기 전에 미리 가 놓는 습관을 들이자. 만약 시험 중에 배가 아프거나 화장실이 급하다면 최대한 빨리 다녀와서 다시 집중해야 하니 빠르게 몰입하는 연습을 해 놓는 게 좋다. 그리고 나처럼 과민성 대장 증후군이 있는 친구들은 아예 한 달 전부터 식단을 소화가 잘되는 깔끔한 음식으로 통일해야 하며, 시험 날에는 아침 일찍 아주 간단히 먹거나 아예 안 먹는 게 좋다.

4) 졸음

졸음은 배변 활동과 더불어 인간의 가장 큰 숙제인데 졸려서 집중하지 못하는 경우가 상당히 많다. 국어나 영어 과목은 잠과의 싸움으로 봐도 과언이 아니다.

일단 졸리지 않는 게 최선이니 바이오리듬을 수능 스케줄과 동일하게 맞춘다. 가급적이면 수능 D-100부터는 수능과 완벽히 같은 스케줄로 100% 집중하여 공부하는 연습을 하는 게 좋으며 아침, 점심 식사 또한 100일간은 동일하게 먹는 게 가장 좋다.

이렇게 대비해도 시험 중 갑자기 졸리는 경우가 있으므로 바이오리듬을 맞추는 도중에는 졸리면 명상을 하여 잠을 깨우고 다시 집중을 시도하는 연습을 해야 한다.

요약

☑ 실전에 대비하는 방법은 이 외에도 더 많은 것들이 있을 수 있으나 실전 훈련은 결국 시험장과 동일한 환경을 구현하고 돌발 상황에 대응하는 루틴을 만드는 것을 목표로 하므로 최대한 많은 돌발 상황을 구성하여 연습해 보는 것이 좋다.

최하위권에서 SKY 가는 법

제가 선생님께 의뢰를 드리는 건
최하위권을 경험해 보신 최상위권 강사이기 때문입니다.

최하위권 지도를 의뢰하는 대부분 학부모의 심정은 이와 같을 것이다. 실제로 "어떻게 최하위권에서 SKY에 갈 수 있었나요?"라고 묻는 경우가 가장 많았다. 사실 처음에는 "열심히 하면 됩니다."나 "죽을 만큼 하면 됩니다." 따위의 이야기를 했으나 실패를 여러 번 경험하고는 그 또한 내게 천운이 작용했던 것이고, 노력 또한 재능일 수 있음을 깨닫게 됐다.

사실, 지금이야 성공률이 아주 높지만 처음에는 상당히 많이 실패했다. 분명히 내가 해냈던 방법 그대로 지도해도 최하위권 학생들은 잘 따라오지 못했다. 몇 번 실패한 후 나는 고민에 빠졌다. 실패 사유를 찾고 그 친구들을 이해하기 위해 과거 나의 성장 스펙트럼을 잘게 쪼개 본 결과 비로소 실패했던 이유를 찾을 수 있었다.

각 성적의 학생은 다음 단계로 올라가기 위해 반드시 갖춰야 할 성분이 있는데 이 성분들은 '지식', '문제 풀이 능력', '논리력', '실전 대비', '마인드 셋', '습관 및 환경' 여섯 가지로 나눌 수 있다. 최상위권은 이 카테고리들의 거의 모든 성분을 갖추고 있고, 최하위권은 반대로 거의 모든 내용이 갖춰져 있지 않은 경우가 많았다. 즉, 성적대별로 집중해야 할 포인트가 다르다는 의미이며, 그 관점에 맞춰 부족한 부분을 조금씩 채워 가면 한 단계 위로 레벨 업 할 수 있다는 의미이다. 그걸 모르고 무작정 최상위권의 학습법만 따라 하며 잘못된 노력을 했으니 성적이 오를 리 없었던 것이다.

이 책을 차근차근 여기까지 읽어 왔다면 이미 모든 내용을 다 습득했겠지만 각 카테고리에서 집중해야 할 포인트를 한 번씩 더 짚어 보고자 한다.

1. 하위권 → 중위권

카테고리	필요 성분	
지식	• 과목별 기초 어휘 및 소양(기초 지식)	
문제 풀이	• 문제 파악 훈련	• 과목별 기초 문제
논리력	• 기초 논리	
실전 대비	✕	
마인드 셋	• 본인, 타인, 상황에 대한 인정(메타인지 갖추기) • 자신감, 자존감 상하향 조절	
습관 및 환경	• 환경 리셋(사교육, 공부방 등) • 부모님과의 관계 개선 • 학습/비학습 시간 분할 • 생각 구조 리셋	• 학습 시간 및 분량 최소화 • 생활 루틴 개선 • 1일 계획 및 수행

하위권에서 중위권으로 올라가기 위해 중요한 카테고리를 순서대로 나열하면 '마인드 셋 - 습관 및 환경 - 논리력 - 지식 - 문제풀이' 순서다.

사실 하위권 학생들은 학습 환경이 무너져 있는 경우가 많은데, 놀랍게도 오히려 부모님들께서 학생을 더 늪으로 빠뜨리는 경우가 많았다. 따라서 환경 개선이 급선무이며 개선된다는 전제가 보장되어야 순차적으로 마인드 셋 교정, 논리 개선, 지식 확보를 할 수 있게 된다. 순서대로 간략하게 설명하면 다음과 같다.

1) 마인드 셋 리셋

① **인정**: 최하위권임을 인정한다. 다른 친구처럼 할 수 없음을 인정한다. 현 상황은 결코 쉽지 않음을 인정한다. 예전에 7등급인 친구를 지도한 적이 있는데 꿈은 검사가 되는 것이었다. 그런데 공부는 전혀 하지 않으면서 "선생님, 저는 무조건 검사가 되겠습니다."라는 말을 입버릇처럼 했다. 이 친구의 꿈을 폄하하려는 것은 아니지만 이러면 상황이 나아질 수 없다. 만약 이 친구가 "선생님, 지금은 공부도 못하고 공부 시간도 너무 적지만 차근차근 공부해 나가겠습니다."라고 했다면 나도 군말 없이 믿었을 것이다. 어떻게 하느냐에 따라 상황은 충분히 나아질 수 있다.

② **자존감**: 헛된 자신감을 가져서는 안 되지만 공부를 못해도 우리의 가치는 변하지 않는다. 그러니 '지금 못하는 것일 뿐이지 앞으로 영원히 못하진 않을 거야.'라는 마음을 먹는다. 단, 절대 만만치 않음을 인지한다. 그러려면 할 때 제대로 해야 한다. 시간을 때운다는 마인드를 없앤다. 공부는 시간이나 분량으로 하는 게 아니라 깊이로 하

는 것이다. 정확히 이해하고 원리를 설명할 수 있어야 한다.

2) 습관 및 환경 리셋

① **사교육**: 3개월 이상 유지하고 있는데도 성적이나 태도에 변화가 없는 사교육은 의미가 없다. 그만두는 것을 추천한다.

② **공부 환경**: 우리를 방해할 만한 요소들을 다 치워야 한다. 집에서 한다면 주의를 빼앗는 것들은 하나같이 싹 다 치워야 한다. 어릴 때 보던 책, 장난감, 컴퓨터, 핸드폰 등이 여기에 해당한다.

③ **부모님**: 사실상 가장 중요한 부분이며, 이것이 안 되면 다른 것도 꼬이게 된다. 부모님과의 관계를 반드시 개선해야 한다. 사실 최하위권은 다양한 사유로 부모님과의 관계가 좋지 않은 경우가 많다. 사유는 다양하지만 부모님을 반복적으로 속여 오거나 실망시켜 온 경우가 대부분이다. 이 책을 보시는 분이 학부모라면 자녀를 믿어 주어야 하며, 학생이라면 부모님께 믿어 달라고 말씀드려야 한다. 다만, 부모님 입장에서도 쉽지 않은 변화이므로 스스로 조건을 걸면서 약속해야 한다.

④ **시간 분할**: 노는 시간, 쉬는 시간, 공부 시간을 명확히 분할한다. 노는 시간과 쉬는 시간의 차이는 에너지를 쓰는가, 회복하는가다. 예를 들면 유튜브를 보는 건 노는 시간이지 쉬는 시간이 아니다. 무조건 확실히 분리하도록 하라. 합쳐지면 이도 저도 아닌 시간이 반복된다. 공부 시간은 아주 적어도 괜찮다. 확실히 쉬고 확실히 놀기만 하면 된다.

⑤ **계획**: 딱 하루만 잡는다. 우리는 최하위권이다. 어차피 주간 계획은

지키지 못한다. 눈앞만 생각하고 절대 멀리 보지 않도록 한다. 최소 시간만 집중하는 연습을 하도록 하자.

3) 논리력 리셋

2장의 '02 논리 구조부터 만들자'에서 설명했으므로 생략하기로 한다.

4) 지식 리셋

과목별 기초 지식 쌓기를 의미한다. 여기까지 왔다면 이제 공부할 필요가 있다. 최하위권의 실제 공부 내용이며, 늦었다고 생각해도 다른 것보다 이것을 먼저 해야 한다. 간혹 시간이 없다는 말을 하는 학생이 있는데 그건 과거의 본인 스스로를 탓해야 한다. 왜 최하위권이 되도록 스스로를 놔뒀나? 최하위권이 된 이유는 본인 스스로에게 있다. 지금부터라도 개선하든지 지금까지 해왔던 대로 또다시 망할지는 이제 선택이다. 그리고 오히려 이게 가장 빠른 길이다.

① **기초 · 기본:** 앞에서 설명했듯 기본은 중요해서 기본이다. 기본에 최선을 다한다. 기초 개념이란 현재 학년의 바로 아래 학년까지의 내용을 의미한다. 사실 이 글을 쓰고 있는 나 또한 고3 때 통분할 줄 몰라서 $\frac{1}{2} + \frac{1}{3} = \frac{2}{5}$ 라고 계산했었다. 그러니 초등 과정부터 다시 빈 공간이 없도록 보강하도록 하라. 원리를 설명할 수 없으면 모르는 것이라고 봐야 한다.

② **국어:** '네이버 오피니언 읽기 - 중학생용 국어 비문학 책 읽기 - 문제 풀기(근거 발췌, 논리 수립, 주장)'의 과정이 가능한지 체크한다. 아마 대부분의 학생이 안 될 것이다. 하지만 이 과정이 힘들다면 반드시

큰 문제가 발생한다.

③ **수학**: 고3 기준으로는 초, 중, 고1 과정까지를 기본으로 볼 수 있다. 이 과정에 포함된 내용과 원리를 모두 설명할 수 있어야 한다.

④ **영어**: 중학 문법, 독해를 모두 설명할 수 있어야 하며 이 부분은 암기하고 있어야 한다.

5) 문제 풀이 리셋

문제 파악 훈련을 의미한다. 대부분의 최하위권은 문제가 뭔지도 모른 채 문제를 푼다. 이 습관만 고쳐도 성적이 대폭 상승할 수 있다. 그러므로 최하위권은 문제를 파악하는 훈련부터 시작한다.

① **과목별 기초 문제**: 단순한 개념을 묻는 문제나 산수에 가까운 문제를 푸는 연습을 의미한다. 산수는 틀리지 않고 할 수 있어야 하며, 단순한 개념을 묻는 질문에는 명확하게 답변할 수 있어야 한다.

② **문제 파악 훈련**: 문제가 무엇지 파악하고 그게 무엇을 묻는 것인지 이해하는 연습을 해야 한다. 만약 문제가 이해된다면 해답을 어떻게 구해야 할지 생각하면 된다.

이 단계까지 소화할 수 있다면 여러분은 여지없이 중위권이 되어 있을 것이다.

2. 중위권 → 상위권

중위권에서 상위권으로 올라가기 위한 카테고리는 다음과 같고 중요한 순서대로 나열하면 '지식 - 문제 풀이 - 마인드 셋 - 습관 및 환경 - 실전 대비' 순서다.

카테고리	필요 성분
지식	• 과목별 기본 개념 학습 • 기초 지식 오류 교정
문제 풀이	• 문제, 조건 객체화 훈련 • 아이디에이션 훈련 • 유형 학습 늘리기
논리력	• 기초 논리 오류 교정
실전 대비	• 몰입 강도 강화 훈련 • 집중 시간 늘리기
마인드 셋	• 성과에 대한 셀프 체크 연습(반성) • 셀프 체크에 기반한 다짐 훈련 • 자존감 향상 훈련
습관 및 환경	• 절제 및 학습 시간 늘리기 • 생활 루틴 제한 시작 • 일주일 계획 및 수행

간단히 말하면 이제부터는 개념 학습을 확실히 한 후 제대로 된 방법으로 문제를 많이 풀어야 한다. 이 과정을 소화하기 위해 마음을 단단히 먹어야 하며 습관과 환경을 스스로 자제하기 시작해야 한다.

하위권인 학생이 이 내용부터 수행하면 금방 지쳐 버리는데, 이 점이 많은 학생이 공부법 도서나 영상을 보고 바로 수행하려 하다가 실패하는 이유이다. 이 단계에 이르러서야 기본 개념 학습이나 문제와 조건을 객체화하고 아이디에이션을 하는 등 앞에서 이야기한 스킬들이 필요하다는 것을 알게 되기에 이제부터는 스스로 반성하고 개선해 나가야 한다.

순서대로 간략하게 설명하면 다음과 같다.

1) 지식

① **과목별 기본 개념 학습**: 기초 개념을 모두 학습했다는 전제하에 비로소 현 학년의 단계를 공부할 수 있다.

② **기초 지식 오류 교정**: 하위권에서 중위권이 되기 위해 기초 개념 공부를 했더라도 아직은 오류가 존재할 것이다. 그 부분의 오류를 조금씩 교정한다. 오류는 현 학년 학습을 진행하다 보면 드러나게 되어 있다. 그때 스스로 오류를 인지하고 교정하면 된다.

2) 문제 풀이

① **문제, 조건 객체화 훈련**: 문제를 파악하는 훈련을 했으니 이제 조건을 체크하는 훈련을 곁들인다. 자세한 내용은 3장의 '02 문제 풀이 프로세스'를 참고하라.

② **아이디에이션 훈련**: 자세한 내용은 3장의 '02 문제 풀이 프로세스'를 참고하라.

③ **유형 학습 늘리기**: 경험치를 늘려야 한다. 중위권에서 상위권으로 가기 위해서는 어쩔 수 없이 경험치가 많이 필요하다. 다만 원리가 이해되어 있다는 전제가 필요하다. 원리 이해 없이 경험치만 늘리려고 하는 것은 밑 빠진 독에 물 붓기다.

3) 마인드 셋

① **성과에 대한 셀프 체크 연습**(반성): 지금부터는 스스로에 대해 반성이 필요하다. 오늘보다 더 나은 내일을 위해 오늘을 반성해야 한다. 무엇이 문제였는지 찾아내라.

② **셀프 체크에 기반한 다짐 훈련**: 어떤 걸 고쳐야 할지, 앞으론 어떻게 해야 할지 또한 다짐하라. 같은 실수를 반복하지 않으면 자연히 상황은 점점 더 나아지게 된다.

③ **자존감 향상 훈련**: 하지만 그렇다고 여러분 스스로를 옭아매라는 건 아니다. 여러분은 여전히 그 자체로 가치 있는 사람이다. 다만 목표로 하는 성적을 받지 못했을 뿐이다.

4) 습관 및 환경

① **절제 및 학습 시간 늘리기**: 스스로를 자제하고 학습 시간을 늘려야 한다. 쉬는 시간과 노는 시간을 줄여 나가라. 수면 시간은 줄일 수 없으니 그 외의 시간에서 선택과 집중을 하는 수밖에 없을 것이다.

② **생활 루틴 제한 시작**: 생활 패턴을 만든다. 기상 시각, 취침 시각 등의 시간 법칙과 행동 루틴을 하나씩 만들어라. 변수가 적을수록 성적 또한 높은 위치에 수렴한다.

③ **일주일 계획 및 수행**: 하루 계획을 일주일 치 계획까지 늘린다. 주말에 일주일을 미리 생각하고 계획한 후 자기 전에 다음 날을 계획하는 연습을 한다.

5) 실전 대비

① **몰입 강도 강화**: 몰입도는 실질적인 시험 때의 집중력이다. 한 번에 얼마나 긴 시간 동안 집중력을 유지할 수 있는지 체크하고 이 시간을 더 늘리기 위해 노력하라.

② **집중 시간 늘리기**: 한 번에 몰입하는 시간이 아닌 총 집중 시간이다.

이 시간이 진짜 공부 시간이기 때문에 최대한 길게 늘려야 한다. 그야말로 이제부터는 양을 늘릴 차례인 것이다. 여기까지 소화할 수 있다면 여러분은 상위권에 도달해 있을 것이다.

3. 상위권 → 최상위권

카테고리	필요 성분
지식	• 개념 오류 교정 및 보완
문제 풀이	• 문제, 조건, 아이디에이션 동시 훈련 • 조건 변환 케이스 누적 • 고난도 문제 풀이 훈련 • 오답 원인 분석 • 관점 교정
논리력	×
실전 대비	• 변수 및 돌발 상황 대응 • 기복 요인 분석하여 줄이기
마인드 셋	• 마인드 컨트롤: 전략적 겸손 및 자만 • 오답에 민감한 태도
습관 및 환경	• 압도적인 공부량 확보 • 학습 시간 분배 • 한 달 계획 및 수행

상위권에서 최상위권으로 올라가기 위해 중요한 카테고리를 순서대로 나열하면 '문제 풀이 - 습관 및 환경 - 실전 대비 - 마인드 셋' 순서다.

슬슬 가성비 공부법만으로는 벽이 느껴지는 단계이며 정신적, 신체적 한계가 느껴지기 시작하고 스스로 의심이 들기 시작한다. 그러나 이 단계에서는 그런 생각 자체를 지워야 한다. 의심하기 시작하면 올라갈 수 없다.

이 단계는 압도적 공부량을 요하는데 상위권이 최상위권이 되기 위해서는 매일 제대로 된 방법으로 열 시간 이상의 공부를 소화해야 하며, 학습 시간 대부분을 문제 풀이에 쏟아야 한다. 포인트는 문제, 조건, 아이디에이션을 한 번에 묶어서 훈련하는 것과 오류 교정이다.

1) 문제 풀이

① **문제, 조건, 아이디에이션 동시 훈련**: 생략하도록 한다.

② **조건 변환 케이스 누적**: 아이디에이션에서 나온 아이디어들을 누적시켜 놓는다. 이것들은 생각의 재료다.

③ **고난도 문제 풀이 훈련**: 아이디에이션이 잘 되지 않는 문제를 계속해서 연습하는 과정이다. 고되고 힘든 작업이다.

④ **오답 원인 분석**: 상위권 학생이 가장 집중해야 하는 공부 과정이다. 오답을 분석하는 법은 앞에서 설명했으니 생략한다.

⑤ **관점 교정**: 혹시나 풀이하는 과정 중에서 생각을 잘못한 부분이 있다면 스스로 인지하고 교정하도록 한다. '이렇게 생각하면 안 돼'라고 마음을 먹는 것이 중요 포인트다.

2) 습관 및 환경

① **압도적인 공부량 확보**: 쉬는 시간 외의 모든 시간을 공부에 투자한다. 그렇다. 노는 시간이 없어진다.

② **학습 시간 분배**: 투자 대비 효율, 강약점, 현 상황 복표치를 고려하여 학습 시간을 분배한다.

③ **한 달 계획 및 수행**: 매월 말, 다음 달 한 달의 계획을 미리 잡는다.

그리고 다시 주 단위로 계획을 분할하여 잡는다. 주말에 일주일을 미리 생각하고 계획한 후 자기 전에 다음 날을 계획하는 연습을 한다.

3) 실전

① **변수 및 돌발 상황 대응**: 앞에서 설명했으므로 생략한다.

② **기복 요인 분석하여 줄이기**: 최상위권과 상위권의 가장 큰 차이가 바로 기복이다. 상위권은 기복을 조절하는 게 핵심이다. 시험을 치러 보면 기복이 생기는 요인이 있는데, 기복이 생기는 원인을 파악하고 줄이기 위해 노력해야 한다.

4) 마인드 셋

① **마인드 컨트롤**: 전략적 겸손 및 자만을 마음에 새긴다. 하위권에서 설명한 '인정'과 '자존감'과 비슷하면서 약간 다르다. 인정과 비슷한 부분은 지금껏 공부했지만 아직 여러분은 최상위권이 아니다. 틀리는 건 받아들이고 개선해야 한다. 여러분은 충분히 열심히 해 왔으니 모르는 개념이 있을 수는 없다. 그러니 문제가 풀리지 않는다고 해도 스트레스를 받을 필요 없이 부족한 부분을 보강하면 된다.

② **오답에 민감한 태도**: 나는 제자들에게 "오답이 생기면 싸대기를 때려라."라고 격하게 표현한다. 그만큼 오답에 민감하게 굴라는 의미다. 틀리면 스스로에게 화가 나야 한다. 왜 아직도 이걸 모르고 있냐며 스스로에게 화를 내고 보강해야 한다.

4. 최상위권

이렇듯 다음 단계로 향하기 위한 과정이 분명히 나뉘어 있고 성적대별로 중요 카테고리가 다르다. 해당 카테고리의 소양을 잃게 되면 오히려 성적이 떨어질 수도 있다. 그러함에도 대부분의 학생은 문제 풀이나 실전 대비만 하고 있으니 성적이 오를 수가 없었던 것이다.

이 과정을 거쳐 최상위권이 되면 다음과 같은 소양을 갖추게 된다.

① 동일한 오류를 반복하지 않는다.
② 체계화된 지식과 풀이 과정을 갖추게 된다.
③ 흔들리지 않는 자존감(명확한 가치 기준, 신념)이 생긴다.
④ 남들과 싸우지 않고 오직 자신의 오류와 싸운다.
⑤ 1등급이 아닌 만점을 향한 공부를 한다.
⑥ 공부가 정복의 대상이다.
⑦ 단/중/장기 계획을 거의 다 수행해 낼 수 있다.

고정으로 전교 1등을 도맡아 하는 괴물 같은 친구들을 보면 공통적으로 이런 소양들을 갖추고 있다. 이 소양은 모두 하나하나가 아주 강력한데 웬만큼 공부해서는 이 중 단 하나라도 갖기가 쉽지 않다. 그만큼 엄청난 노력을 했다는 뜻이다. 최상위권이 되고 나서는 여태껏 해왔던 방식을 반복하며 간간이 나오는 오류만 교정하면 된다. 이미 공부가 습관이 되었기 때문에 어렵지도, 힘들지도, 귀찮지도 않을 것이며 끝내 원하던 학교에 진학할 수 있게 될 것이다.

종종 앞선 과정을 다 생략하고는 오직 이런 것들을 움켜쥐기 위한 목표로 달리거나 달리라고 종용하는 이들이 있는데, 이 능력은 부산물이기 때문에 목표로 할 수 없다. 즉, 이런 능력을 가진 이들은 이를 목표로 해서 획득한 것이 아니라 앞선 과정을 통해 성과를 얻었을 뿐이라는 것을 명심해야 한다.

바꿔 말하면 전교 1등이 되기 위해서는 이 소양들을 목표로 할 게 아니라 과정의 부산물로 얻을 수 있는 결과물로 생각해야 한다는 것이다. 바로 가지려고 해서는 더더욱 가질 수 없는 것이기에 환경을 마련하고 차근차근 다가가야 하지만, 대부분은 손에 쥐어 보려고 발버둥치다가 닿을 듯 말 듯 놓친다. 따지고 보면 돈을 많이 벌기 위해서는 돈이 아닌 돈을 주는 고객을 바라봐야 한다는 것과 맥락이 거의 같다.

수많은 실패한 선배들과 같은 실수를 하지 않기 위해서는 학생들뿐만 아니라 학부모도 스스로를 제어해야 한다. 모든 의도와 결과가 꼭 일치하지는 않는다는 사실을 받아들였으면 한다.

요약

☑ 1. 성적대별로 보강해야 할 게 다르다.
☑ 2. 하위권: 습관 및 환경 → 마인드 셋 → 논리력 → 지식
☑ 3. 중위권: 지식 → 문제 풀이 → 마인드 셋 → 습관 및 환경
☑ 4. 상위권: 문제 풀이 → 습관 및 환경 → 실전 → 마인드 셋
☑ 5. 결과만 보지 말고 과정의 부산물로 결과를 얻기 위해 노력하라.

특별 부록 2

향후 입시
어떻게 대비해야 하나

> [저희 애는 아직 어린데
> 앞으로 뭘 어떻게 해야 할까요?]

이 책에서는 주로 시간이 급한 학생들을 위한 가성비 공부법을 다루다 보니, 보다 시간이 많은 학생은 다소 받아들이기 힘들 수 있다. 그래서 당장 수능을 볼 학생들이 아닌 현 중학생, 초등학생 독자와 학부모님을 위해 입시 정책과 향후 수능을 분석해 보고 어떻게 변화할지 예측한 후, 무엇을 대비해야 할지 말씀드리고자 한다.

1. 현 상황, 입시 정책 분석

1) 학업 성취도 하락

대부분의 학부모님께서도 아시다시피 코로나19 이후 학업 성취도가 대폭 하락했다. 학업 수준은 주로 '보통 학력 이상' 비율과 '기초 학력 미달' 비율을 들어 이야기하는데 19년도에 비해 20년도의 등락 폭이 상당히 심각하다.

성별 '3수준(보통 학력) 이상' 비율(%)

구분 \ 연도	중3						고2					
	국어		수학		영어		국어		수학		영어	
	남	여	남	여	남	여	남	여	남	여	남	여
'19	76.7 (0.76)	89.6 (0.48)	60.2 (1.07)	62.5 (1.10)	67.4 (1.02)	78.3 (0.88)	71.4 (1.21)	84.0 (0.93)	66.8 (1.56)	64.0 (1.53)	75.5 (1.32)	82.4 (1.05)
'20	68.2 (0.98)	83.1 (0.72)	55.9 (1.22)	59.7 (1.14)	59.1 (1.28)	69.1 (1.21)	60.6 (1.32)	79.5 (1.19)	59.5 (1.54)	62.1 (1.55)	70.4 (1.4)	83.4 (1.05)

[출처: 교육부]

269

성별 '1수준(기초 학력 미달)' 비율(%)

구분 / 연도	중3						고2					
	국어		수학		영어		국어		수학		영어	
	남	여	남	여	남	여	남	여	남	여	남	여
'19	6.2 (0.46)	1.9 (0.20)	13.6 (0.56)	9.7 (0.51)	4.7 (0.38)	1.7 (0.21)	5.8 (0.61)	2.0 (0.34)	9.6 (0.80)	8.4 (0.70)	5.0 (0.55)	2.1 (0.31)
'20	9.8 (0.64)	2.9 (0.28)	16.0 (0.84)	10.5 (0.57)	10.1 (0.66)	4.0 (0.38)	10.8 (0.79)	2.6 (0.35)	16.3 (0.96)	10.6 (0.81)	12.8 (1.00)	4.1 (0.42)

[출처: 교육부]

보통 학력 이상 등락률

구분	중3						고2					
	국어		수학		영어		국어		수학		영어	
	남	여	남	여	남	여	남	여	남	여	남	여
등락	−8.5	−6.5	−4.3	−2.8	−8.3	−9.2	−10.8	−4.5	−7.3	−1.9	−5.1	+1.0

[출처: 교육부]

기초 학력 미달 등락률 및 배율

구분	중3						고2					
	국어		수학		영어		국어		수학		영어	
	남	여	남	여	남	여	남	여	남	여	남	여
등락	+3.6	+1.0	+2.4	+0.8	+5.4	+2.3	+5.0	+0.6	+7.7	+2.2	+7.8	+2.0
배율	1.58	1.52	1.17	1.08	2.14	2.35	1.86	1.30	1.69	1.26	2.56	1.95

[출처: 교육부]

이러한 결과가 나타난 데에는 자제력 부족, 자기 주도적 학습 태도 부족, 책임감 부족 등의 복합적인 문제가 작용했겠지만 모든 요소에서 가장 크게 직접적으로 영향을 준 것은 지난 2년간의 '코로나19로 인한 환경 변화' 때문일 가능성이 높다. 여러 전문가가 이 결과를 놓고 제각각의 목소리를 내지만 결국 '온라인 수업이 문제다.'라는 의견은 공통적이다.

온라인 수업은 특성상 양방향 소통이 되지 않고 통제가 되지 않는다. 상대적으로 남학생들이 여학생들보다 컴퓨터 게임에 관심이 많은 데다 반드시 컴퓨터를 사용해야 하는 환경에 놓이기 때문에 기초 학력 미달과 보통 학력 이상 등락 폭 또한 남학생에서 더 크게 나타났다.

한편으로는 성취 평가보다 줄 세우기를 목적으로 했던 교육 과정이 한계에 치달은 것으로도 보인다. 또한 그간 학생들의 인내심을 과하게 믿었던 것은 아닌지 염려스러운 결과를 보여주고 있다. 당장은 학력 미달이 이러한 지표로만 나타나겠지만 좌시한다면 반드시 사회적 문제를 야기할 것이며, 이러한 사태를 교육부는 가만두지 않을 것이다. 정부는 정책을 통해 현 상태의 근본적 원인을 교정하려 할 것이다. 그러므로 모든 정책의 저변에는 반드시 동일한 목적이 있을 수밖에 없다.

2) 고교학점제(2023년 도입, 2025년 전면 시행)

고교학점제란 고등학교 때부터 대학교처럼 원하는 과목을 이수하고, 성취평가제(이하 고교학점제)를 통해 그에 대한 성취를 등수가 아닌 점수로 평가받는 제도를 의미한다. 교육부는 2021년 8월, '2025년 고교학점제 전면 적용을 위한 단계적 이행 계획'을 밝히며 2023년부터 단계적으로 학점제 요소를 현장에 녹이려는 의도를 드러내고 있다.

그런데 이 정책에는 치명적인 문제 두 가지가 보인다.

고교학점제를 도입함에 따라 서울대학교가 학과마다 반영 과목을 지정했는데(서울대학교가 다른 대부분의 학교의 입학 전형을 리드하는 경향이 있다.) 이렇게 되면 과거 학력고사 때와 유사하거나 혹은 더한 문제가 생길 수 있다.

만약 각 대학교, 학과마다 서로 다른 과목을 이수해야 진학할 수 있게 된다면 학생들은 미리 어떤 대학교, 어떤 과에서 어떤 과목 이수를 요구하는지 체크해야 한다. 당연히 그를 위해서는 진학하고자 하는 학교, 학과를 미리 정해야 하는데, 우리나라는 이미 대학 서열화가 만연하고 '성적에 맞춰 진학'하는 경우가 다반사이기 때문에 학교를 미리 정하기는 어려울 것이다. 게다가 미래에 무엇을 해야 할지 생각조차 해본 적 없는 학생들이 대부분이어서 학과를 미리 정하는 것 또한 쉽지 않다. 설사 모든 조건이 맞아 떨어져서 진학에 적절한 조건을 갖췄더라도 진로를 정하지 못한 학생은 등 떠밀려 선택해야 하며, 마지막 갈림길에서의 전공, 학교 선택 폭 또한 매우 좁아지게 된다. 이러한 부분들을 생각한다면 현실성이 다소 떨어지는 정책이다.

이 외에도 현재는 어느 정도 비슷한 길을 갈 수 있었던 정시와 수시 전형이 이제는 완전히 두 가지 길로 갈라지게 된다는 것을 의미한다. 정시는 결국 '수학 능력'을 평가하기 위해 꼭 필요한 과목을 지정하여 국어, 수학, 영어, 한국사를 기본으로 과학, 사회를 선택하도록 하는데, 대부분의 과목을 의무적으로 선택해야 한다는 점에서 고교학점제의 의도와 반대급부에 있다. 이 때문에 필연적으로 정시 전형에 대대적인 변화가 있을 것이다.

'원하는 공부를 하고 성취를 평가받는다'는 측면에서는 분명히 좋은 의도지만 항상 좋은 의도가 좋은 결과로 이어지는 것은 아니다. 물론 아직 학점제용 대입 제도는 발표되지 않았으나(2024년 2월 발표 예정, 평가 방향, 학생부 기재, 수능 과목 구조, 평가 방법, 대학의 전형 제도 설계 방식 등) 2023 고교학점제의 첫 주자인 2007년생들이 고2가 되는 해에 고작 2년을 남겨 놓고 대입 제도를 발표한다는 것은 학업 성취, 진로 등이 미리 준비된 학생만 뽑겠다는 말과 다를 바 없기에 우리는 철저히 분석하고 준비해야 한다.

3) 2028 대입 제도 개편

대대적인 대입 제도 개편은 '대입 4년 예고제'에 따라 2009년생들의 대입 시기인 2028년도 입시부터 시작될 예정이다.

2022학년도 수능(교육부, 2018. 08. 17.)

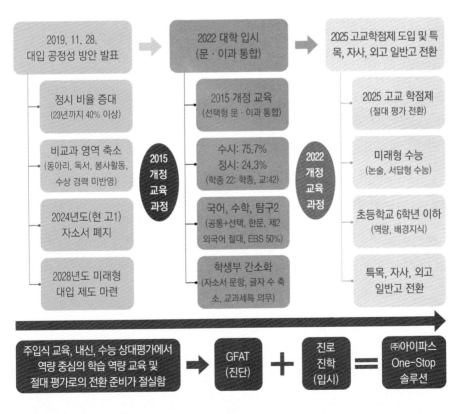

2. 예상

1) 정책의 목적

역시 가장 큰 정책의 변화는 '고교학점제 도입'인데, 대대적인 제도 개편의 숨은 의도는 '지금처럼 학생 때 생각 없이 놀고 성인이 되고 나서 허겁지겁 발등에 떨어진 불을 치울 게 아니라 어릴 때부터 스스로에 대해 성찰하고, 미래를 계획하고, 그 결정에 책임감을 가지라'는 것인 듯하다. 쉽게 말하면 진작부터 '자기 주도적 태도', '책임감', '독립심'을 기르라고 외치고 있다는 것이다. 그러나 궁극적인 방향에는 매우 찬성하지만 이를 뒷받침할 적절하고도 현실적인 부가 정책들이 없다면 큰 혼란을 야기함은 물론, 탁상공론이나 빛 좋은 개살구라는 소리를 듣기 딱 좋으므로 분명히 여러 정책이 병행될 것으로 예상한다.

2) 진로/진학 퀄리티 빈부 격차 심화

고교학점제가 시행되면 앞에서 말했듯 대학교, 학과마다 요구하는 과목이 달라질 것이고 학생들은 일찌감치 미래를 계획하고 준비해야 한다. 당연히 준비되지 않은 학생은 도태될 것이고, 필자처럼 뒤늦게 정신을 차린 학생들의 마지막 동아줄도 많이 얇아질 것이다. 그러므로 초등학생 시절부터 관심사를 탐구하고 늦어도 중학생 때까지는 진학을 원하는 학교와 학과를 정해야 하는데, 그렇게 되면 어릴 적부터 다양한 경험을 쌓기 힘든 형편에 놓인 학생들은 준비가 쉽지 않다. 공교육 차원에서 이러한 맹점을 보완하려 하겠지만 사교육은 보다 더 고퀄리티의 서비스를 제공할 것이 당연하므로 직간접적 경험치의 차이가 생길 수밖에 없다. 상대적으로 더 많은 준비를 한 학생들이 진로와 진학의 방향을 빠르고 적절하게 정하게 되는 것은 당연한 수순이다.

3) 대학 서열화 심화

단순하게 보면 진로를 미리 정하기 때문에 학교보다 학과가 더 중요해질 것으로 보이지만, 오히려 그 때문에 서열화가 더 심해질 수도 있다. 현재 수준이 높다고 평가받는 대학들이 어려운 과목을 필수로 지정하는 방식으로 암묵적으로 합의한다면 그 과목을 선택해 우수한 성취를 한 학생에게만 진학 선택권이 생기게 된다. 이것이 생각보다 큰 문제가 될 수 있다. 왜냐하면 어려운 과목을 선택하지 않으면 아예 기회가 없고 선택을 하더라도 난이도가 어려워서 성취도가 잘 나오기 어렵기 때문이다. 이러한 이유로 '선택권이 있고 우수한 성취가 가능한' 상위권 학생들의 선민주의가 오히려 더 만연해질 수 있을 것으로도 보인다. 이 때문에 현재는 단지 성적으로만 갈렸던 진학 과정이, 거기에 더해 과목 선택 과정에서까지 한 번 더 갈리게 될 수 있다.

4) 2028 논술형 수능 도입(OCR)

2028 대입 제도가 아직 어떻게 변화할지는 모르지만 사실 오래전부터 2028년도에는 논술/서답형 수능이 도입된다는 말이 있었다. '필요는 하나 기술적으로 불가능하다.'라는 의견이 지배적이었으나 OCR(문자 판독 장치)과 AI 기술이 좋아짐에 따라 기술적 구현 가능성이 상당히 높아졌고, 고교학점제가 시행됨에 따라 '줄 세우기를 하려는 게 아니라 성취를 평가할 뿐'이라는 명분 또한 확실해졌다.

그뿐만 아니라 '책임감', '독립심'을 갖추더라도 '자기 주도적 태도'를 갖추기 위해서는 '논리력'이 필수인 만큼 논리력을 키우기 위해서라도 논술적 접근이 필요하다. 그러므로 2028년도 대입 제도 개편 때 현재 대입의 가장 큰 틀인 수능에 대한 대대적 수술이 진행될 것으로 보이고, 논술/서답형 시스템이 채택될 가능성이 꽤 있어 보인다.

5) 정시 비율 증가

근 10년 동안 수시가 계속 확대되어 왔지만 최근 2년 사이 정시 확대가 공론화되고 있고 정시 비율도 계속해서 늘어나고 있다. 2028 대입 제도 개편 전까지 당분간은 정시 비율이 계속해서 증가할 것이고, 대입 제도가 개편되더라도 그나마 가장 정량적인 평가 체제인 정시(혹은 그와 유사한 전형)의 비율은 꾸준히 상당한 비율을 차지할 것으로 생각한다. 다만 현재처럼 '모든 과목을 동일하게 평가하고 평가받는' 시스템은 변화할 가능성이 있는데, 국어 과목만큼은 필수 선택이 그대로 유지될 것이다.

6) 대학별 고사 형태 전형 추가

고교학점제를 통해 대학, 학과별로 이수를 원하는 과목도 성취 수준도 달라질 것이므로 각기 다른 시험을 치르게 될 가능성을 배제할 수 없다. 이 형태는 모든 수험생이 동일한 시험을 일괄적으로 치르는 수능이 아니라 대학이 독자적으로 시험을 시행하는 형태로, 현재 논술 전형과 유사한 별개의 전형이 될 것으로 추측한다. 이리되면 오히려 현재보다 전체 수험생들이 준비해야 할 스펙트럼이 넓어지므로 '맞춤형 사교육'이 많이 늘어나게 될 것이다.

3. 필수 준비

현 상황, 입시 정책 그리고 향후 펼쳐질 상황에 대해 예측한 결과, 결국 필요한 것은 '학생 스스로 생각하고 움직이는 힘'으로 일축할 수 있다. 그를 위해서는 앞으로 무엇을 해야 할까?

1) 언어 능력 강화

앞으로 강산이 변하더라도 모든 공부는 언어를 기본으로 하게 되어 있다. 이 때문에 우리나라를 떠날 게 아니라면 국어 공부를 최우선에 둬야 한다. 학부모님도 국어 공부라고 하면 막연하게 생각하고 어려워하는데, 막연히 책 읽기를 하라는 게 아니라 보강해야 할 능력이 있고 방법이 있다.

① 문해력

글을 읽고 문맥을 이해하는 능력. 글을 읽고, 생각하고 자기 생각을 표현하는 연습을 하면 자연스럽게 좋아진다. 신문 사설, 시, 소설 등 최대한 여러 종류의 글을 읽으면서 본인의 지식이 아닌 글의 내용 자체만으로도 문맥을 이해할 수 있도록 해야 한다. 아주 쉬운 수준의 글부터 시작해서 점차 난이도를 높여 가는 게 좋다.

② 공감 능력

공감 능력을 굳이 언어 능력에 포함시켜 놓은 이유는 공감 능력이 부족하면 소설이나 시를 읽는 데에 어려움을 겪는다. 공감 능력을 후천적으로 향상하는 방법에는 영화 감상 후 등장인물에 감정 이입하여 감상평 쓰기, 소설 독서 후 등장인물의 입장에서 독후감 쓰기, 시 독서 후 화자의 입장에서 감상평 쓰기 등이 있는데, 이 세 개를 꾸준히 병행하면 공감 능력이 향상될 수 있다. (혹은 공감하는 방법을 배우거나 외워서 적용할 수 있게 된다.)

③ 어휘

어휘력은 문해력을 위한 수단이다. 우리나라 말은 한자어가 많기 때문에 가급적이면 사자소학과 천자문은 익혀 놓는 게 좋다. 그 외에도 사설 공부, 문학 공부 등을 하면서 어휘 폭을 꾸준히 넓혀 놓는 게 좋은데 사실 이렇게 공부해도 모르는 단어는 분명히 나오기 때문에 잘 이해되지 않는 단어가 나오면 반드시 찾아보고 익힌 후 넘어가는 습관을 들여 놓는 게 좋다.

④ 문제 해결 능력

교육의 목적 중 하나가 문제 해결 능력을 기르기 위함인데 문제 해결 능력을 기르기 위해서는 해결해야 하는 문제와 조건을 명확히 이해할 수 있어야 한다. 단적인 예로 국어 과목의 대표적인 공부법 '읽기'에서 지문을 단지 문제를 풀기 위한 조건으로 활용하여 읽을 수 있어야 한다. 하지만 보통의 독서나 독후감 작성법은 문제가 중심이 아닌 지문이 중심이 되며, 단지 읽은 후 생각을 방출하는 형태다. 이 때문에 문제 위주 독해 훈련을 해야 하는데, 가장 좋은 방법이 비문학 문제 풀이다. 문해력이 어느 정도 쌓여갈 때쯤 문제를 먼저 읽은 후 지문을 참조하여 풀게 하는 연습을 병행하는 것이 좋다.

2) 경험치 늘리기

많은 학부모님이 절대 공감하겠지만 경험이야말로 거대한 재산이다. "젊어서 고생은 사서 한다."라는 말의 진의가 '그 경험으로 얻는 게 더 많다.'라는 것이니, 우리 학생들은 직접적인 경험이 아니더라도 좋으니 간접적 경험을 늘려야 한다.

자녀가 집에서 게임하고 유튜브 채널을 보는 데에 시간을 쓰면 그걸 지켜보는 부모님은 인생의 선험자로서 "그 시간에 공부하지."라는 말을 꺼내실 수밖에 없다. 당연히 자녀들은 이런 마음을 알 리 없고 들은 체 만 체하니 부모 자식 간 갈등이 생기게 된다. 이는 바로 뒤에 이야기할 책임감, 독립심의 문제인데 경험치가 부족한 것이 주원인이다. 학부모님은 일찍부터 학생들이 최대한 많은 것을 보고 듣고 생각하게 하고, 스스로 행동하고 결정할 수 있게 해주는 게 좋고, 학생들은 자발적으로 호기심을 갖고 갖가지 사건, 현상 등 유해한 것이 아니라면 가리지 않고 최대한 많이 겪어 보는 게 좋다. 간접적으로 경험할 수 있는 책도 좋고, 인터넷도 좋고, 어른들에게 이야기를 듣는 것도 좋다. 그리고 실제로 체험해 보는 경험은 당연히 가장 좋다. 그래서 나는 경험치가 부족해서 책임감과 독립심이 부족한 학생들에게 알바를 하게 하고 여행을 떠나게 하는 등 새로운 경험을 많이 할 수 있도록 지도했다.

3) 자기 주도적 태도 갖추기 ‑ 책임감, 독립심, 자제력 기르기

자기 주도적 태도를 갖추라고 했지만 사실 책임감, 독립심, 자제력, 셋

중 하나라도 부족하면 스스로 하는 능력을 갖추기는 힘들기 때문에 세 가지 소양을 모두 길러야 한다. 학생의 성적은 환경에 큰 영향을 받는데, 성적에 큰 문제가 있는 학생들의 대부분은 책임감, 독립심, 자제력이 없었다.

> 책임감이 없으면 행동에 책임질 필요가 없어서 고민하지 않는다.
> 독립심이 없으면 향후 미래를 생각해볼 생각조차 하지 못 한다.
> 자제력이 없으면 학습 의지가 있어도 당장 눈앞의 욕구를 참아낼 수 없다.

낮은 학습 의지로는 절대 본능을 이길 수 없다. 만약 중고등학생이 되어서도 자제력이 부족하다면 그때부터는 아무리 의지가 있어도 공부가 쉽지 않다. 그때부터는 웬만한 의지만으로는 문제를 해결할 수 없게 되므로 환경을 고쳐야 하는데, 그것은 본격적인 대수술이 된다.

그러므로 이 세 가지 소양은 공부뿐만 아니라 미래를 설계함에 있어서 꼭 필요하고 어릴 때부터 꾸준히 쌓이는 것이기 때문에 사실 학부모님의 도움이 절실하다. 부모는 책임감과 독립심을 기르기 위해서는 학생 스스로 결정하게 하고 그에 대한 결과는 스스로 책임져야 한다는 생각을 아주 어릴 때부터 심어주어야 한다. 또한 앞에서 말했듯 다양한 경험을 할 수 있도록 환경을 마련해야 한다. 힘들고 어려운 일을 하는 모습이나 답답한 모습을 보면 대신 해주고 싶은 마음이 굴뚝같고, 때로는 자녀의 생떼로 어려움이 있겠지만 대신 해주기보다 방향을 함께 잡는 정도에서 그치는 게 좋다.

자제력은 다소 복잡하다. 책임감이 어느 정도 생겼을 때 학생과 '상벌

규정'을 명확한 기준에 의거하여 합의한 후 법전처럼 명문화하는 게 첫 번째다. 이렇게 하는 것은 학생 스스로 생각하고 행동하게 하기 위함이며 상벌에 대한 명확한 명분을 확보하기 위해서이다. 그 후 참아내야 하는 강도를 조금씩 높여가며 적절히 상벌을 내리는 방식을 취하고, 자주 대화를 통해 애로 사항을 해결하고 합의점을 조절하는 것이 좋다. 이는 유명한 도서 '마시멜로우 이야기'와 유사하다. 주의할 점은 벌이 과하면 견디다 못해 일탈하고, 상이 과하면 상을 위해서만 움직이게 되며, 기준이 명확하지 않으면 기준을 이용하기 위해 잔머리만 굴리게 되니 주의해야 한다.

책임감, 독립심, 자제력이라는 세 가지 소양이 생기면 이제부터는 본격적으로 자기 주도적 학습이 가능하며 공부 일지를 쓸 수 있게 된다. 공부 일지의 주목적은 스스로 계획하기, 스스로 반성하기, 스스로 다짐하기인데, 이 셋을 반복하면 끊임없이 나아지므로 하루하루 더 나아지는 모습을 볼 수 있을 것이다. (공부 일지 양식은 '레벨업코칭' 카페에 올려 두었으니 활용하시면 좋겠다. 카페 주소는 저자 프로필에 쓰여 있다.)

공부
열심히만
하지 마라

공 부
열심히만
하지 마라

공 부
열심히만
하지 마라